U0929417

中国农民战争问题论丛

孙祚民◎著

中国社会科学出版社

图书在版编目(CIP)数据

中国农民战争问题论丛／孙祚民著．—北京：中国社会科学出版社，2015.12

ISBN 978-7-5161-7320-6

Ⅰ.①中… Ⅱ.①孙… Ⅲ.①农民战争—研究—中国 Ⅳ.①K201

中国版本图书馆 CIP 数据核字(2015)第 300864 号

出 版 人 赵剑英
责任编辑 冯春凤
责任校对 张爱华
责任印制 张雪娇

出 版 中国社会科学出版社
社 址 北京鼓楼西大街甲 158 号
邮 编 100720
网 址 http://www.csspw.cn
发 行 部 010-84083685
门 市 部 010-84029450
经 销 新华书店及其他书店

印刷装订 环球东方（北京）印务有限公司
版 次 2015 年 12 月第 1 版
印 次 2015 年 12 月第 1 次印刷

开 本 710×1000 1/16
印 张 16
插 页 2
字 数 263 千字
定 价 68.00 元

《山东社会科学院文库》编委会

《山东社会科学院文库》出版说明

党的十八大以来，以习近平同志为总书记的党中央，从推动科学民主依法决策、推进国家治理体系和治理能力现代化、增强国家软实力的战略高度，对中国智库发展进行顶层设计，为中国特色新型智库建设提供了重要指导和基本遵循。2014 年 11 月，中办、国办印发《关于加强中国特色新型智库建设的意见》，标志着我国新型智库建设进入了加快发展的新阶段。2015 年，在中共山东省委、山东省人民政府的正确领导和大力支持下，山东社会科学院认真学习借鉴中国社会科学院改革经验，大胆探索实施“社会科学创新工程”，成为全国社科院系统率先全面实施哲学社会科学创新工程的地方社科院之一。近一年来，山东社会科学院在科研体制机制、人事管理、科研经费管理等方面大胆改革创新，相继实施了一系列重大创新措施，为山东新型智库建设勇探新路，并取得了明显成效。

《山东社会科学院文库》（以下简称《文库》）是山东社会科学院“创新工程”重大项目，是山东社会科学院着力打造的《当代齐鲁文库》的重要组成部分。该《文库》收录的是我院建院以来荣获山东省社会科学优秀成果一等奖及以上的科研成果。首批出版的《文库》收录了孙祚民、戚其章、马传栋、路遇、韩民青、郑贵斌等全国知名专家的研究专著 15 部。这些成果涉猎历史学、哲学、经济学、人口学等领域，以马克思主义世界观、方法论为指导，深入研究哲学社会科学领域的基础理论问题，积极探索建设中国特色社会主义的重大理论和现实问题，为推动哲学社会科学繁荣发展发挥了重要作用。这些成果皆为作者经过长期的学术积累而打造的精品力作，充分体现了哲学社会科学研究的使命担当，展现了潜心治学、勇于创新的优良学风。这种使命担当、严谨的科研态度和科研作风值得我们认真学习和发扬，这是山东社会科学院深入推进创新工程和新型智库建设的不竭动力。

实践没有止境，理论创新也没有止境。我们要突破前人，后人也必然会突破我们。《文库》收录的成果，也将因时代的变化、实践的发展、理论的创新，不断得到修正、丰富、完善，但它们对当时经济社会发展的推动作用，将同这些文字一起被人们铭记。《文库》出版的原则是尊重原著的历史价值，内容不作大幅修订，因而，大家在《文库》中所看到的是那个时代专家们潜心探索研究的原汁原味的成果。

《文库》是一个动态的开放的系统，以后，我们还会推出第二批、第三批成果……《文库》的出版在编委会的直接领导下进行，得到了作者及其亲属们的大力支持，也得到了院相关研究单位同志们的大力支持。同时，中国社会科学出版社的领导高度重视，给予大力支持帮助，尤其是责任编辑冯春凤主任为此付出了艰辛努力，在此一并表示最诚挚的谢意。

本书出版的组织、联络等事宜，由山东社会科学院科研组织处负责。因水平所限，出版工作难免会有不足乃至失误之处，恳请读者及有关专家学者批评指正。

《山东社会科学院文库》编委会

2015 年 11 月 16 日

目　录

序　言

农民起义和农民战争是封建社会里阶级斗争的最高形式，是推动历史发展的动力。在中国封建社会里，农民起义和农民战争次数之多和规模之大，都是世界历史上所仅见的。因而，新中国成立以来，这个问题的研究受到了史学界的广泛重视，成为重点课题之一，从而也取得了显著的成绩。特别是粉碎“四人帮”以来，研究进入了一个新的阶段，提出了许多新问题和新见解。如农民战争是不是封建社会发展的唯一动力？封建统治政权能否自动调整政策？农民阶级有没有自己的哲学思想？农民起义领袖转化为封建皇帝，算不算背叛？太平天国是农民阶级专政的政权，还是新的封建政权？农民战争的历史任务是不是推翻旧王朝，建立新王朝？平均主义是不是导致农民战争失败的根源？等等。展现了史学园地百花齐放、万紫千红的繁荣景色。

形势喜人，并不等于成绩到顶。上列的许多新问题、新见解，还有待深入研究；还有一些难以赞同的意见，像农民战争具有“对社会人力、物力的严重破坏”作用和“阻碍了历史的进步”等等，还有待讨论解决；林彪、“四人帮”的极左流毒，还有待进一步彻底肃清。此外，我们至今还缺乏多卷本的中国农民战争史和系统、完整的中国农民战争理论问题的专著等等。任务非常光荣，但也十分艰巨。这就不是少数同志所能胜任。而必须积腋为裘、聚沙成塔，由广大新老史学工作者共同努力完成。这部《中国农民战争问题论丛》，就算是我献出的根毛粒沙吧。

《论丛》共收辑了十六篇习作。少数写于十年动乱之前，多数是粉碎“四人帮”以后的新作。全部在报刊上发表过。除少数篇章作了不同程度的补充修订外，其余基本上保持了原貌。

根据选辑文章的类别，全书分为上下两编。上编是关于农民战争理论问题方面的，其中又以“农民政权”问题为主；下编是关于明末农民战争方面的，偏重于具体史实的论述。这样选辑的原因，是觉得这两方面存在的问题较多，也较复杂，学术界长期存在着不同的看法。例如关于“农民政权”问题，目前起码有以下四种意见：一、农民阶级专政的农民政权；二、农民起义军建立的新封建政权；三、两重性政权；四、由农民阶级专政向地主阶级专政转化中的政权。各执己见，争论热烈。又如明末农民战争问题中，像荥阳大会的真实性及其成就和意义，李自成三围开封时“决河事件”的真相，张献忠起义军的“谷城之变”和李自成大起义失败的原因等，也都存在着认识分歧。此外，像李自成、张献忠的军事思想和辉煌战绩，“革左五营”和回族起义领袖马守应抗明斗争的事迹等，过去还很少有人系统研究过，基本上属于空白。这些习作，有的对若干有争论的问题，提出了自己的看法；有的对某些空白问题，做了点补缀工作，但都很不成熟，诚恳地希望得到指正；倘能对中国农民战争史研究的进一步深入开展，多少起到一点促进作用，就更是望外之喜了。

在写作的《论丛》文章过程中，曾从当代史学家的论著中，得到启发和营养；人民出版社的同志，给予我很大帮助，谨在此一并表示感谢。

孙祚民

一九八一年九月于山东社会科学院

上编

关于“农民政权”问题

中国封建社会历史上的农民起义和战争过程中，曾否建立过“农民政权”呢？这是历史研究和教学中经常遇到的问题，而且是至今还未得到一致结论的问题。我对这个问题的答案是否定的。下面是我的粗浅看法，请同志们指正、讨论。

一

在封建社会里，物质财富的主要创造者——农民，是一切贵族、官僚、豪绅、地主剥削阶级剥削和压迫的对象。他们不能忍受残酷的压榨，为了争取生存，不断起来暴动。但暴动和起义的结果，却经常以被镇压而结束。

这不是偶然的。从农民阶级本身来看，他们长期从事落后、分散的个体农业生产，因而形成浓重的分散、锢闭、自私、狭隘等弱点。反映在政治上和军事上，便表现为眼光短狭，组织松懈，留恋乡土，不能紧密团结和坚持斗争。特别是“由于当时还没有新的生产力和新的生产关系，没有新的阶级力量，没有先进的政党，因而这种农民起义和农民战争得不到如同现在所有的无产阶级和共产党的正确领导”[①]。主观条件是不利的。

可是，他们的敌人封建地主阶级从盘剥农民的血汗中，搜刮了大量财富；从长期统治中，又都积累了丰富的政治经验和军事策略，在镇压农民起义战争中，特别诡诈和凶残。农民起义军在主观、客观条件双重不利的情况下，就不免经常成为失败者，而由他们的敌人攫取胜利果实，重新建

---

① 《毛泽东选集》（合订本，人民出版社 1967 年 11 月版，下同），第 588 页。

立统治秩序了。

二

不过，农民起义的结果，并不是没有例外的。朱元璋便是接近于雇农的劳动僧，参加了元末郭子兴所领导的农民起义军，从充任小头目“十夫长”，到代替郭子兴，最后完成了统一事业。可是，朱元璋在统一后所建立起来的，依然是封建专制主义的统治。

不少人把促使朱元璋起义性质转化和建立封建地主政权的原因，归结为大地主分子刘基、宋濂、章溢、叶琛等人的包围与腐蚀。这仅是一种表面的、肤浅的观察。其实，不管有没有这些地主阶级人物的包围与腐蚀，只要朱元璋能够完成统一的话，那么，他从一个农民领袖变成封建皇帝，乃是历史的必然结果。毛泽东同志曾经科学地指出，在封建社会中，“农民革命总是陷于失败，总是在革命中和革命后被地主和贵族利用了去，当作他们改朝换代的工具”①。正是指的这种历史必然性。

为了详细地说明这个问题，这里有必要先明确马克思主义的几个基本论点。斯大林曾经指出：“人们在各个不同的发展阶段上有着各个不同的生产方式”。“生产方式的一个方面，它所表现的是人们对于那些用来生产物质资料的自然对象和力量的关系。……生产方式的另一个方面，就是人们在生产过程中的相互关系，即人们的生产关系。”接着又说：“社会的生产方式怎样，社会本身基本上也就怎样，社会的思想和理论，政治观点和政治设施也就怎样”②。

封建社会的生产力是落后的、分散的个体小农生产。与这种生产力相适应的是封建地主占有主要生产资料——土地，并通过土地剥削与奴役农民的生产关系。这种生产力和生产关系，便构成统一的封建社会的生产方式。封建地主对农民惨重的压榨，不断引发农民起来暴动，推翻地主阶级的统治机关，但不能改变封建的生产关系。因为生产关系的变更，是以生产力的发展和变化为前提的：“先是社会生产力变化和发展，然后，人们

---

① 《毛泽东选集》，第588页。

② 《联共（布）党史简明教程》，人民出版社1975年版，第134—135页。

的生产关系、人们的经济关系依赖这些变化，与这些变化相适应地发生变化”①。农民在封建社会的生产力状况下，自然不会满意于这种统治与被统治、剥削与被剥削的关系，但也不会看出这种生产关系有什么不正常之处。“不仅如此，当这种生产方式对于社会还是正常的时候，满意于这种分配的情绪，总的来说，也会占支配的地位”②。因而，农民起义曾顽强地向封建专制主义政权进行了战斗，可是没有、也不可能自觉到同封建制度进行战斗。旧的王朝虽被推翻了，但旧的经济基础、旧的政治制度，基本上仍然保存下来。假若农民起义能够得到胜利，他们自己便会泰然自若地做起封建皇帝来。朱元璋一生的事业，正是体现了这种历史必然性的典型范例。

从以上的论证可以看出，在封建社会中由于历史条件的限制，农民起义和农民战争不能不带有一定的局限性。尽管有些起义和战争曾经成功地推翻了旧的封建王朝，但他们是不可能组织什么“农民政权”的。

三

农民起义和农民战争不可能组织“农民政权”，已如上述。但是，还有些史学研究者把中国历史上与封建专制统治政权相对抗的农民起义军所建立的短期性政权，如以陈胜为首的农民军在陈，以张鲁为首的农民军在汉中，以刘黑闼为首的农民军在河北永年，以黄巢为首的农民军在长安，以杨么为首的农民军在洞庭，以李自成为首的农民军在西安和北京，以及以洪秀全为首的农民军在南京等地所建立的政权，称之为“农民政权”；并认为这些“农民政权”和当时并存的封建王朝政权是“在实质上不同的”。这种说法，无论与马克思主义理论或历史的实际状况，都是不相符合的。

从理论上讲。首先，农民既然生活在封建社会里，必然受其整个经济地位以及孤立的生活方式所限制。虽然他们的境遇是困难的，生活是痛苦的，可是却“无法了解压迫的原因不在个人而在整个经济体系”③。从而，

---

① 《联共（布）党史简明教程》，第 136 页。

② 《马克思恩格斯选集》第三卷，人民出版社 1972 年版，第 188—189 页。

③ 《列宁全集》第一卷，第 277 页。

所有封建社会中农民起义和战争的矛头，自始至终总是指向某些为他们所深恶痛绝的统治阶级的个别人物。他们以为暴君酷吏、恶霸地主是敌人；而剥削较轻和一定程度“同情”农民的“明君”、“好官”，对于他们是并无损害的。如明正德间爆发于河北地区的农民起义领袖赵鐩，就是单纯地仇恨弄权殃民的个别佞倖（如焦芳），而把希望寄托在封建专制的最高与集中代表者——皇帝的身上，上书“乞皇帝独断枭雄之首，以谢天下；斩臣之首，以谢群奸”①。明末李自成所领导的农民大起义，在起义过程中，对待明朝官吏的态度也是“酷虐人民者，即行斩首”。而使“在任好官，仍前任事”②，都是再有力不过的典型例证。

其次，马克思在论到小农时曾经指出：“既然数百万家庭的经济条件使他们的生活方式、利益和教育程度与其他阶级的生活方式、利益和教育程度各不相同并互相敌对，所以他们就形成一个阶级。由于各个小农彼此间只存在有地域的联系，由于他们利益的同一性并不使他们彼此间形成任何的共同关系，形成任何的全国性的联系，形成任何一种政治组织，所以他们就没有形成一个阶级”③。这里，马克思清楚指明农民群众虽然是一个阶级，但只是作为一个自在的阶级而存在的。他们的生活彼此隔绝，无法统一起来，无法理解他们阶级利益的一致性。所以马克思接着又说：农民“不能以自己的名义来保护自己的阶级利益”，“他们不能代表自己，一定要别人来代表他们。他们的代表一定要同时是他们的主宰，是高高站在他们上面的权威，是不受限制的政府权力”④。而在中国封建社会里，这种“高高站在他们上面”“不受限制的政府权力”，其集中的表现就是至高无上的专制皇帝。斯大林也同样讲过：农民，“他们反对地主，可是拥护‘好皇帝’”⑤。西汉末的“绿林”和“赤眉”农民起义军分别拥戴刘玄和刘盆子为皇帝；元末的农民起义领袖韩山童也自称是“赵佶（宋徽宗）八世孙”。如果说后者还含有用民族意识作鼓动的企图的话，那么前者不约而同地都拥立汉“宗室”做皇帝，就完全证明了农民的“皇权

① 《明史纪事本末》卷四五，《平河北盗》。

② 《明季北略》卷二三，《李岩说自成假行仁义》。

③ 《马克思恩格斯选集》第一卷，第693页。

④ 同上。

⑤ 《斯大林全集》第十三卷，人民出版社1956年版，第100页。

主义"思想。正是基于这种深刻原因，当农民们迫于惨重的盘剥起而暴动时，无疑地是反封建压迫的主力军；可是当起义军获得胜利、有可能实现他们自己的政治理想时，他们却只能以剥削相对缓和的新的封建统治，代替残暴腐朽的旧的封建统治；而不会、也不可能去触动封建制度之经济基础的地主土地所有制。

起义农民群众从反对旧的封建统治，到建立与维护新的封建统治；起义农民领袖从反对旧的封建皇帝，到要变自己为新的封建皇帝，这是一个极端的矛盾。表面看来，似乎不可理解。其实，在封建社会历史条件下，这是无足奇怪的。因为：一，"每一种社会的分配和物质生存条件的联系，如此深刻地存在于事物的本性之中，以致它经常反映在人民的本能上。当一种生产方式处在自身发展的上升阶段的时候，甚至在和这种生产方式相适应的分配方式里吃了亏的那些人也会热烈欢迎这种生产方式"①。二，农民的小私有经济的"私有观念"，是"根深蒂固的"②；小农经济本身，又在不断分化着，这样，农民头脑中必然滋生一种强烈的发家致富思想。平日，在贫苦的煎熬中"幻想和渴望有出头之日"③；当他们参加并领导了农民起义，而且在对封建专制政权战争中取得决定性胜利，有了实现"出头"的机会时，逐渐改变其阶级立场，做起新的封建皇帝来，这便是很自然的事了。

四

再来看看历史事实。

我们就以黄巢和李自成为首的两次农民大起义作例子。黄巢是在唐乾符二年（公元875年）起义响应王仙芝的。王仙芝自称"天补平均大将军"。"天补平均"，尽管具有明显的天命观色彩，却也反映了农民痛恨贫富不均的朴素的"平均主义"思想。但是从乾符五年（公元878年）王仙芝战死于湖北黄梅，由黄巢取得起义的领导地位以后，作风就开始逐渐

① 《马克思恩格斯选集》第三卷，第188页。

② 《马克思恩格斯选集》第四卷，第299页。

③ 《列宁全集》第十二卷，第453页。

改变了。同年六月，黄巢统率大军进入福建，“俘民绐称儒者（地主知识分子）皆释”。十二月，占领福州，“焚室庐，……过崇文馆校书郎黄璞家，令曰：‘此儒者，灭炬弗焚’。又求处士周朴，得之，谓曰：‘能从我乎？’”广明元年（公元880年），农民起义军攻克长安，当黄巢率骑士数十万，入自春明门，升太极殿，宫女数千迎拜称“黄王”的时候，他盼顾自得地说：“殆天意欤！”显然，他这时已经为皇帝的尊荣所陶醉了。十二月十三日（公元881年一月十六日），擢用大批俘降唐官、唐将如赵璋、崔璆、裴渥、张直方、皮日休等担任军政要职；即皇帝位，国号大齐，改元金统，并加号“承天广运启圣睿文宣武皇帝”，“以妻曹为皇后”①。

李自成起义初期，对于残酷压榨人民的统治阶级是不遗余力地打击的。自崇祯十三年（公元1640年）李岩归附以来，劝他“取天下以人心为本”②，作风也逐渐转变，开始“尊贤礼士（地主阶级）”③ 了。崇祯十四年（公元1641年）攻占洛阳时，还把强占民田两万顷的福王朱常洵斩首示众，并抄没其钱粮，赈济灾民。但到崇祯十六年（公元1643年）攻破西安的时候，却“执秦王（朱）存枢，以为权将军，永寿王（朱）谊氿为制将军”④ 了。在李自成身上，“皇权主义”思想的表现，也是非常突出的。崇祯十六年春，攻克襄阳，“乃改襄阳曰襄京，修故王宫殿居之。杨永裕劝以即真（做皇帝），牛金星不可而止。李自成外虽寝永裕议，而心善之，颇采其言”⑤。到崇祯十七年（公元1644年）正月，就改西安为西京。建国号大顺，改元永昌。追尊其曾祖以下，各加谥号，以李继迁为太祖。设大学士、六政府尚书等官。这时他的措施见于记载的还有：“据秦府为宫，收姬妾数百以充实之。命所司一依李唐制度。……发民夫，大修长安城，挑濠堑，具楼橹，视前制倍壮丽。……毁居民屋以大开驰道于城中，每三四日即亲至大教场校射，……百姓望见黄龙旗，皆辟易”⑥。进入北

① 以上均见《新唐书》卷二二五下，《黄巢传》。

② 《明史》卷三〇九，《李自成传》。

③ 《明季北略》卷二三，《李岩说自成假行仁义》。

④ 《明史》卷三〇九，《李自成传》。

⑤ 《绥寇纪略》卷九，《通城击》。

⑥ 同上。

京后，颁发檄文宣称："朕躬临恒冀，绥靖黔黎；凡百臣工，永保乃家"[①]。并谕明朝在京文武官员，"一概报名汇察。不愿仕者，听其自便；愿仕者，照前擢用"[②]。四月二十九日，即皇帝位于武英殿，立妻高氏为皇后，冠冕列仗受朝贺。新政府中，同样擢用了大批明朝的降官降将，如六政府尚书中，除刑政府尚书安兴民因史料缺乏，只知其出身于"举人"外[③]，余如吏政府尚书宋企郊是原吏部员外，户政府尚书杨王休是原潼关道副使，礼政府尚书杨观光是原礼部侍郎，兵政府尚书侯恂是原兵部尚书，工政府尚书黎志升是原山西督察参政，都是明朝的高官显宦[④]。而身为文官之首的天祐殿大学士牛金星，也"大轿门棍，洒金扇上贴内阁字，玉带蓝袍圆领，往来拜客，遍请同乡"[⑤]。郭沫若同志称他已经是"俨然太平宰相风度"了。

上面两个例子，都清楚说明，无论黄巢或李自成，他们都是按照历史给他们安排的道路，从农民阶级的立场逐渐向地主阶级的立场转化，最后随着起义的胜利变成新的封建皇帝，建立起新的封建统治，并维护其新王朝的统治秩序。

历史上有各种不同类型的政权，都是阶级压迫的工具，同为保护其统治阶级的利益服务。无论黄巢或者李自成以及封建社会历史上所有农民起义领袖所建立起来的短期性政权，既没有、也不可能改变封建地主土地所有制，没有、也不可能使广大农民在经济、政治上获得解放，更没有、也不可能变农民阶级为统治阶级。因此，把封建社会中农民起义领袖所建立起来的短期性政权，称之为"农民政权"，显然是不恰当的。

五

当然，我们这样分析农民起义和农民战争的局限性，丝毫也没有抹杀农民起义和农民战争的革命性，丝毫也没有减低农民起义和农民战争在历

---

① 佚名《新史奇观》。转引自谢国桢《南明史略》第28页。

② 《明季北略》卷二三，《伪谕在京文武》。

③ 参阅《明季北略》卷二二，《从贼入都诸逆臣》。

④ 参阅《甲申传信录》卷五，《槐国衣冠》。

⑤ 《甲申传信录》卷六，《赤眉寇略》。

史上的作用，更没有把农民起义领袖所建立的新政权与腐朽的旧政权完全等同起来看。由于农民阶级是受剥削、受压迫的劳动阶级，平日参加劳动生产，生活艰难贫困，更多地知道人民的疾苦，所以，新政权往往能保持役轻赋薄的清明政治，能够在一定程度上满足广大农民的要求，这便具有了鲜明的进步性。因而，与腐朽的旧政权相比，相对地会博得人民更多的拥护。但不论怎样，他们在农民心目中和事实上，只能是"好王朝"和"好皇帝"，而不能是别的。就是说，新政权的性质基本上还是封建的、专制的。它与旧政权之间，只是存在着差别，而没有实质上的不同。任何出自主观愿望，哪怕是善良愿望，把这种实际上的新的封建政权，美化成为"农民阶级专政"的"农民政权"，都是背离马克思主义国家学说的科学原理的。

正确地认识中国历史上农民起义过程中所建立的政权的性质，能够帮助我们在肯定农民起义和农民战争"都打击了当时的封建统治，因而也就多少推动了社会生产力的发展"① 的作用之余，不至于反转过来忽略了它的局限性，而过分夸大其作用。正如斯大林所说的："个别的农民起义，即使不像斯杰潘·拉辛的起义那样带有'强盗性'和无组织性，也不能得到任何重大的结果。农民起义只有在和工人起义结合起来并由工人领导的时候，才能取得胜利。只有以工人阶级为首的联合起义，才能达到目的"②。

了解了这些，才能认识中国共产党在中国革命中领导作用的伟大；才能更加体会到工农联盟在中国革命斗争中和建设事业中的巨大意义！

（原载《新史学通讯》，1955 年第 8 期）

① 《毛泽东选集》，第 588 页。

② 《斯大林全集》第十三卷，第 100 页。

试论李自成大顺政权的性质

——再论关于“农民政权”问题

1955年，我写过一篇名为《关于“农民政权”问题》的文章，主要的论点是：在封建社会里，由于社会历史条件和阶级条件的限制，单纯的农民起义和农民战争，虽然有的曾经成功地推翻旧封建王朝，但却只能用新的封建统治，来代替旧的封建统治，而不可能建成代表农民阶级利益的“农民政权”。并且，在反抗旧王朝的斗争过程中，由农民起义军所建立起来的短期性的政权，就其性质说，“基本上还是封建的专制的。它与旧政权之间，只是存在着差别，而没有本质上的不同”[①]。这个论点引起了反复争辩，虽然已有蔡美彪等个别同志与我的看法相同[②]，但还没有被大多数研究者所接受。这里，我想撇开理论和概念的圈子，主要就明末李自成起义军在西安和北京所建政权的具体内容：大顺政权的构成形式，组成大顺政权成员的阶级阶层成分，以及大顺政权的经济政治纲领和实施情况等，作一次探索。这对于进一步讨论这个问题，也许会有些帮助。

一　大顺政权的构成形式

李自成起义军建立政权，最早是在崇祯十六年（1643年）正月占领荆襄以后。当时的政权机构还比较简单。崇祯十七年（1644年）正月，起义军攻克陕西，在西安正式建国立号，政权机构逐渐趋于完备。同年三

---

① 原刊《新史学通讯》1955年8月号，后辑入拙著《中国农民战争问题探索》一书。见前文。

② 参阅《历史研究》1961年第4期蔡美彪：《对中国农民战争史讨论中几个问题的商榷》一文“关于‘皇权主义’‘农民专政’”部分。

月农民军进入北京后，在原来基础上，又进行了整顿，这就更加健全了。大顺政权虽曾作过某些有意义的改革，如在科举取士上改八股为策论等，但总的说来，基本上仍然是明朝封建统治政权的翻版。现在把大顺政权中央和地方机构的名称，与明政权对照列表如下：

（一）大顺政权与明政权中央机构名称对照表

大顺政权机构名称	明政权原机构名称
天祐殿	内阁
吏政府	吏部
户政府	户部
礼政府	礼部
兵政府	兵部
刑政府	刑部
工政府	工部
弘文馆	翰林院
文谕院	文选司
都察院（直指使）	都察院（御史）
知政使司	通政使司
六科（谏议大夫）	六科（给事中）
大理寺	大理寺
光禄寺	光禄寺
尚玺寺	尚宝寺
验马寺	太仆寺
书写房	中书

（二）大顺政权与明政权地方机构名称对照表①

大顺政权机构职官名称	明政权原机构职官名称
节度使	巡抚
防御使	兵备

① 以上两表主要根据《明季北略》卷二十，并参酌《明史》、《明纪》、《绥寇纪略》、《怀陵流寇始终录》、《平寇志》、《甲申传信录》、《烈皇小识》及《小腆纪年》等书制成。下文的两表，资料来源同此。

续表

大顺政权机构职官名称	明政权原机构职官名称
府尹	知府
州牧	知州
县令	知县

从上表中可以看出，大顺政权的中央和地方机构，基本上因袭自明朝，只是有些机构和职官，改用了唐代名称，如弘文馆学士、谏议大夫、节度使、防御使、州牧和县令等等。这就是说，大顺政权的改革，仅只是某些机构和职官名称的变更，而作为适应封建专制主义中央集权统治的官僚制度的实质，并没有任何改变。

政权的构成形式——“政体”，是一定社会阶级组织政权机关所采取的形式。在反映政权性质上，它不是最根本的因素。但必须指出，这种提法只是把“政体”与“国体”比较时说的，决不等于说“政体”全然不能反映政权的性质。因为，一方面，一定的阶级在组织政权机构的时候，采取何种形式，是可以根据情况自由选择的。比如，同是资产阶级专政的国家，其政体有的采取总统制，也有的采取内阁制。可是，另一方面，由于政体是为维护一定的社会阶级利益服务的，所以它必须与特定的国体相适应。就这一点说，一定社会阶级在组织政权机构时采取何种形式的自由，只能是相对的、有限度的。因之，资产阶级专政的国家，虽有总统制与内阁制的不同，但多同样采取议会制度，而不会、也根本不可能采用“工农兵苏维埃制度”；反之，“工农兵苏维埃制度”只能被无产阶级专政的国家采用。在这里，作为政权机构形式——“政体”的议会制度或工农兵苏维埃制度，就成了足以反映政权性质的决定性因素。正是在这个意义上，我把李自成建国称帝，礼遇任用封建地主阶级分子，组成中央集权专制主义的政权机构，作为起义军转化的标志，并判断大顺政权的性质基本上是封建的。但有的同志却认为这是“把政权的形式（政体）或某些次要的、非本质的政策措施当成了判断政权性质的主要依据”，说这是“混淆了政体和国体”①。我以为，这正是由于这位同志没有理解“政体”

① 参阅《中国农民战争史上的农民政权问题》。《新建设》1960年10—11月号。下同。

必须适应“国体”，把“政体”与“国体”的内在联系加以割裂，把“国体”片面强调成标志政权性质的唯一因素，因而完全否定了“政体”也能起到反映政权性质的作用，甚至是决定性的作用。

二　组成大顺政权成员的阶级阶层成分

马克思列宁主义告诉我们，政权是阶级压迫的工具。政权的性质，决定于它为哪一个阶级掌握和领导，并为维护哪一个阶级的利益服务。最能充分反映这点的，主要是（不是唯一的）组成政权成员的阶级和阶层成分。按照毛泽东同志的教导，“就是社会各阶级在国家中的地位”，也就是“国体问题”①。可以这样说，某一政权由哪个阶级掌握和领导，就是这一政权性质的标志。根据这一经典性原理，在分析了大顺政权的构成形式——“政体”以后，还有必要进一步从“国体”上，也就是从掌握与领导这个政权的阶级阶层成分上，作一番考察研究。下面作表列举大顺政权中央和地方机构的主要领导成员，并分别查明其阶级阶层成分。

（一）大顺政权中央机构主要领导成员姓名、成分表

官职	姓名	出身成分
天祐殿大学士	牛金星	原明举人
吏政府尚书	宋企郊	原明吏部员外
吏政府侍郎	顾君恩	原明拔贡
户政府尚书	杨王休	原明潼关道副使
户政府侍郎	张璘然	原明郎中
户政府侍郎	盛广	原明陕西徽州知州
礼政府尚书	巩焴	原明湖南督学参政
礼政府侍郎	杨观光	原明礼部侍郎
礼政府侍郎	杨汝成	原明礼部侍郎
兵政府尚书	侯恂	原明兵部尚书
兵政府侍郎	左懋泰	原明吏部郎中

① 《毛泽东选集》，第637页。

续表

官职	姓名	出身成分
兵政府侍郎	梁兆阳	原明翰林简讨
刑政府尚书	安兴民	原明天启丁卯举人
刑政府侍郎	李振声	原明湖广巡按
刑政府侍郎	陆之祺	原明陕西左布政使
工政府尚书	黎志升	原明山西督察参政
工政府侍郎	叶初春	原明工部侍郎
弘文馆学士	何瑞澄	原明侍读
弘文馆修撰	高尔俨	原明编修
弘文馆修撰	韩四维	原明左谕德
弘文馆编修	陈名夏	原明编修
弘文馆编修	杨廷鉴	原明修撰
弘文馆简讨	周锺	原明庶吉士
弘文馆简讨	朱积	原明庶吉士
弘文馆庶吉士	梁清标	原明庶吉士
弘文馆庶吉士	史可程	原明庶吉士
都察院都直指使	高翔汉	原明兵科给事中
都察院直指使	龚鼎孳	原明兵科给事中
都察院直指使	柳寅东	原明江西道御史
都察院直指使	赵颎	原明庶吉士
知政使司知政使	陈羽白	原明广东道御史
知致使司知政使	王学先	原明崇祯庚午举人
六科谏议大夫	光时亨	原明刑科给事中
六科谏议大夫	申芝秀	原明礼科给事中
六科谏议大夫	朱徽	原明刑科给事中
六科谏议大夫	彭王官	原明工科给事中
大理寺寺卿	吴家周	原明尚宝卿
大理寺寺卿	吴履中	原明大理寺丞

续表

官职	姓名	出身成分
光禄寺寺卿	李元鼎	原明太仆寺丞
验马寺寺卿	贺三盛	原明太仆寺丞
国子监助教	缪沅	原明主事

（二）大顺政权地方机构主要领导成员姓名、成分表

官职	姓名	出身成分
顺天节度使	宋权	原明顺天巡抚
宁夏节度使	陈之龙	原明监军佥事
太原节度使	韩文铨	原明河南道
淮阳节度使	吕弼周	原明河南副使
夔州防御使	刘明英	原明中书科掌科事
扬州防御使	周寿明	原明北直曲周县知县
临清防御使	王皇极	原明举人
淮徐防御使	武愫	原明进士
山海关防御使	张若麒	原明光禄寺卿
防御使	孙承泽	原明刑科给事中
防御使	苏京	原明江西道
防御使	吕崇烈	原明翰林
防御使	杨明琅	原明进士
防御使	归起先	原明刑部主事
防御使	林铭球	原明光禄寺监事
顺天府尹	王则尧	原明山东布政司参政
庐州府尹	熊世懿	原明河南道御史
府尹	刘廷谏	原明考功司郎中
北直真定州牧	董复	原明保定府推官
沧州牧	王允言	不详
德州牧	吴征文	不详
延庆州牧	贺成	不详

续表

官职	姓名	出身成分
四川蓬溪县令	吴尔壎	原明庶吉士
四川梓潼县令	张琦	原明主事
四川宜宾县令	时敏	原明兵科给事中
四川巴县县令	吴达	原明邯郸知县
四川县令	翁元益	原明刑科给事中
密云县令	姚文然	原明进士
潍水县令	王仙芑	原明宛平举人
县令	傅振铎	原明兵科给事中
县令	黄国琦	原明山东滋阳知县
县令	白胤谦	原明庶吉士
县令	何胤光	原明庶吉士

上列两表非常显著地表明，组成大顺政权的成员，不论在中央和地方机构中，几乎全部出身于封建地主阶级，并且都是原来明朝的官僚，其中职位低的有庶吉士、县令，高的到尚书和巡抚。应当说明的是：第一，上表列举的大顺政权中央和地方政权机构的成员，只是其中的一部分，而不是大部和全部。但是，这部分却是各级机构中的主要领导成员，如天祐殿和六政府等，有很大的代表性；第二，在我们所能掌握的史料里，大顺政权中央和地方机构的成员，还有一部分是出身成分不明的。如中央机构中的户政府侍郎杨建烈、李天笃，都察院直指使伍中恺，弘文馆学士王华及简讨张瑞等，和地方机构中的榆林节度使周士奇，兖州防御使刘洵，济宁防御使张问行，延庆州牧贺成，德州牧吴征文，邯郸县令何承新，柘城县令郭经邦等。由于缺乏确凿史料，不便主观武断其出身。有的同志曾根据如下的个别资料："畿内、山东、河南守令，多秦晋无赖"①，企图证明当时大顺政权河北、山东、河南等地的地方机构的成员，主要来自陕西和山西等起义军老根据地的劳动人民。这种看法，是缺乏说服力的。"无赖"一词，主要是明、清反动封建地主阶级对农民起义军成员的诬蔑，却并不

① 《明季北略》卷二十，《廿五癸丑拷夹百官》。

一定专指出身于劳动人民的成员。因为，在另一些史料中还有这样的记载：各地“选来府县伪官，多系山陕秀才”[①]。又“楚豫伪官，多系绅约从贼”[②]。当然，决不应由此得出结论说，大顺政权中央和地方机构中绝对没有出身于劳动阶级阶层的成员。可是，丰富确凿的史料却证明了，即便有出身于劳动阶级阶层的成员，其比例也是很小的。根据上述史实，完全可以断定：大顺政权的中央和地方机构，不仅其组成成员绝大部分是出身于封建地主阶级的原明朝官僚，而且他们几乎还在所有的重要机构（如天祐殿、六政府等）内，居于领导的地位。这些事实极为有力地证明：大顺政权虽然是由李自成为首的农民起义军所建成，但它已经是变了质的封建性的政权，而并不是像有的同志所说的，是体现“农民阶级专政”的“农民政权”。

也许有的同志会问：大顺政权中央和地方机构的主要领导成员，虽绝大部分出身于地主阶级或原来明朝的官僚，但大顺政权是“右武轻文”的，如据载所有文官都要受刘宗敏节制。因此它的真正领导者，并不是天祐殿大学士和六政府尚书，而是由出身于劳动阶级阶层，以李自成、刘宗敏、田见秀等为首的农民起义军的重要领袖所形成的核心集团。

这个意见，其实并没有接触到问题的实质。以李自成、刘宗敏等为首组成的农民起义军的领导核心，实际上掌握着大顺政权的领导权，这是不容怀疑的。但问题的关键在于农民起义领袖当时的实际思想倾向。具体地说，这些农民起义领袖是用自己阶级的思想观点，影响和支配着周围的封建地主士大夫阶级呢？还是那些封建地主士大夫阶级的思想观点，在实际上影响和支配着他们呢？答案无疑是后者。我们不妨以李自成为例来说明这一点。首先，关于李自成的家庭出身，大多数史书都说他“家世富饶”[③]。个别的说他“幼年贫困”。这里不想做烦琐的考证，暂且假定他出身于比较富裕的农民家庭。可是，众所周知，就是地道的贫农或雇农，由于无法避免封建地主阶级思想的影响，也总是有着不同程度的皇权主义思想。这一点，李自成还在起义之前，就有明显的表现。如据载崇祯元年

---

① 《明季北略》卷二十，《四月三十日自成西奔》。

② 同上书，《李自成伪檄》。

③ 参阅《甲申传信录》、《绥寇纪略》、《平寇志》及《明季北略》等。

(1628年)“李自成与众饮山中，众有羡轩冕者，李自成曰：‘今日世界，贿赂公行。文官必由七篇文字，武科也要策论。我辈不读书不识字，安望得此？或者夺个皇帝做，倒未可知耳!”[①] 其次，李自成参加和领导起义以后，特别是后期，愈益显著地受着封建地主士大夫阶级的影响。例如，起义前期，李自成是依重山西拔贡顾君恩的。崇祯十三年(1640年)，李岩、牛金星、宋献策先后来投后，得到李自成和刘宗敏等的更大信任。据载李自成所以信任牛金星，是因为他能够“为之谋主，僭号立官制”[②]；所以拜宋献策为军师，是因为他曾进“十八孩儿当主神器”的谣谶[③]；而所以特加礼遇李岩，是因为他曾进“图大事”的策略。关于这点，《明季北略》曾极为生动地记述了李自成对李岩的谈话：“(李自成)草莽无知，自惭菲德，……足下龙虎鸿韬，英雄伟略，必能与孤共图义举，创业开基者也。”[④] 所有这些，无一不透露了李自成相信自己真有“天命”，热衷于做皇帝的思想。越发展到后来，这种倾向也表现得越为明显。如崇祯十六年(1643年)春攻克承天，巡抚李振声迎降，李自成“列之上班”；占领荆襄后，喻上猷“荐列荆州绅士”，李自成赶忙“下檄征之”[⑤]；当时明降官杨永裕“劝以即真(作皇帝)，牛金星不可而止。李自成外虽寝永裕议，而心善之，颇采其言”[⑥]；十七年(1644年)春，破榆林，执明守将尤世威、王世钦、王世国和李昌龄等至西安，李自成对他们礼遇有加，并劝诱说：“诸公皆名将，助我平天下取封侯可乎?”[⑦] 总之，他对明朝降顺的官僚地主阶级分子，不仅“委以政事”，而且“任以腹心”[⑧]。甚至把选用干部的重责，也完全交给了明朝的降官宋企郊。“凡铨选，皆宋企郊主之”[⑨]。除了这样主动积极接近封建地主士大夫阶级，接受他们的献

---

① 《续绥寇纪略》卷五，《附录纪闻》。

② 《平寇志》卷十一。

③ 《明季北略》卷十七，《牛宋降自成》。

④ 《明季北略》卷二三，《李岩归自成》。

⑤ 《明史纪事本末》卷七八。

⑥ 《绥寇纪略》卷九。

⑦ 《明纪》卷五七。

⑧ 《平寇志》卷十。

⑨ 《明季北略》卷二十，《选升降臣》。

策外，李自成还学习封建的典籍："以牛金星为谋主，日讲经一章，史一通。"① 用不到说明，"经"和"史"，都是维护封建礼教和等级统治的律条和教科书。至于后来李自成在西安和北京修城筑道、即位立后、封祖定讳和冠冕列仗受朝贺等，就更毋庸赘言了。总起来说，李自成以及所有重要农民起义领袖，由于他们不是先进阶级，不能从阶级上划清敌我界限，这样，在封建地主士大夫阶级的包围之中，耳濡目染，潜移默化，逐渐不自觉地转变了阶级立场，从而，到起义后期建成的政权，表面看来虽和前期一样，仍由农民领袖掌握着领导权，可是这时封建的纲纪礼教等统治与奴役劳动人民的观念形态，已在实际上支配了他们的思想，并极为鲜明地反映在他们的经济和政治纲领之中（这一点在下一节里还要进行具体分析）。这就决定了：即便是他们建成的政权，也绝不可能是对封建地主阶级专政的"农民政权"，而只能是新的封建统治王朝。因为，他们在建立新政权时所采用的，不是、也不可能是别的，而恰恰是出自封建地主士大夫阶级之手不折不扣的封建统治政权的"蓝图"。这种情况，看来非常矛盾，其实并不足怪。原因是"统治阶级的思想，在每一时代都是占统治地位的思想。这就是说，一个阶级是社会上占统治地位的物质力量，同时也是社会上占统治地位的精神力量。支配着物质生产资料的阶级，同时也支配着精神生产的资料。因此，那些没有精神生产资料的人的思想，一般的是受统治阶级支配的"②。封建社会的统治阶级是地主阶级，他们既支配着物质生产资料，也支配着精神生产资料。这就使得作为被统治的农民阶级，不仅在经济政治上受着他们的剥削和奴役，而且在思想上同样也无法摆脱他们的毒害和影响。因而，封建社会单纯的农民起义和战争，尽管曾经英勇地反抗和沉重打击旧封建王朝的统治，但他们并不一般地反对封建皇权；他们反抗和打击的既然只是旧封建王朝的"坏皇帝"和"坏政权"，那么，他们希望和追求的也只能是新王朝的"好皇帝"和"好政权"，或者干脆由自己来充任"好皇帝"，建立"好政权"。至于要从阶级关系上把旧政权地主阶级专政的性质，改变为农民阶级专政的性质，他们不仅没有去做，而且也根本不可能想到。正是在这个意义上，斯大林特别

---

① 《明史纪事本末》卷七八。

② 《马克思恩格斯全集》第三卷，第52页。

强调指出：他们“拥护‘好皇帝’。要知道，这就是他们的口号”①。

由此可见，随着起义军政权的建立和逐步完备，杰出的农民领袖李自成已经渐次并终于转化为新的“好皇帝”；而他们企图实现其“好政治”理想所建成的大顺政权，也就只能是封建性质的政权。这不仅因为封建地主士大夫阶级是组成这个政权中央和地方机构的主要成员，在政权机构中占据着重要地位，而且还因为他们的思想观念，在这个政权中也在实际上占着优势和统治的地位，起着支配和领导的作用。那种企图单纯用李自成、刘宗敏等起义领袖的出身成分作为判断大顺政权性质标志的论点，非但对农民阶级的思想缺乏深刻的理解，抑且没有从发展变化的角度来观察问题，流于唯成分论的倾向，显然，是不能导致正确结论的。

三　大顺政权的经济政治纲领和实施情况

在上一节里，我们从判断政权性质最根本的依据着手，即通过分析组成大顺政权成员的阶级阶层成分及其在政权中的地位，论证了这个政权的封建的性质；为了提供更充分的论据，还有必要进一步了解大顺政权的经济政治纲领及其实施情况。不过，由于李自成农民起义是以被镇压而结束，起义军当时的纲领文献，已大部被摧残殆尽。这里，仅就我们在现有史料中所能发现的零星片断材料，从几个不同的角度，分别进行一些分析。

首先，大顺政权在夺取和颠覆明王朝统治的整个过程中，曾经先后发布了一些声讨明王朝的檄文。在这些檄文中，大顺政权所揭露和批判的，是维护地主阶级利益的封建皇权制度呢？抑或仅仅是皇朝政治的黑暗和腐朽呢？这是我们所要探讨的第一个关键性的问题。这方面，目前能找到的有如下几条史料：

其一，是崇祯十七年（1644 年）二月起义军占领太原时颁布远近的檄文。其中有云：

公侯皆食肉纨绔，而恃为复心；宦官悉龁糠犬豚，而借其耳目。

① 《斯大林全集》第十三卷，第 100 页。

狱囚累累，士无报礼之心，征敛重重，民有偕亡之恨①。

其二，是同年三月十八日起义军包围北京，飞檄入城，其中有云：

上帝鉴观，实惟求莫。下民归往，只切来苏。命既靡常，情尤可见。粤稽往代，爰知得失之由；鉴往识今，每持治忽之故。咨尔明朝，久席泰宁，浸弛纲纪。君非甚暗，孤立而炀蔽恒多；臣尽行私，比党而公忠绝少。贿通官府，朝端之威福日移；利擅宗绅，闾左之脂膏殆尽。……②

从上面两个檄文可以清楚看出，在农民起义军看来，造成当时“狱囚累累”、“征敛重重”和“闾左之脂膏殆尽”等严重社会问题的根源，并不是封建制度，而是由于“公侯”、“宦官”、“宫府”和“宗绅”的腐败和贪暴。其实，这也正是封建阶级政史家的看法，即所谓世乱民困，由于朝廷不明；而朝廷不明，又由于奸佞当道。特别从他们指斥明王朝“浸弛纲纪”（值得注意的是，黄巢大起义也曾指斥唐王朝“宦竖柄朝，垢蠹纪纲”。见《新唐书》卷二二五下《黄巢传》）来看，更可以充分证明，农民起义军反对的，只是封建王朝政治的腐朽和黑暗，而并不是封建制度和皇权统治秩序。相反，他们认为当时政治的腐朽和黑暗，恰是坏人当政败坏了“纲纪”——封建等级礼教统治秩序——的结果。因此，他们斗争的目标和实际上提出来的主张，也就是要通过重振和巩固“纲纪”来实现清明的政治。由此可见，农民领袖的理想，只能是做个“好皇帝”，而根本没有、也不可能想到建立“农民政权”，作“农民皇帝”和施行“农民阶级的专政”。

其次，在对明王朝揭露和批判的同时，农民起义军也宣传了自己的经济和政治主张。其内容是要变革当时的封建皇权制度呢？抑或仅只是要建立一个“好王朝”、做个“好皇帝”和推行“好政治”呢？这是我们探讨的另一个重要关键问题。也让我们就所能找到的史料，摘引于下。

---

① 《明史纪事本末》卷七九。

② 《平寇志》卷九。

其一，是起义军在各府州县张贴的告示，其中有云：

比尧舜而多武功，迈汤武而无惭德。[①]

其二，是起义军攻克北京后招降吴三桂的檄文。有云：

大顺国王，应运龙兴，豪杰响附。唐通、祖光先等知天命有在，回面革心。朕嘉其志，……量功升赏。抗命周迁吉等，具服五刑，全家诛谬。刑赏昭然，判若黑白。尔等当审时度势，弃昏就明，身享令名，功业奕世。孰与弃身逆命，妻子戮辱？大福不再，后悔噬脐。檄到须知。[②]

其三，是起义军占领北京后，谕明朝在京文武官员。有云：

照得大顺鼎新，恭承天眷，凡属臣庶，应各倾心。尔前朝在京文武官员，限次早一概报名汇察。不愿仕者，听其自便；愿仕者，照前擢用。如抗违不出者，大辟处治，藏匿之家，一并连坐。仰各遵新旨，共扩皇图。[③]

其四，是李自成命顺天府尹考宛平、大兴二县童生，首题“天与之”，经题“大君有命”；又命礼政府考举人，首题“天下归仁焉”，次题“莅中国”[④]。

上引大顺政权这些文告的内容，也同样极为清楚地说明，起义军所宣传的，也仅只是要建立一个“好王朝”，做一个“好皇帝”，推行“好政治”。他们以历史上最好的帝王尧、舜、汤、武等自况，宣称自己是“应运龙兴”，“恭承天眷”。虽然在前举的史料中看到他们揭露和批判了明王朝，但连他们自己也仅仅认为和明王朝相比，只有昏暗和明睿的区别。从

---

① 赵士锦：《甲申纪事》。有人以此为周锺所撰《劝进表》中语，误。

② 《明季北略》卷二十，《吴三桂请清兵始末》。

③ 《明季北略》卷二三，《伪谕在京文武》。

④ 《平寇志》卷十。

而号召明朝的臣僚“弃昏投明”，和自己合作，“共扩皇图”。并答应以“量功升赏”使他们得以“身享令名，功业奕世”等，作为互利的交换条件。再也清楚不过，这表明起义领袖李自成已经是在向包括原明朝官僚在内的所有地主阶级宣布，愿意同他们合作，“共扩皇图”，把大顺政权建设成一个新的封建王朝！假如我们再参证另外一些史料，如李自成对“羡轩冕者”说：“或者夺个皇帝做，倒未可知耳”；刘宗敏与李自成盟：“尔我同为响马，约富贵共之”①；李自成语李岩曰：“足下龙虎鸿韬，英雄伟略，必能与孤共图义举，创业开基”；李自成劝诱明榆林守将尤世威、王世钦、王世国和李昌龄四将：“助我平天下、取封侯可乎？”以及起义军攻克北京前，李自成曾向崇祯提出两条件：“一，如楚汉故事，划地为界；一，解兵归诚，以大将军辅政”② 等，就更足以充分证明，农民起义领袖李自成，正是按照历史局限性所指引给他的道路，逐渐转化其阶级立场，并随着大起义决定性的胜利，建成新的封建政权，变成了新的皇帝。而并不是像有的同志所说，“农民推翻了封建政权之后，可以建成代表自己阶级利益的农民政权，也就是农民的专政”。

最后，还有必要来考察一下大顺政权经济、政治政策的实施情况。关于这点，最带关键性的问题是大顺政权从政治上、特别是从经济上实际维护了哪些阶级的利益。在这方面，目前我们能够发现的，大体有如下一些史料。

其一，

> 称仁义之师，不淫妇女，不杀无辜，不掠资财，所过秋毫无犯。③

其二，

> 三年免征，一民不杀。④

---

① 《平寇志》卷十一。

② 《烈皇小识》，并参阅《明季北略》卷二三，《杜秩亨议割地》。

③ 《明季北略》卷二三，《李自成传牌》。

④ 《明季北略》卷十九，《李自成屠黄陂》。

其三，

扬言大兵到处，开门纳降者，秋毫无犯，在任好官，仍前任事；若酷虐人民者，即行斩首。一应钱粮，比原额止征一半。①

其四，

四处传布，不杀人，不爱财，不奸淫，不抢掠，平买平卖，蠲免钱粮，且收富家银钱，分赈贫民。②

其五，

提出“均田”的口号。③

把上面这些措施的内容归纳一下，大致可以概括成为以下几项：一、安定社会秩序——如“不淫、不杀、不掠、平买平卖、秋毫无犯”等；二、减征或蠲免钱粮——如“一应钱粮，比原额止征一半；三年免征”等；三、散发财粮，赈济饥贫——如“收富家银钱，分赈贫民”；四、“均田”。应当肯定，这些都反映了农民起义军对劳动人民的同情与爱护，表明了这些经济政治措施的革命性和进步性。

不过，必须指出，如果要把这些纲领和措施作为史实证据，来判断大顺政权的性质是“农民阶级专政”的“农民政权”，则是不能说明问题的。因为，在以上四项措施中，前三项虽然也是起义军的“善政”，并确曾在不同地区不同程度地实际施行过，但它们并不足以充当判断政权性质的因素，更不是决定性的条件。因为历史上的“好王朝”、“好皇帝”也可能实施这些措施，这类例子是不少的。至于说“均田”，却一直没有找到任何实施过的史料。况且，由封建地主阶级分子李岩所倡议提出的

① 《明季北略》卷二三，《李岩说自成假行仁义》。

② 《明季北略》卷二十，《四月三十日自成西奔》。

③ 《罪惟录》，《李自成传》。

“均田”，其内容究竟如何，也还有待于发现确凿史料，具体分析。有的同志曾经引用如下一段文字：

> （农民军）以割富济贫之说明示通衢，产不论久远，许业主认耕。故有百年之宅，千金之产，忽有一二穷棍，认为祖产者。亦有强邻业主，明知不能久占而掠取货物者，有伐树抢粮得财物而去者，一邑纷如沸釜，大家茫无恒产。[①]

认为这就是大顺政权实施过“均田”的确凿史料。这段文字，是山东诸城地主丁耀亢记述崇祯十七年（1644 年）春天在农民起义军控制下该地情况的实录，可是要用来证明大顺政权曾推行“均田”，则仍然缺乏坚实的说服力。因为，姑不论这仅是限于在诸城个别地区推行的措施，而且从“产不论久远，许业主认耕”和“忽有一二穷棍，认为祖产者”来看，这条史料，也只能说明起义军许可那些被豪绅地主霸占去土地的农民，认领自己原有的田产；是对个别恶霸地主的惩处，而不是作为改革土地占有关系的“均田”，即并不是剥夺一切地主阶级的土地，无偿地分配给广大贫苦农民。

与此相反，在上述起义军“安定社会秩序”的措施中，有些倒是很值得推敲的。像其中“不杀无辜，不掠资财”和“秋毫无犯”等，虽然反映了农民起义军纪律的严明，但另一方面，却又意味着他们开始承认并维护原来的封建财产（主要是土地）占有关系，没有对一般地主进行镇压和剥夺他们的财富。比如《明史纪事本末》这样记述道：“先是，‘贼’好杀掠。牛金星劝以不杀，遂严戢其下，民间稍安堵，辄相诳惑，人无斗志。”[②] 不难看出，文中“先是，‘贼’好杀掠”，决不是指起义军起初肆意杀戮人民和抢掠民财，而是指起义军前期对封建官僚地主阶级无情的镇压，以及对他们的财产进行坚决的剥夺；在牛金星的劝说之下，“严戢其下”，不再“杀掠”，则显然说明了起义军开始与封建官僚地主阶级妥协，和在实际上维护了他们的人身、社会地位，保障了他们的财产安全，成为

---

① 丁耀亢：《出劫纪略》手抄本。

② 《明史纪事本末》卷七八。

农民革命向封建性质转化的标志。

总起来看，农民起义军对明王朝揭露和批判的，仅只是王朝政治的腐朽和黑暗，而不是封建的皇权制度；农民起义军主张和宣传的，仅只是对封建政治的刷新，而不是封建生产关系的变革；农民起义军具体施行的经济、政治纲领和措施，仅只是相对减轻农民一些剥削和压迫，而不是根本改变他们的经济地位和社会身份。这些都足以证明，大顺政权的性质只能是封建的，而不是所谓“农民阶级专政”的“农民政权”。

四 几点概括和补充意见

根据前面对李自成所建的大顺政权性质的考察可以看出，不仅就农民起义军斗争的目标和发展的前途说，而且就农民起义军当时控制地区的经济关系和政治制度说，大顺政权的性质只能是封建的，而并不是什么“农民阶级专政”的“农民政权”。通过把大顺政权作为典型进行解剖的结果，使我们有根据断定：中国历史上所有封建社会单纯农民起义和战争中由起义军所建成的短期性政权，如张鲁在汉中，窦建德在河北永年，黄巢在长安以及杨么在洞庭地区所建成的政权，和李自成的大顺政权一样，其性质也基本上是封建的。

在判断某一个政权的性质时，我以为必须注意以下几个关键问题：其一，政权的构成形式，即政体，虽不是判断政权性质的根本标志，但却是一个重要的因素。而且在特定历史条件下，还具有决定性的意义。（如苏维埃的政权构成形式，就只能是无产阶级专政的标志。）其二，决定政权性质最根本的依据，是各阶级在国家中的地位，亦即国体问题。因此，要判断某一政权的性质，仅仅根据某几个人或某一些人掌握和支配这个政权的领导权，是不够的。而要根据它在实际上代表了哪些阶级的要求和利益，保障了哪些阶级在国家中的统治地位。封建社会的农民阶级不仅是私有者，而且由于受到其分散、孤立的小生产地位的限制，只能看到狭隘的个人利益，看不到集体的利益，从而不可能具备阶级的自觉，不可能与封建地主阶级划清界限，更不可能产生建立作为阶级专政工具的“农民政权”的意识。连上述同志也承认：“农民政权专政的对象虽然是地主阶级，可是除了军事行动与多半是自发地对一些贪官污吏恶霸土豪进行镇压外，农民政权往往没有认识到对全部地主阶级实行专政的必要性，并为此制定系统的、全面的纲领政策，特别是经济上限制、打击、消灭地主阶级的纲领政策。相反地，农民政权的某些制度法令，如‘杀人者死，伤人者偿创’，‘不得为盗’之类，对各阶级一视同仁，缺乏鲜明的阶级特点；甚至有时还对地主阶级实行一些所谓‘仁政’”。正是由于这种原因，农民起义军虽然反对残酷的封建剥削和压迫，但却无法了解、当然也就不可能摧毁那造成封建剥削和压迫根源的封建制度。相反，连他们自己也不知不觉顺从了封建纲纪礼教的支配，在实际上维护了封建地主阶级的利益。这样，尽管这个政权的领导权掌握在出身于劳动阶级阶层的个别或一些农民起义领袖的手中，但却不是掌握在农民阶级的手中，因此，它的性质，就不能是“农民阶级专政”。其三，还要具体考察农民起义军的经济政治纲领和措施，是否引起了当时社会经济政治关系的变革。根据我们的分析，由于农民起义军对旧封建王朝官僚机构和地主贵族进行不同程度打击的结果，使广大农民得到了一些经济和政治上的利益，这是不容否认的事实。但是，同时却必须看到，恰像上述同志承认的：“过多限于军事行动和一些自发的、零星的行动，它多半不能提出系统的、切实可行的保护农民利益的政策，特别是经济政策和土地政策，以解决农民最迫切的对于土地的要求，甚至有时还受了地主阶级思想和做法的影响，模仿某些地主的办法，如苛敛、拷掠之类，来对待农民”。而并不表现为封建土地占有关系的变革。相反，这种经济关系，总是依然继续下来。而且，一般说来，农民起义军政权机关的建成和社会秩序恢复与安定的过程，也就是他们开始维护与保障这种经济关系的过程。因此，在战争年代里，有一些、甚至大批地主分子，被起义农民自发地驱逐、剥夺或镇压了，可是作为社会集团的地主阶级，依旧存在，并仍然是当时社会的统治阶级；在战争过程中，有一些农民，特别是起义领袖及其领导成员，经济和社会地位都发生了巨大的变化，但这只说明个别或一些农民起义领袖，变成了新的地主官吏，却并不意味着整个农民阶级，由被统治阶级上升为统治阶级。即便在农民起义军势力范围之内，封建的经济关系和政治制度，也总是被视为不可侵犯的“纲纪制度”、并且通过农民起义军的新政权而保持下来。这样的政权，又如何能被视为“农民阶级专政”呢？

否定短期性政权性质是“农民阶级专政”的论点，会不会像有的同志担心的那样，说这岂不是混淆了革命阶级和反革命阶级斗争的界限，把革命的农民战争当成与旧王朝争夺帝位的混战，否定了农民战争的正义性和革命性，从而取消了农民战争的伟大历史作用呢？我以为，这种担心是没有必要的。首先，肯定短期性政权的性质是封建的，并不会混淆革命与反革命阶级斗争的界限。因为，我们是把农民起义军建成新政权作为农民革命转化的标志。在转化以前，农民战争是反封建的、正义的革命阶级斗争；而转化以后，由于它是新兴的政权，并且还在继续对旧王朝腐朽黑暗的统治，进行着扫荡和打击，所以，在此后一个阶段的斗争过程中，依然具有进步的作用。同时，新政权的建立，一般是（不是绝对的）标志着农民战争向统一战争转化；虽说战争性质已经转变，但不仅由于统一战争和反封建压迫性质的农民战争是不可分割的、相连续的阶段，在社会历史发展总进程中，仍是一种积极的进步的因素，而且还由于农民是劳动阶级，“平日参加劳动生产，生活艰难贫困，更多地知道人民的疾苦，所以新政权往往能保持役轻赋薄的清明政治，能够在一定程度上满足广大农民的要求，这便具有了鲜明的进步性。”[①] 所以，是不会与封建贵族地主分裂割据的旧政权以及他们争权夺利的混战混为一谈的。至于农民战争推动历史发展的作用，乃是农民起义和战争打击了封建统治，多少调整了封建生产关系，并迫使统治者让步的客观结果。这种作用，决定于农民起义和战争是否对封建统治进行打击，和打击的深度。至于起义和战争后期，战争性质虽然向统一战争转化，但已经发生了的推动历史发展的作用，却决不会因此而抵消的。

（原载《新建设》，1962 年第 3 期）

① 参阅拙著《中国农民战争问题探索》，见本书第 13 页。

试论太平天国政权的性质

——三论关于“农民政权”问题

1955 年和 1962 年，我先后写过《关于“农民政权”问题》和《试论李自成大顺政权的性质》两篇习作。前者着重从理论上、后者着重从史实上论证了封建社会的单纯农民战争，虽然能够成功地推翻旧的封建王朝，却不能建成代表农民阶级利益的农民政权。包括某些农民起义在斗争过程中建立的短期性政权，如黄巢的大齐政权和李自成的大顺政权等等，也都不可能是非封建性的，引起了热烈的争论。通过对李自成大顺政权所作“解剖麻雀”的分析，我感到对这个问题的认识加深了一步。但由于明末农民起义史料的限制，使这个“解剖”无法做到更加深入细致，有些要害问题，还得不到准确的说明。相对来说，太平天国的史料则远为丰富具体，可以为我们从正反两方面提供充分的证据。为了把讨论进一步引向深入，我再通过太平天国的政权构成形式、各阶级在政权中的地位和土地制度三个方面，做一些探讨，请同志们批评指正。

一　太平天国政权的构成形式

政权的构成形式，也就是“政体”问题，在反映政权的性质上，与“国体”比较，不是主要的因素，但也可以一定程度反映某一个政权的性质。在特定的情况下，还能够成为决定性的因素。比如，资产阶级专政的国家不可能采取“工农兵苏维埃制度”；无产阶级专政的国家也不可能采取封建专制主义的帝制。因而，分析太平天国的政权构成形式，对于判断这个政权的性质，还是必要的和有帮助的。

从大量的史实来看，太平天国政权的构成形式，基本上是沿袭封建专制主义政权的模式。主要表现在以下几方面：

第一，职官制度

太平天国官制的设置，最早可上溯到1851年3月洪秀全在武宣东乡称天王开始，不过那时还很简略，仅具雏形。同年9月克永安后，下诏分封五王：以杨秀清为东王，肖朝贵为西王，冯云山为南王，韦昌辉为北王，石达开为翼王。并封秦日纲为天官丞相，胡以晃为春官丞相。其余有功将士，也分别加以晋升。当时的官级是：军师、丞相、检点、指挥、将军、总制、监军、军帅、师帅、旅帅、卒长和两司马等共十二级。特点是不分文武，兼理军政，而以指挥作战为重点。从严格的意义上讲，基本上还是一种适应战时需要的军事体制。

1853年建都南京以后，官制才进一步健全，开始"分朝内、军中、守土三途"[①]，也就是开始把政权机构与军队分开，并将前者又分为中央机构和地方机构。中央机构官员的品级次序为：王、侯、军师、丞相、检点、指挥、将军等。由于杨秀清的政治地位仅次于天王洪秀全，在永安发布的诏令中又曾明确规定"所封各王，俱受东王节制"[②]，所以，东王府下设的吏、户、礼、兵、刑、工六部尚书，实际上成为中央政权的主管机关。

地方政权机构，共分为省、郡、县三级。县以下为基层政权，设各级乡官管理。"守土官"的品级次序为：县设监军，郡设总制，省设何级官员，未见明文。乡官则依次为军帅、师帅、旅帅、卒长、两司马等。

军队编制，"军中官"的品级次序与"守土官"同，只是所辖单位则有区别。如守土军帅管辖一万三千一百五十六家，军中军帅则为一万三千一百五十六人[③]。

由上可见，太平天国政权的官制设置，除带有明显军事体制的特点外，基本上是因袭历代封建统治政权的传统形式。如果说有什么改革的话，也只限于某些机构和职官名称的变更，而作为适应中央封建专制主义集权统治官僚机构的实质，是没有什么变化的。

---

① 《贼情汇纂》。《中国近代史资料丛刊：太平天国》（以下简称《太平天国》）第三册，第77页。

② 《天命诏旨书》。《太平天国》第一册，第68页。

③ 《太平天国》第一册，第325页。

第二，等级制度

太平天国革命的主要目标，是要把“乖离浇薄”、“凌夺斗杀”的乱世，改变成一个“天下一家、共享太平”的大同社会。早在起义初期，洪秀全就在《太平诏书》中提出了“天下多男人，尽是兄弟之辈，天下多女子，尽是姊妹之群，何得存此疆彼界之私，何得起尔吞我并之念”[①]的平等理想，并曾在革命实践中加以贯彻执行。但是，由于产生自小农生产者的家长制和家族主义的限制，以及封建统治阶级宣扬的“君权神授”等陈腐观念的影响，他们并没能真正坚持贯彻下去，而是很快就加以抛弃，在诏旨中公开提出“总要君君、臣臣、父父、子子、夫夫、妇妇”（《福音敬录》）。并根据这种伦理道德观念，仿效封建统治阶级的模式，建立了一整套“贵贱宜分上下，制度必判尊卑”的封建等级制度。天王洪秀全，被赋予至高无上的权力，“他出一言是天命”[②]，“生杀由天子，诸官莫得违”[③]。建都天京以后，更进一步“肃体统，大一尊，一人垂拱于上，万民咸归于下”[④]。继在永安封王之后，又多次分封王、侯和军师、丞相、检点、指挥、将军等大批官吏，不仅他们本身“富贵显耀”，连各王的世子和军师、丞相、检点、指挥、将军等的公子，也得以“累代世袭”，成为新的贵族。根据“天条”规定，一切官兵百姓，均不得嫁娶婚配，但天王和各王，却可以“广置姬妾”。据《贼情汇纂》载：“伪天王妻一人，称为后宫；各伪王妻各一人，称王娘。首逆妃嫔在武昌选四十人，至江宁选百八人，陆续增添，大约不满二百人。……各伪王姬妾，称副王娘，每王约三四十人”。[⑤] 从天王、各王、军师、丞相直至两司马和士卒、百姓之间，等级森严，不可踰越，全体官兵百姓，都“要学习为官称呼问答礼制”，并按照规定，“各回避道旁呼万岁、万福、千岁，不得杂入御舆宫妃马轿中间”[⑥]。“东王、北王、翼王及各王驾出，侯、丞相轿出，凡朝内、军中大小官员兵士，如不回避，冒冲仪仗者，斩首不

---

① 《太平天国》第一册，第92页。

② 同上书，第60页。

③ 同上书，第232页。

④ 同上书，第261页。

⑤ 《太平天国》第三册，第310页。

⑥ 《太平天国》第一册，第156页。

留”。“凡辱骂官长者，斩首不留。”甚至“凡各尊官自外入，卑小官必须起身奉茶，不得怠慢”①。此外，连天王、各王以及幼天王的名字，也要避讳，不慎违犯，就要受到严厉的惩处。可见，太平天国已经完全承袭了封建专制主义的老一套等级制度，甚至有过之而无不及了。

第三，礼仪制度

太平天国起义初期，官兵之间“寝食必俱，情同骨肉”，亲密无间，本“无参拜揖让之仪。凡打躬叩首，皆呼为妖礼”。除了朝见天王洪秀全，“亦止长跪”而外，其余各官“互见平行，并无礼节”②，充分体现了起义军同生死共患难的平等精神。但是，建都天京以后，随着职官和等级制度的建立，反映这些官阶、等级尊卑上下的各项礼仪，也陆续制定出来，据太平天国革命政府文献记载，元年和八年，曾经两次颁布过“太平礼制”，从王世子、王长女，东、西、南、北、翼王各世子和长女，军师、丞相、检点、指挥、总制至两司马，以及天王、各王的岳丈、岳母、王婿等等，都规定了特定的称呼和相应的仪仗、服饰和舆马等。如杨秀清为了“壮天父之威”，制定天王的“朝帽”“用双龙双凤，帽额上绣一统山河，下绣满天星斗”。各王的“朝帽”“用双龙单凤”，以后又议定了“侯、相以下朝帽”的式样③。据《金陵杂记》载，又“造办旗帜”，“定伪职之大小，以分旗帜之尺寸。如洪逆之旗约长方一丈内外，杨、韦、石诸逆约长八九尺等，其伪丞相以次至二三尺不等。……诸首逆并伪男女丞相出门，舆前另有小旗帜十余对，或数十对，或三四十对，各有分别”④。其他如袍服、装饰甚至靴鞋等等，亦无不各有严格规定。这些烦琐的仪礼，有如一条等级的大河，把起义领袖和广大农民远远隔离开来。据载，杨秀清出门时，“坐金顶绣龙黄舆，抬用十四人，前八后六。旗帜约百余杆。舆前并有龙灯，约长二三十丈。又飞禽走兽高绰灯数十对。伪衔牌约六七对，如掌扇式，绘龙凤边，牌涂黄色。大锣对数亦无数。前有大旗一面，后有大鼓一面，上坐幼孩，沿路击鼓，舆前后执矛者约千余

① 《太平天国》第三册，第230页。

② 同上书，第171页。

③ 同上书，第204页。

④ 《太平天国》第四册，第617页。

人……”[①]，已经没有半点农民领袖的本色，而完全变成新的权贵了。

二　太平天国各级政权成员的阶级成分

马克思主义的国家学说认为，政权问题就是阶级专政问题；判断一个政权的性质，就是揭示这个政权的阶级实质。因此，在分析了太平天国“政体”的基础上，还有必要对太平天国的“国体”，也就是社会各阶级在国家中的地位，进行一番分析，因为它是判断一个国家政权性质更为重要的因素。这里，首先探讨一下太平天国地方政权成员阶级成分的状况。

太平天国的地方政权，共分为省、郡、县三级。县设监军，郡设总制（省级的官员，未见明文规定），称“守土官”。县以下为基层单位，设军帅、师帅、旅帅、卒长、两司马等各级官员管理。由于这些官员，均“以其乡人为之”，故称“乡官”。据《贼情汇纂·伪守土乡官》条载：“监军、总制，皆受命于伪朝”，即由中央政权任命。但未说明他们的出身成分。而在同书《伪守土官、伪乡官表》中，则记有“湖北黄州郡总制，每府一人，以老‘贼’充之”，“湖北蕲州监军，安徽青阳监军，每州县设一人，以老‘贼’充之”。其他地区如何，未见明文记载。不过，同书记太平军克汉阳、武昌和建都南京后，“升赏伪官，不可胜计，而老‘贼’居十之七，且皆权要”、“老‘贼’尽居显职，无复卑官”、“要皆显秩，无复军帅以下等官”[②]。以此推论，恐大都与湖北、安徽一样。所谓“老贼”，是清统治阶级对在两广、两湖参加起义的早期太平军的诬蔑称呼。总的说来，这些人当然以农民和其他劳动者占绝大多数。问题是那些被任命为总制、监军的，其身世和家庭，属于哪个阶级？关于这个问题，目前只发现如下两则史料：一是《金陵纪事》：“最重书手，敬如宾客，即识字与知文理者，封升伪职，则为监军，余多为总制”[③]。另一是《寇汀纪略》：“凡监军、总制之官，非三品以上先生不得任，以理民词、办军务，非畅晓文义不能也”[④]。此外，据一些史籍所记，也有少数总制、

① 《太平天国》第四册，第638页。

② 《太平天国》第三册，第292页。

③ 《金陵纪事》。《太平天国史料丛编简辑》（以下简称《简辑》）第二册，第49页。

④ 《太平天国》第六册，第812页。

监军，不经中央任命，而是由当地的“乡耆”、“宦族”甚至归降的清朝“道员”充任的。如《夏虫自语》：“每县设监军，俱以土著充之”、“伪绫天安有示云：本地居民，公同保举泮兰，精明强干，老成持重，爰特拔为监军”①。《新喻县志》：“立伪监军，札传乡耆，多被威胁”②。《野烟录》：“我朝候补道员，开城迎‘贼’，而苏州以陷，‘贼’……使知昆山县事以酬之。”“其时，伪知长洲县事‘贼’目姓熊，伪知吴县事‘贼’目姓汪，闻俱系他省宦族被胁为之”③、“知××县事”，也就是太平天国的监军。可见，当时充任监军和总制的守土官，绝大多数都是地主阶级及其知识分子，其中多数是早期参加太平军的“先生”和“书手”，少数是后期归顺太平军的“乡耆”、“宦族”，甚至是现职的清方官员。

“守土官”成员的阶级成分，有如上述。那么，“乡官”的情况又是怎样呢？

在目前治太平天国史的同志中间，一种有代表性的说法，认为担任乡官的成员，地主阶级分子只占极少数，绝大多数则是农民和其他劳动者。但是，从列举的史料看来，却不足以支持他们的这种论点。第一，举出的史料数量很少，据我见到的，不过十多条；第二，在这仅有的十多条史料中，不少部分还是不确凿的。如引自《贼情汇纂》的“无耻之徒，不学之辈，为其所诱，妄希显荣，遂趋之如鹜”④。其中“无耻之徒，不学之辈”，系作者对出任乡官之人的咒骂，并不能说明他们的身份为劳动人民或地主阶级分子。又如引自同上书的“‘贼’中最喜粗鄙无知识人。……每慰抚而任用之。……久之，‘贼’餂以伪职，则感恩怀惠，以为不世奇遇。战必当先，掳必尽力，虽纵不去”⑤。其中“粗鄙无知识人”，虽系指农民或其他劳动者。但任命的“伪职”，则并非“乡官”，而是太平军的战士或军官。因为乡官均“以其乡人为之”，并且是在克城后即行任命，并非“久之”才“餂以伪职”的。这一点，证之同书所说太平军于州县

① 《太平天国》第六册，第782页。

② 同治《新喻县志》卷六。

③ 《简辑》第二册，第175页。

④ 《太平天国》第三册，第109页。

⑤ 同上书，第293—294页。

“置监军一人，……胁田亩多者充伪官，而以贫户充伍卒”①，就更加清楚了。第三，有些史料，即使可以证明确为农民或其他劳动者，但多限于个别地区的个别例子，如咸丰十一年（1861 年）正月，太平军在浙江海宁袁花镇，“里中无赖，从‘贼’为乡官”②。又如同年十月，太平军在绍兴，“柯桥军帅为赵某，……本一游民”③ 等，却没有见到带有综合性的材料。以上三点足资说明，即使个别地区有农民或其他劳动者担任乡官，为数则显然是极少的。

与此相反，大量的史料却从各方面充分证明，太平天国各地的乡官，绝大多数是由地主阶级及其知识分子担任的。现选列部分于下：

咸丰三年（1853 年）七月，太平军在湖口（属江西九江府），“倡为军、师、旅帅、两司马、百、卒、伍长等职，……主其事者泮敬孚，本城中纨绔子，捐纳国学生，出入文昌宫……”④。

咸丰四年（1854 年），“粤‘贼’再陷武昌诸郡邑，士之寡廉鲜耻者多受‘贼’伪职”⑤。

成丰四年（1854 年）八月，太平军克建德（属安徽池州府），“监军官来县出示安民，编查户口，谕举绅衿为军帅、旅帅”⑥。

咸丰四年（1854 年）八月，安徽“各城占据系本地绅民为军帅、旅帅……”⑦。

咸丰五年（1855 年）太平军在江西新喻，“立伪监军，札传乡耆，多被威胁”⑧。

咸丰六年（1856 年），太平军克抚州（今江西临川），“入踞郡城，邑属皆陷，逼迫绅士，充当伪职”⑨。

咸丰六年（1856 年），太平军克安福（属江西吉安府），“大索本地

---

① 《太平天国》第三册，第 273 页。

② 《太平天国》第六册，第 649 页。

③ 同上书，第 782 页。

④ 张宿煌：《备志纪年》。

⑤ 吴大廷：《小西腴山馆文钞》卷三，《范玉函舍人四十寿序》。

⑥ 《建德县志》卷八。

⑦ 《清实录·咸丰朝》卷一四一，咸丰四年八月。

⑧ 同治《新喻县志》卷六。

⑨ 光绪《抚州府志》卷三四之二。

绅士，充当伪军帅旅帅”①。

咸丰六年（1856年），太平军克安义（属江西南康府），“下令捕富绅，充伪职”②。

咸丰六年（1856年），太平军在吉安（江西吉安府治），“以兵胁其乡之士人，污以伪职”③。

咸丰六年（1856年），太平军克金溪（属江西抚州府），“邑绅多污伪命”④。

咸丰七年（1857年）三月，太平军在汀州（福建长汀县），“开富绅姓名，使各输资充乡官”⑤。

咸丰七年（1857年），太平军克龙泉（属江西吉安府）后，以黄佑人兄弟“有物望，欲授伪职，乡间寡廉鲜耻如举人张谦，廪生张冠海等复怂恿之”⑥。

咸丰十年（1860年）四月，太平军在苏州“令城中每门各集耆老至其馆中，举为乡官”⑦。

咸丰十年（1860年）十月，太平军在常熟昭文，任命“军帅请当地有声价者充当，师帅以书役及土豪充当，……”⑧。

咸丰十一年（1861年）六月，太平军克吴江县（属苏州府），授“盛泽富户王永义”之侄“小王五官为军帅”⑨。

咸丰十一年（1861年）十月，太平军克山阴、会稽（浙江绍兴府治），“衣冠者流，亦多为一军一师”⑩。

咸丰十一年（1861年）十月，太平军克诸暨（属浙江绍兴府），“至

---

① 刘愚：《醉予山房文存》卷一，《与友人书》。

② 同治《安义县志》卷五，《武备》。

③ 孙鼎臣：《苍莨文初集》卷十五，《送姚熊二生序》。

④ 钟体志：《澡雪堂文钞》卷四，《许柱臣墓志铭》。

⑤ 《太平天国》第六册，第814页。

⑥ 刘愚：《醉予山房文存》卷一，《与友人书》。

⑦ 《太平天国》第五册，第275页。

⑧ 同上书，第370页。

⑨ 《简辑》第二册，第190页。

⑩ 《太平天国》第六册，第769页。

有名列贤书，躬居庠序而亦受伪职者”[①]。

“皖、楚、江右沿江内外，逆‘匪’所陷各省府县，……留恋家产佯为应承者亦不少”[②]。

“逆‘贼’窜居安徽、江南数省州县最久……有举、贡、监往往始欲保全身家，受其伪职”[③]。

太平军“以安徽、湖北、江西为大供给所，且不能一刻忘情于湖南……于一州一邑选老‘贼’置监军一人，遍颁二尺长阔之乡官军册，分军、师、旅、卒、两、伍，胁田亩多者充伪官”[④]。

其他类似的史料，还有很多，不再列举。仅就以上即可看出：第一，史料的准凿性高。如其中所记“绅衿”、“绅士”、“富绅”、“乡耆”、“殷富者”、“有声价者”、“士大夫”、“衣冠者流”、“身居庠序者”、“田亩多者”以及“举、贡、监”等等，无疑都是地主阶级或其知识分子。第二，历时较长。这种情况从1853年太平天国在南京建都起，直到1861年，几乎与太平天国相始终，持续未变。第三，地区广泛。从列举的许多具体的府县，特别是最后三条综合性的史料看，不论在太平军早期解放的江西、安徽、湖南、湖北，还是后期解放的江苏、浙江和福建等广大地区，情况完全相同。这就充分证明，地主阶级及其知识分子担任乡官，是太平天国地方基层政权的普遍情况。

其次，再来探讨一下太平天国中央政权成员阶级成分的状况。

太平天国中央政权的成员，在余一鳌《见闻录》和涤浮道人《金陵杂记》中，均有记载。唯甚简略。谢介鹤《金陵癸甲纪事略》所附《粤逆名目略》和张德坚《贼情汇纂·剧贼姓名》，虽稍详细（前书列名者一百零七人，后者一百五十七人），但提及阶级出身的也不多。经按下列标准统计，把凡记有“业农”、“佃户”、“木工”、“铁匠”、“烧炭”、“剃头”、“厨役”、“豆腐业”、“舂米之徒”、“散卒”、“亡命”、“股匪”、“盗贼”以及“素不识字”、“不通文墨”、“人极粗鄙”等字样的作为出身于农民或其他劳动者，共计二十四人。把记有“家饶资财”、“家本素

① 《太平天国》第六册，第782页。

② 《太平天国》第四册，第642页。

③ 方宗诚：《柏堂集续编》卷二一，《应诏陈言疏》。

④ 《太平天国》第三册，第272—273页。

封”、“富甲一邑”、“素为讼棍，出入公门”、“粗通文义”、“颇通文墨”、“曾应乡试”、“诸生”、“庠生”以及后来应太平天国考试录取为探花、会元、翰林者，作为出身于地主阶级及其知识分子，共计三十七人。其余则只记有“凶悍嗜杀”、“奸险莫测”、“人甚奸诈”、“大嘴尖颏”、“目有凶光”等污蔑之词，或只记升任什么官职，都无法判明其阶级出身。根据前两者24与37人的比例，大致可以说，就参加太平军的总人数说，绝大多数当然属于农民或其他劳动者。但在中央机构任职的，则显然以出身于地主阶级及其知识分子为多。这就说明，在太平天国中央政权机构的成员，同地方政权一样，占大多数的，同样也是地主阶级及其知识分子。

有的同志可能要问，太平天国中央和地方政权机构中，出身于地主阶级及其知识分子的成员，虽然占大多数，但他们参加革命以后，思想和立场不会转化吗？这个问题提得很好。因为像上边那样，单纯把中央和地方政权成员的阶级出身统计出来，那还只是唯成分论，而不是阶级分析法。阶级分析法则要求在搞清楚阶级出身的基础上，进一步根据这些成员立场观点的发展与变化，作出判断。可是即使按照这个原则，也无助于改变地主阶级及其知识分子占较大比例的结论。相反，却必然更加大了这种比例。因为，地主阶级及其知识分子参加革命后，固然可能转变；而参加革命的农民和其他劳动者，同样也存在转变的可能。

先说第一种情况。地主阶级及其知识分子参加革命以后发生转变的史例，确实是存在的。但一来是极为少见，二来是这种转变，一般只是背叛了清统治王朝，却并未同他所属的阶级决裂。例如据刘绎《存吾春斋诗钞》卷九记载，清军曾在江西龙泉俘获十余名充任太平天国乡官的地主，其中一个叫张谦的，原是当地庠序领袖，在临刑时坚定不屈，慷慨声言：“大事不成，遗恨千秋，但决不回首”。就清楚说明，他十分坚决地反抗清王朝，却并未背叛本阶级。因为他引为千秋“遗恨”的，不是农民阶级的未得解放，而是没有完成太平天国取代清王朝的“大事”！

与此相反，在当时条件下，后一种情况，即参加并领导起义的农民或其他劳动者，尤其是其中的领袖人物，到后期向封建阶级转化，倒是大量的和带有普遍性的。这可以洪秀全和杨秀清为例。因为在一些同志中间，存有这样一种观点，认为尽管太平天国中央和地方政权中，地主阶级及其知识分子出身的成员占大多数，但实权则掌握在出身于农民的洪秀全、杨秀清手中，所以，太平天国就是代表农民阶级利益的“农民政权”。需要弄清楚的是，洪、杨是否已经转化，才有助于这个问题的解决。先说洪秀全，关于他的阶级出身，大多数同志都认为是中农家庭。由于他自幼参加农业劳动，生活在贫苦农民中间，对广大劳动人民的疾苦，有着深刻的体验。所以，早在1845年写的《原道醒世训》中，就提出了变“乖漓浇薄之世”为“公平正直之世”，要建立一个“天下一家、共享太平”的理想的大同社会，并为此进行了英勇果敢的斗争，无愧为一位杰出的农民起义领袖。但是，由于农民不是先进的阶级，在封建社会，他们不仅在经济上和政治上受着封建地主阶级的剥削和奴役，而且在思想上同样也不能摆脱封建观念形态的毒害和影响。特别是他自幼受过封建教育的熏染。起义以后，随着革命的胜利，在周围的封建地主阶级知识分子包围腐蚀下，更无力使自己不沿着向封建转化的道路走下去。比如，洪秀全早期，不但曾经企图通过科举之路，实现飞黄腾达的理想，并且还有着明显的“帝王思想”。如他在金田起义时曾经写诗道：“近世烟氛大不同，知天有意启英雄，……明主敲诗曾詠菊，汉皇置酒尚歌风。古来事业由人做，黑雾收残一鉴中”[①]。显然是以汉高祖刘邦和明太祖朱元璋自况的。正是在这种思想的影响下，他在发动起义初期，就是以“封官许愿”作为号召群众的思想武器之一的，说什么：“目下苦楚些，后来自有高封也”，“俟到小天堂，以定职官高低，小功有小赏，大功有大赏”。“凡一概同打江山功勋等臣，大则封丞相、检点、指挥、将军、侍卫，至小亦军帅职，累代世袭，龙袍角带在天朝。”要求全体太平军将士“各做忠臣劳汗马”，保证将来让他们“金砖金屋光焕焕，高天享福极威风，最小最卑尽绸缎，男着龙袍女插花”[②]。至于洪秀全自己，也忙于“统一河山，宰治天下”。1853年攻克南京后，定为“天京”，建成“天朝”，大封王、侯、军师、丞相、检点、指挥、将军、总制、监军等各级官吏，制定了礼制和朝仪，并大兴土木，建造宫殿。据《贼情汇纂》载：“造伪宫，曰‘宫禁’。城周围十余里，墙高数丈，内外两重。外曰‘太阳城’，内曰‘金龙城’，殿曰‘金龙殿’，苑曰‘后林苑’。雕琢精巧，金碧辉煌。……向南开门，

① 《太平天国》第六册，第868页。

② 《太平天国》第一册，第65—68页。

曰‘天朝门’。……以黄绸十余丈挂诸门外，硃笔大书，字径五尺，其文曰：‘大小众臣工，到此止行踪，有诏方准进，否则雪云中”[①]！按太平军称刀为“云中雪”，“否则雪云中”，就是违诏必杀的意思。权威无上，禁卫森严！这些事实，都充分说明，他已经完全转化成一个典型的封建专制帝王了。

再说杨秀清。他原来在家种山烧炭，是太平军将领中出身最苦的一个，对封建统治压迫怀有刻骨仇恨，在反抗清王朝斗争中，最为英勇和坚决。杨秀清虽然与洪秀全不同，没有受过封建教育，但在当时的社会中，也没法完全避免封建纲常伦理道德思想的影响。如他在早期上天王洪秀全的奏议中就说过：“君使臣以礼，臣事君以忠。凡臣下食天之禄，忠君之事，固分所当然”[②]。起义期间，由于受到身边地主阶级知识分子的熏陶，这种思想，就逐渐更加明显，在《天情道理书》中，他假借“天父”之口，教谕太平军士兵“不历苦中苦，难为人上人”，要他们“坚耐在一时，而显荣享万世”，争取“论功封赏，富贵显扬”[③]。这种思想的转变，使他与地主阶级缩短了思想上的距离，有了共同的语言。起义初期，他就任用了一个叫李寿晖的地主阶级知识分子，“颇爱之”。咸丰二年（1852年）四月，“封为正典镌刻，校对一切伪书”。1853年定都天京后，“调为东殿簿书，职同检点”。八月，“封恩赏丞相”，“理伪东府事”[④]。在李寿晖的引荐下，其后，李寿晖的弟弟李寿春和另一个广西的地主阶级知识分子侯谦芳，都成为杨秀清的亲信，分别封为“殿前丞相东殿吏部一尚书”和“殿前丞相东殿吏部二尚书”。据《贼情汇纂》载，杨秀清“信任之。同恶相济，凡有机密事，皆引谦芳及李寿春计议，权势在韦（昌辉）石（达开）二‘贼’之上，伪侯相为之侧目”[⑤]。“同恶相济”，固属诬蔑之词，但也反映了杨秀清与李寿春、侯谦芳等的亲密无间，已经从思想上泯没了同封建地主阶级的界限了。正是在这种思想支配下，他不仅热衷于效法封建统治者那一套“仪礼”制度，“盛营官室，多立妃嫔”，“盛

---

① 《太平天国》第三册，第164页。

② 《太平天国》第一册，第49页。

③ 同上书，第391页。

④ 《太平天国》第三册，第64页。

⑤ 同上书，第68页。

陈仪卫，巡行闾市”，“多任心腹，密布私人”，“时兴大狱，以示威猛”[①]，甚至假借“天父下凡”，杖责洪秀全，要挟封他为“万岁”，迫不及待地要取而代之了。他尽管由于被韦昌辉所杀，这个目的未能成为事实，但在当时，正如许多史籍所记：杨秀清“一切专擅，洪秀全徒存其名”[②]，“‘贼’中刑赏生杀，伪官升迁降调，皆专决之，洪逆画诺而已”[③]，“洪实杨之傀儡”[④]。这就是说，杨秀清已经独揽了军政大权，“一朝之大，是首一人”[⑤]，成为太平天国实际上的掌权者了。

问题并不止此。在《贼情汇纂》中还提到如下一个极为值得注意的情况：“‘贼’多市井无赖，识字不多，厌见文字，悉任掌书裁处，于是则多设簿书、掌书诸伪官，而被胁充先生者，似可渐操其柄也”[⑥]。另外还有一些“因缘‘贼’势以图割据”的地主阶级分子，通过“笼络其上而恩抚其下”的手段，骗取信任，受到农民领袖“刮目倚任，假以事权”，最后“渐至柄用，遂得行其意矣”[⑦]。这些记述，很生动地说明了封建地主阶级及其知识分子，如何逐步影响、腐蚀农民起义领袖，最终促使其封建化的过程。所谓“操其柄”，“行其意”，并非指这些地主阶级分子从农民领袖手里，直接夺取了权柄，而是说他们的封建思想，已经支配了农民领袖，在表面上并未变更掌权者的情况下，实际上则通过农民领袖的手，推行封建地主阶级专政的政治纲领。由杨秀清和韦昌辉、石达开联名奏请“照旧缴粮纳税”[⑧]，公开宣布保护地主土地所有制，支持地主收租，就是最明显的例子。从这个角度讲，如果说洪秀全当时是杨秀清的傀儡，那么杨秀清也不过是以李寿春、侯谦芳为代表的地主阶级的傀儡。只要不是停留在表面现象上，而是从阶级实质上进行深刻的分析，就不难清楚地看出，太平天国地方政权和中央政权的成员，大部分出身于地主阶级及其知识分子；中央政权机构，形式上虽由洪秀全和杨秀清掌握，实则已经转

---

① 《太平天国》第三册，第 46 页。

② 同上。

③ 同上书，第 102 页。

④ 《太平天国》第四册，第 611 页。

⑤ 《太平天国》第二册，第 791 页。

⑥ 《太平天国》第三册，第 172 页。

⑦ 同上书，第 295 页。

⑧ 同上书，第 203—204 页。

移到封建地主阶级手中了。

三　太平天国的土地政策

太平天国从永安北伐，到建都南京，先后制定颁行了一系列的制度和政策，特别是《天朝田亩制度》这个纲领性的文件，包括了经济、政治、军事、文化等各方面的重要内容，成为我国封建社会农民战争发展到前所未有高度的光辉文献。这里，着重探讨一下土地制度问题，因为，它在《天朝田亩制度》中占有突出的地位，是判断太平天国政权性质带有关键性的重要因素。

关于太平天国土地制度实施情况的问题，国内史学界是存在着分歧的。绝大多数同志认为不曾实行过按人口绝对平均分配土地的政策。有些同志则认为虽未实行土地绝对平均分配，却实行过“耕者有其田”。但是，正反两方面的史料都完全证明，太平天国既没有实行土地绝对平均分配，也没有实行过“耕者有其田”，而是实行的保护地主土地所有制、允许和支持地主收租的政策。

正面的史料是大量的，确凿无疑的：

1.《忆昭楼时事汇编》：咸丰三年（1853年）七月，太平军在太平店（湖北随县北）“近城各乡邀乡老数人，口称现在田稻将割，每亩交纳粮稻三十斤。乡老回称我等均系贫民，此等事要向田主去说。该逆即限五日后汇报，亦即开船而去”①。这说明，从太平军到农民，都是承认地主土地所有权和收租权的。

2. 咸丰四年（1854年）十月，铜陵（清安徽池州府）曹兰田《拒诸亲友劝输粟书》：“承嘱输租以免祸，诚诸君相爱之意。……田初闻输租之议，辄为心伤，顷见他人相率输将，不觉为之泪下”②。众所周知，地主是不从事生产的。“相率输将”，说明他们是从佃农那里收得租米的。

3. 涤浮道人《金陵杂记·续记》：咸丰五年（1855年）“皖、楚、江右沿江内外逆‘匪’所陷各省府县，亦照旧设立伪郡县……其县伪监军

---

①《简辑》第二册，第382页。

②《简辑》第六册，第56页。

系搜查从前征册，索收钱漕渔芦牙税，取得银米……因留恋家产佯伪应承者亦不少也”[①]。“留恋家产”，说明地主土地所有权和收租权，是受到保护的。

4. 佚名《庚辛避难日记》：咸丰十年（1860 年）十月，常熟“长毛同司马、百长下乡写田亩册，限期收租。要业户领凭收租”。又“每佃田户派出盐课银每日几文，盐价二十文一斤”[②]。说明当时既仍有佃田户，又允许地主收租。

5. 佚名《平贼纪略》：咸丰十一年（1861 年）正月，无锡、金匮“城‘贼’黄和锦出示招募锡、金老书吏，设伪钱粮局于东门亭子桥唐宅。分业田收租完粮。……城乡业田者俱得收租糊口，或顽佃抗租，诉‘贼’押追”[③]，说明太平军专门设立钱粮局支持地主收租。

6. 沈梓《避寇日记》：咸丰十一年（1861 年）七月，桐乡（安徽桐城县北）太平军符天燕钟告示：“一、被难之后，倘有房屋、货物、田产，准归原主认识收管，□□侵占者立究”。“一、住租房，种租田者，虽其产主他徙，总有归来之日，该租户仍将该还钱米交还原主，不得抗欠”[④]。说明太平军保护地主土地所有权和收租权，是很坚决彻底的。

7. 龚又村《自怡日记》：同治元年（1862 年）闰八月，“特拟禀稿，请照金匮、长洲、昆新例，准业主收租”[⑤]。说明金匮、长洲、昆新等州县，是普遍允许地主收租的。

8. 同上书：咸丰十一年（1861 年）四月，常熟“收过租米之局，众佃竞欲索还，于十三日赴俞局哄闹，几欲焚劫，幸发勇擒拿，并遣长发驻局，土人乃不敢逞凶”[⑥]。说明太平军派出兵勇保护租局，支持地主收租。

9. 佚名《平贼纪略》：咸丰十一年（1861 年）十二月，“安镇（江苏无锡东）东市梢四图庄顾某，聚众抗租，以青布扎头为记。各业户诉于城‘贼’。十二月十四日，‘贼’使伪乡官引导至乡弹压。顾某鸣锣集众，

---

① 《太平天国》第四册，第 642 页。
② 《简辑》第四册，第 514 页。
③ 《简辑》第一册，第 276 页。
④ 《简辑》第四册，第 73 页。
⑤ 同上书，第 460 页。
⑥ 同上书，第 397 页。

拒‘贼’于苏家桥安家坟。顾某奋勇当先，为‘贼’所伤，乡众溃，‘贼’焚村落，邻村无害。旋为乡官调停，一律还租”①。说明太平军动用武装力量，焚烧村庄，镇压抗租农民，迫使其“一律还租”。

10.《太平天国革命文物图录续编》图六三：咸丰十一年（1861 年）吴江水师天军主将冀天义程发给泮述奎的“荡凭”，其中有云：“仰该业户，永远收执，取租办赋，毋任隐瞒”。这种“荡凭”是带有法令性的证件，是支持地主收租的实物证据。

11.《太平天国文物图录》：同治元年（1862 年）九月，肖珊（萧山）县左营军帅来发给业户朱兰堂的“收租票”。文云：“为给照收租事，今据业户朱兰堂收租 × 石 × 升，当于收菁（清）后将此票交付佃户收执为据，以凭查对”。这是太平军支持地主收租的又一种实物凭证。

12. 太平天国建都天京后，杨秀清曾与韦昌辉、石达开联名上奏，内中有云：“建都天京，兵士日众，宜广积米粮，以充军储而裕国课。弟等细思安徽、江西，米粮广有，宜令镇守佐将，在彼晓谕良民，照旧交粮纳税……”当经洪秀全批准，“即遣佐将施行”②。这是由中央正式决定保护地主土地私有制、允许地主收租的诰谕。

类似上面这样的史料，为数极多，不多赘举。仅就以上这些即可看出，不论是太平军的文献、布告，还是地主阶级的笔记、书札；不论是传抄或刻印的文字记录，还是保存下来的历史实物，都充分证明，太平天国既未实行绝对平均分配土地，也未实行“耕者有其田”，而是保护地主土地所有制，允许和支持地主收租，并且这种政策又是经中央机构制定，由天王洪秀全亲自批准，从建都南京之初到后期，从先解放的江西、安徽、湖北到后解放的江苏、浙江、福建，都是毫无例外地普遍施行的。

反面的史料则极为少见，并且多数又是有问题的，难以成立的：

一个经常被引用的史料是倦圃野老《庚癸纪略》如下的一段话：咸丰十年（1860 年）十二月，“闻长洲、元和、吴县及本县（指吴江）芦墟（圩）、盛泽、莘塔、北库等镇业田者，俱设局收租米，每亩四五斗不等，同里亦欲举行，旋为伪监军阻挠，遂不果”。有些同志据此就认为太

---

①《简辑》第一册，第 281 页。

②《太平天国》第三册，第 203—204 页。

平军不允许地主收租。实则是一种误解。据载太平军有一条政策，即新解放一个地区，必“令州县并造户册，即于乡里公举军帅、旅帅等，议定书册并各户籍敛费，呈于伪国宗检点，申送江宁，是谓‘受降’，其军帅假以令旗，得操征调之柄……”[①]。在乡里，同样也必须由“业户呈田数给凭，方准收租，每亩出田凭费六十”[②]。履行这个手续的目的，在于要原清朝的官绅地主表态，归顺太平天国，而不是着眼于六十文田凭费。关于这点，在《吴江庚辛纪事》中说得十分清楚：“闻上三县及本县芦圩、盛泽、莘塔等处业户，各自收租，每亩约四五斗。同里业户公议，令各卒长发追租单，由局取租。旋得钟监军文书，必先报明田数、圩名、花户存案，然后施行。各业因有或报或不报者，因循观望，事不果行”。允许收租，对地主阶级来说，是大好事。他们为什么“因循观望”而“不报”呢？这是地主阶级坚持反动立场，对太平天国的一种对抗，就如同铜陵地主分子曹兰田所说：“志节二字，是吾为主”，“揆之于义，断断不可”[③]。在这个原则问题上，太平军也毫不退让，下令“不领凭收租者，其田充公”[④]。可见，太平军出面“阻挠”，是要那些清朝的官绅地主表态归顺，而不是禁止地主收租。事实上，上引那段史料本身，就已经清楚说明长洲、元和、吴县和吴江县芦墟、盛泽、莘塔等镇，都是允许地主收租的。

另一个是顾汝钰《海虞贼乱志》如下的一段话：咸丰十年（1860年）十月二十日，常熟太平军“出伪示：着旅帅卒长按田造花名册，以实种作准，业户不得挂名收租”[⑤]。孤立地看，似乎“实种”的佃户，得以占有土地，剥夺了地主收租的权力，实现了“耕者有其田”。实际情况也并非如此。这只要与太平军在当时当地施行的一些土地法令联系起来看，就可以明白。据悟迟老人《漏网喁鱼集》记，太平军于咸丰十年十月解放常熟后，十一月，就在东乡张贴“天王黄榜，抚恤民困，起征粮米”。同时，由汪姓军帅出示“查造田户册呈送，不得隐瞒，着各旅帅严

---

① 《太平天国》第三册，第109页。

② 《简辑》第四册，第406页。

③ 《简辑》第六册，第56页。

④ 《简辑》第四册，第514页。

⑤ 《太平天国》第五册，第370页。

饬百长司马，照佃起征”。并先后在何市和太平庵开局，“着佃启征田赋”[①]。两相参照，可知所谓“以实种作准”，也就是“照佃起征”和“着佃起征田赋”。至于“业户不得挂名收租”，其原因已如上述，是由于他们不肯报明田数等“受降”。根据同书十一年九月又记有：“出示，着师旅帅重造田册，注明‘自’‘租’名目，招业主认田，开呈佃户田亩细数，每亩先交米一斗（按为田凭费），即给田凭，准其收租”，“无一应者”[②]。十分清楚，在常熟，同在长洲、元和、吴县等处一样，太平天国是保护地主土地所有制的。只要表态受降，就支持地主收租。“阻挠”的只是一些坚持反动立场拒不表示“受降”的死硬地主阶级分子，根本不曾执行过“耕者有其田”的问题[③]。又据《庚癸纪略》载：同治元年（1862 年）正月，无锡太平军“提各乡卒长给田凭，每亩钱三百六十，领凭后租田概作自产，农民窃喜，陆续完纳”。好像实行了“耕者有其田”。实际情况，同样有如上述，是太平军对一部分坚持反动立场的地主阶级分子的惩罚，将“其田充公”。原来耕作这些土地的佃农，虽然由此得到土地，但这同“耕者有其田”的政策，显然也并不是一回事。

又一个是佚名《平贼纪略》如下的一段话：咸丰十一年（1861 年）十月，锡金“伪乡官随田派捐，以供‘贼’支。各佃户认真租田当自产，故不输租，各业户亦无法想”。有的同志就据为太平天国实行“耕者有其田”的证明，这更是一种片面性的解析。因为在上文的后边，紧接着还有如下的话：“惟乡业熟悉田佃者，或可每石收一二斗不等。旋为‘贼’知偏枯，是年春，遂招书吏循旧章按户交粮收租。于是城业议设总仓厅于四城门外，以便各佃户就近还租”。只是后来由于受到佃户的反抗，只得由“各业自行到乡收租，大抵半租而已”[④]。可见，这条史料只能说明佃户通过斗争，取得了减少田租的胜利，但并没有废除租佃关系。太平天国政权仍然是遵“循旧章”，支持地主收租的。

再一个是徐日襄《庚辛江阴东南常熟西北乡日记》如下的一段话：“城破以后，搜刮已尽，居然出榜安民，……而农民之力田者，窃利租不

---

① 悟迟老人：《漏网喁鱼集》，中华书局版，第 50 页。

② 同上书，第 55 页。

③ 《简辑》第一册，第 279 页。

④ 同上。

输业，亦依违其间……”①。本书所记为咸丰十年（1860 年）三月至十一年（1861 年）五月间江阴、常熟一带的情况。同前边提到的“以实种作准，业主不得挂名收租”和“租田概作自产”等，基本上都是同时同地的事。所以，对“租不输业”也应按上边那些话，作同样的理解。再说，“依违其间”还说明，佃农在太平军和清政权之间是动摇的，也证明太平军并未实行“耕者有其田”的政策。否则分到田地的农民，就要坚决站在太平军方面，同清统治者进行斗争，而不是在两者中间“依违”不定了。

除此而外，类似的史料，也还可找到一些。但至多只能说明太平天国建立政权期间，农民在个别地区或个别时间，曾经占有过一部分地主的土地，或暂时不向地主交租，却丝毫否定不了太平天国政权普遍施行的土地政策，是保护地主土地所有制，支持地主向农民收租的事实。

四　结论和几点分析

以上对太平天国政权，从三个方面进行了剖析：关于政权构成的形式，从职官制度、等级制度和礼仪制度来看，基本上是沿袭封建专制主义政权的；关于各阶级在国家中的地位，从中央政权到地方政权来看，特别是从洪秀全、杨秀清上层掌权者的转化来看，基本上是封建地主阶级及其知识分子占着统治地位的；关于土地制度，从正面和反面的史料来看，都说明在太平天国管辖区内，是始终保护地主土地所有制，支持地主收租的，根本没有实行过什么“耕者有其田”的政策，更谈不到什么实行绝对平均分配土地。根据以上这些确凿的史实，我们的结论是：伟大的太平天国农民起义，在北上反抗清王朝统治革命斗争进军的同时，沿着历史规律所规定的方向，走完了转化的道路，农民英雄在南京建立的天国，已经是新的封建王朝了。

太平天国革命是一次伟大的反封建的农民战争。为什么从反封建的起点出发，竟会走到建立封建政权的终点呢？这种结果，看起来是如此荒谬不可理解，实则绝非偶然的现象，而是有着深刻的社会的和阶级的根源，

---

① 《太平天国》第五册，第 436 页。

是受着不可渝越的无形的客观历史规律所制约的。

先从社会根源来说。在太平天国农民起义的前十年，虽然发生过鸦片战争，但中国当时基本上还是一个封建或半封建社会。经济基础决定上层建筑。“农业生活方式和自然经济占统治地位是封建制度的基础；中国农民这样或那样地受土地束缚是他们受封建剥削的根源；这种剥削的政治代表就是以皇帝为政体首脑的全体封建主和各个封建主”①。在这样的社会里，农民不堪忍受残酷的封建剥削和压迫，忍无可忍，奋起反抗，希望通过暴力，打翻骑在他们头上的统治者，创造一个平等的新世界。然而，当时“中国这个落后的半封建的农业国家的客观条件，在将近五亿人民的生活日程上，只提出了这种压迫和这种剥削的一定的历史独特形式——封建制度”②。所以，农民起义和战争的规模不论有多么大，但在当时新的生产力和新的生产关系还未出现和壮大以前，是不可能改变封建社会的性质的。因为，“暴力革命是孕育着新社会的旧社会的助产婆”，而不是万能的魔术师。所以，当着旧社会的母体中还未孕育新社会的胞胎时，这个助产婆的技术，不论如何高超，也是无法使一个新社会的婴儿呱呱坠地的。正如革命导师所说：“人们自己创造自己的历史，但是他们并不是随心所欲地创造，并不是在他们自己选定的条件下创造，而是在直接碰到的、既定的、从过去承继下来的条件下创造”③。农民起义英雄们在创造自己政权的时候，既然是奠基在封建的经济基础之上，采用的又是封建政权的蓝图，那么，他们所建成的只能是封建性的政权，就不仅无足奇怪，而且是势所必然了。

我为什么把农民起义军在取得决定性胜利（包括推翻了旧封建王朝）后建成的规模完备的正式政权，如黄巢的大齐政权、李自成的大顺政权，以及太平天国的天京政权等，一律称为已经转化了的封建性政权呢？这其中同样也有个必然的规律。因为，要建立政权，首先要安定社会秩序；要安定社会秩序，就必须明确地维护一种所有制，而这在当时的历史条件下，除了封建地主土地所有制之外，是不可能有其他选择的。不妨仍以太

① 《列宁选集》第二卷，人民出版社 1960 年版，第 426 页。

② 《列宁选集》第二卷，第 426 页。

③ 《马克思恩格斯选集》第一卷，第 603 页。

平天国为例来说明。大家知道，太平天国是于1851年正月在广西金田村发动起义的。经过两年多的英勇奋战，1853年3月，攻克南京，正式建都。如果说前一阶段主要是开展军事斗争，摧毁清王朝反动统治的话，那么，这时面临的就是要建设一个什么样政权的问题。作为对这个问题的回答，起义英雄们颁布了《天朝田亩制度》，明确宣布要彻底废除私有制，建设一个“有田同耕，有饭同吃，有衣同穿，有钱同使，无处不均匀，无人不饱暖”的人间“天国”。可是推行的结果，却如《贼情汇纂》所说。“此示一出，被惑乡民，方如梦觉。然此令已无人理，究不能行”[①]。这些虽然多属诬蔑之词，但与1854年杨秀清在诰谕中讲到这些时所说：“在尔民人，以为荡我家资，离我骨肉，财物为之一空，妻孥忽然尽散，嗟怨之声，至今未息”的话联系起来看，应当说是从侧面反映了当时一些基本情况的。为什么这个从道理上本应受到广大被压迫农民群众热烈拥护的革命纲领，在实践中得到的却是相反的效果呢？根本原因就在于那些诸如彻底废除私有财产、绝对平均分配土地、分别男女编入各种营、衙，从事无偿劳动以及禁绝正常婚配等等，同广大农民的私有观念发生了尖锐矛盾，超出了他们能够接受的限度，必然引起他们的不满和反对。正如恩格斯所说：“这种超出不仅是超出现在，甚至是超出未来，那么这种超出只能是蛮干的超出，空想的超出，而在第一次实际试用之后就不得不退到当时条件所容许的有限范围以内来。对私有财产的攻击，对财产公有制的要求，都不得不烟消云散……”[②]。太平天国也正是在那种情况下，被迫退到了当时条件所容许的有限范围以内来，废除了财产公有制，宣布“照旧交粮纳税”，保护地主土地所有制，支持地主收租，建成了新的封建政权。这个严峻的历史规律，不论黄巢、李自成还是洪秀全，都绝对没有力量抗拒，因为在当时除了这条道路之外，他们都不可能找到其他选择的。

再就阶级根源来说，农民是一个被剥削的劳动者阶级。这就使他们具有强烈的革命性和反抗性。在遭受残酷的封建压迫无可忍耐时，敢于挺身而起，向封建统治阶级英勇战斗，给封建势力以沉重打击，甚至成功地颠

---

① 《太平天国》第三卷，第275页。

② 《马克思恩格斯全集》第七卷，第405页。

覆了封建王朝。但是，农民又是个体生产的小私有者阶级，“零散的单独的小规模的剥削把劳动者束缚于一个地点，使他们彼此隔绝，使他们无法理解自己的阶级一致性，使他们无法统一起来，无法了解压迫的原因不在个人而在整个经济体系”[①]。这就使他们又有保守落后的一面。他们只有对封建压迫的满腔仇恨，却没有明确的阶级觉悟；只能从政治上区分敌我，却不能从阶级上划清界限。从而在政治和军事斗争中，不可能制定一条明确的阶级路线。这也就决定了他们虽然能够在军事上取得包括推翻旧王朝在内的巨大胜利，却不可能建成对地主阶级实行专政的“农民政权”。

不妨仍以洪秀全为例来具体说明。他是一位众所公认的杰出农民起义领袖，不仅亲自组织、发动和领导了这次大起义，并且始终坚持同清统治者进行了不妥协的斗争，与太平天国共存亡。他所制定的包括《天朝田亩制度》在内的一系列纲领和政策，充分反映了千百万劳动人民的要求和愿望，成为中国封建社会农民战争史上达到空前高度的革命文献。然而，就是这样一位杰出的农民领袖，以及包括其他农民领袖在内，也都不能划分农民与地主两大阶级的界限。如还在革命早期，他在《原道救世歌》中，就宣扬“小富由勤大富命，自古为人当自强”，“总之贫富天排定”，“知命安贫意气扬”，承认地主享受富贵，是天命所赐。要农民“坚耐劳瘁”，“知命安贫”。甚至还说什么“嗜杀人民为草寇，到底岂能免祸灾；白起项羽终自刎，黄巢李闯安在哉”[②]。把封建贵族将领与农民起义领袖，混为一谈。正是由于阶级意识非常模糊，所以，他们矛头所指，只限于清朝的反动将领和官僚。他们称咸丰为“阎罗妖”，称反动将领、官吏为“妖头”或“官妖”。在斗争中，毫不留情地“剥夺妖产”，“诛灭官妖”。而对于不反抗太平军的一般地主，则并不当作敌对的力量。在各种告示或诰谕中，提出“士农工商，各力其业”[③]，“使贫富两安”[④]。到后来又进一步以“论功封赏，富贵显扬”为条件，争取地主阶级及其知识分子参加太平军政权，声称“富者出资，贫者效力。事平之后，皆封

---

① 《列宁全集》第一卷，第 277 页。

② 《太平天国》第一册，第 88 页。

③ 《太平天国》第二册，第 692 页。

④ 《太平天国革命文物图录》续编，图五六。

赏显官世袭”[①]。甚至公开告示：“清朝官绅，依旧报名录用。其不愿仕者，给廪禄，听归林下”。对他们“被难之后，倘有房屋、货物、田产，准归原业认识收管”[②]。有的同志认为这是太平军的一种策略。我们说，策略的成分是有的，但并不尽然。比如，就在太平军以暴风骤雨之势进军江西的时候，有个地主分子就曾说过：“及今方悟贫为福，屡受虚惊是富翁”[③]。“屡受虚惊”，说明太平军并未没收他的财物和田产。昆山县另一个地主分子说得就更清楚：“自庚辛（1860 年）五月，‘贼’来镇焚掠后，至壬戌（1862 年）五月，岁凡二周，虽稍有虚惊，并无实祸”[④]。这很有助于说明，太平军没有把一般地主当作敌对势力，而是采取了保护一般地主占有土地财产并有权向农民收租的政策。这样，从表面上看，农民与地主两大阶级的关系，是“富者出资，贫者效力”，“使贫富两安”，实际上却是保持了封建的统治秩序，使广大劳动农民照旧受地主阶级的剥削。弄清楚了以上的历史真相和道理，就可以理解为什么会有大批地主阶级及其知识分子涌进太平天国中央和地方各级政权中来，并能“渐操其柄”，“得行其意”；就可以理解太平天国为什么在全国范围内普遍施行保护地主土地所有制和支持地主收租的政策；就可以理解，为什么说太平天国不可能建成农民阶级专政的“农民政权”，而只能建成新的封建政权；也就可以理解这样一条真理：没有伟大的共产党的领导，任何自发的农民革命战争都不可能解放自己。我历来认为，通过无可辩驳的史实证明这一条真理，从而更自觉地进一步加强党的领导，巩固工农联盟，加速社会主义建设，这就是我们研究中国农民战争史最首要的伟大现实意义。

有的同志曾经提出如下的质问：把太平天国说成封建政权，岂不混淆了革命阶级与反革命阶级的界限，把革命的农民战争当成与旧王朝争夺帝位的混战，否定了农民战争的正义性与革命性，从而取消了农民战争的伟大历史作用么？我认为，第一，这种提问的出发点，就是不科学的。对于马克思主义的历史科学来说，首先是要弄清事实，尊重事实，而不是先根据（哪怕是善良的）主观想象，做出一个结论，去削客观事实之足，以

---

① 《太平天国》第三册，第 299 页。

② 《简辑》第四册，第 73 页。

③ 尹继美：《鼎吉堂诗钞》卷三。

④ 《简辑》第二册，第 177 页。

适主观结论之履，这种本末倒置的研究方法，只能束缚人们的头脑，是永远不可能得出正确的结论的。第二，与资产阶级的史学不同，我们公开宣称历史科学必须为无产阶级政治服务，却决不采取实用主义那一套歪曲和篡改历史的手法。我们坚决忠于历史事实，敢于承认历史事实。因为无产阶级与广大人民群众的根本利益是完全一致的，我们深信，历史的真相并不与无产阶级的政治利益相矛盾，而且还会使无产阶级这种利益具有更牢靠的基础。第三，我们根据大量确凿史实判定太平天国是农民英雄建成的封建政权，也不会造成那位同志所担心的那些后果。因为，农民战争的正义性、革命性和伟大历史作用，都已是既成的事实，是不会由于它后来的转化而被抹掉的。太平天国建都南京后，政权性质虽已转化，但它还在继续英勇地反抗清政府的反动统治和帝国主义的侵略；虽然保护地主土地所有制，支持地主收租，但也肯定了农民自发斗争取得的某些成果，如承认少数农民得以耕种地主死亡或逃亡后抛荒的土地，限制地主收租的数额，一般只允许收半租或一、二斗等，仍然具有明显的进步作用。是不能与清王朝腐朽的反动统治政权完全相提并论的。

最后，在结束这篇习作之前，我还想就太平天国研究中存在的一种“畸形”现象，谈谈史学研究中一种值得注意的倾向。下面先容我列举几位同志的有关论断：

杜德风：《太平天国在江西的乡官考》：“太平天国在江西的乡官，……大多数是地主阶级分子”①。

王天奖：《太平天国乡官的阶级成分》：“事实是，无论在太平天国的前期或后期，充任太平天国的乡官的大多数不是劳动人民，而是地主阶级分子，这就是我们在研究了这一问题后所取得的结论”②。

吴雁南：《试论太平天国的土地制度》：“无论在太平天国前期，抑或后期，从目前发现的史料来看，都是承认地主收租的。并没有实行‘耕者有其田’的政策”，“说明太平天国政府对最根本最重大的问题——土地政策是一致的。结合江、浙广大地区的史实，说明太平天国是在允许地

① 见江西历史学会1963年年会论文。

② 《历史研究》，1958年第3期，第64页。

主存在并收租的基础上发给田凭的”①。

龙盛运：《关于太平天国的土地政策》：“1854 年以后近十年的事实说明：太平天国对土地问题的态度是始终如一的，这就是普遍无例外的执行‘照旧交粮纳税’的政策，也即承认地主占有土地的合法性。至于耕者有其田的政策则是不存在的。”②

龙盛运：《太平天国后期土地制度的实施问题》：太平天国“并没有也不可能有彻底的解决农民土地问题的统一的政策，因此，在具体行动中并没有积极支持农民反对地主、获得土地的要求。相反地在这个根本性的问题上与地主妥协，保护了地主土地所有制，支持了地主对农民的剥削”③。

我这样不惜篇幅地列举了许多同志经过发掘大量史实得出的这样完全一致的结论，是想证明太平天国从中央到地方政权机构，基本上控制在地主阶级及其知识分子手中，并保护地主土地所有制，支持地主收租，这些事实，都是千真万确，无可怀疑的。按说，根据这样大量可靠的史实和确凿无疑的论据，应该得出一个什么样的结论，本来是不言而喻的。但令人惊讶的却是所有这些同志，竟然无一例外地认为太平天国仍然是代表农民阶级利益对地主阶级实行专政的“农民政权”。如一位同志说：“它无论在主观上，或实际中都是革命的，为农民的利益而战斗着”。所以“决不可把太平天国政权与封建政权等量齐观，说它已经变质了”。举出的理由有四条：一、限令地主减轻地租。二、强迫地主捐纳军饷。三、通过门牌税、田凭税等在经济上打击和限制地主。四、以“打先锋”或责令地主“贡献”的方式在经济上打击地主阶级，剥夺其不义之财以充军用④。另外几位同志的看法，大致相同，不再赘举。但是这些理由都很牵强，经不起推敲。比如，一、减轻地租，甚至限制收半租，仍然是支持地主收租，即支持地主有剥削奴役农民的权力。二、捐纳军饷，据这位同志举的史料：“每图派三百千、四百千不等”，摊到每个地主身上，为数寥寥。而

---

① 《历史研究》，1958 年第 2 期，第 33、32 页。

② 《历史研究》，1963 年第 6 期，第 72 页。

③ 《历史研究》，1958 年第 2 期，第 53 页。

④ 同上书，第 33—34 页。

且同书还记有，捐纳军饷，不只地主，连“种田五亩以外皆捐”①，就是说，也包括农民在内。三、交税领取门牌，是为了“倘有别处长毛来打先锋，以所付门牌张挂，可免无害”②。发给田凭，则是“要业户领凭收租”。四、“打先锋”多见于起义初期，并且多限于索取谷物和浮财，建立政权之后，已经比较少见了。即使退一步讲，这些措施，多少也损及一部分地主阶级的经济利益，但与他们这个阶级“最根本、最重大”的利益——取得地主土地所有权和收租权——比较起来，那就是九牛一毛，微不足道了。此外，这位同志所说太平军建国以后无论在主观上或实际中，都仍然是“为农民的利益而战斗着”，同样也是没有根据的。在实际中，已如前述，它是保护地主土地所有制，支持地主收租，根本不再是“为农民的利益而战斗”，那么在主观上又是如何呢？这只要举几个事例，就不难明白：还在起义早期，有的太平军将领就说过：“我太守也，我将军也，岂汝辈耕田翁！”他们的妻妾也讥笑其他女辈说：“我夫人也，我恭人也，岂汝辈村妇女也！”③。可见，作为“耕田翁”和“村妇女”的农民，是被他们瞧不起的。以后宣布的“富者出资，贫者效力”，“使贫富两安”。实际上就是让农民老老实实忍受地主阶级的剥削和奴役。特别在《天朝田亩制度》中，更多次作为惩罚的条款申明：“凡滥保举人者黜为农”，“凡滥保举人及滥奏贬人者黜为农”，“谴谪各军帅所奏贬各官，或贬下一等，或贬下二等，或贬为农”，“凡在尚保升奏贬在下，诬则黜为农”，“天父上主皇上帝讲圣书，有敢怠慢者，黜为农”。可见农民不仅依然处于社会的底层，而且成为贬黜的对象，哪里还谈得到什么在主观上“为农民的利益而战斗”呢？马克思主义的基本原理告诉我们：“事物的性质主要地是由取得支配地位的矛盾的主要方面所规定的”。“取得支配地位的矛盾的主要方面起了变化，事物的性质也就随着起变化”④。而我们这些同志却偏偏把前面讲的反映本质和主流的重大社会现实抛开不管，却企图用一些非本质的细枝末节和个别琐事来证明太平天国还未转化，仍是代表农民阶级利益，向地主阶级专政的“农民政权”。可是向地主阶级

① 《简辑》第四册，第401页。

② 同上书，第72页。

③ 谭熙龄：《紫荆事略》。《浔州府志》卷二七，第29页。

④ 《毛泽东选集》，第298页。

专政的“农民政权”，竟然保护地主土地所有制，支持地主向农民收租，对坚决抗租的佃农，甚至要动用武装力量镇压。这样本末倒置的结论，广大读者是难以接受的。

这种矛盾的但又现实存在的现象，究竟是怎样产生的呢？我觉得，问题一不在于史料——史料是大量的，确凿的。二不在于理论——理论是明确的，充分的。问题的关键在于在这个问题的研究上有的同志头脑中存在顾虑，特别是由于林彪、“四人帮”的干扰破坏，别有用心地把洪秀全和太平天国加以神化。于是“天王”和“天国”，更成了只许着意美化而绝对不许进行科学评价的禁区。倘若不慎失言，轻则被扣上“丑化贫下中农”、“污蔑农民战争”的帽子，重则将招致难以估计的大祸，逼得大家只得忍气吞声，万马齐喑了。“农民政权”问题，是当前争论较大的一个问题。通过解剖太平天国这个“麻雀”，感到对它的性质，看得更加清楚了。我们相信，只要切实遵循党的实事求是的作风，从实际出发，在马列主义毛泽东思想的指导下，解放思想，消除余悸，坚持科学态度，尊重事实，蠲除成见，共同为探求真理而努力，这个问题，肯定是可以得到圆满解决的。1944 年 11 月，毛泽东同志在写给郭沫若同志的一封信中说：“你的《甲申三百年祭》，我们把它当作整风文件看待。小胜即骄傲，大胜更骄傲，一次又一次吃亏，如何避免此种毛病，实在值得注意。倘能经过大手笔写一篇太平军经验，会是很有益的”①。光阴荏苒，三十五年过去了，但毛泽东同志这些教导，言犹在耳，倍感亲切。我深深感到，今天，认真研究太平天国和“农民政权”问题，继承发扬前辈农民英雄反抗封建压迫的光荣传统，总结经验教训作为借鉴，加强和拥护党的领导，加速实现新时期总任务的步伐，还是具有深刻的现实意义的。

作者附志：本文是以《试论太平天国政权的性质——三论关于“农民政权”问题》（原载《学术月刊》1979 年第 8 期）和《关于太平天国政权性质研究中的几个问题——四论关于“农民政权”问题》（原载《北方论丛》1980 年第 1 期）两篇文章合并写成的。

---

① 引自《人民日报》，1979 年 1 月 1 日第 3 版。

关于判断太平天国政权性质的标准问题

——四论关于“农民政权”问题[①]

关于太平天国政权的性质，是研究太平天国史、也是研究整个中国农民战争史的一个重要理论问题。通过长时期、特别是粉碎“四人帮”以来的深入研究和讨论，已经取得了有益的进展，但也还存在明显的分歧：有的主张是新的封建政权，有的主张是农民阶级专政的“农民政权”，有的主张是“双重性政权”，有的主张是从“农民政权”向新封建政权转化的“过渡性政权”。而后一种主张，又分为几种不同说法，如一种是开始在转化中；另一种是“天京事变”后已经转化为新封建政权；再一种是直至最后失败尚未完成这个转化的过程。为什么会这样各执己见，相持不下呢？我认为关键问题就在于缺少一个共同的、科学的判断标准。下面仅就这方面谈些管窥之见，希望能有助于问题的深入研究和讨论。

一　政体、国体和土地政策，是判断太平天国政权性质最本质的标准

为了正确地判断太平天国政权的性质，我曾经提出如下三条标准：一，太平天国的政体，即政权构成的形式，基本上是沿袭封建专制主义政

---

① 在此以前的四篇拙作是。《关于“农民政权”问题》（刊《新史学通讯》1955 年 8 月号）；《试论李自成大顺政权的性质》（刊《新建设》1962 年 3 月号）；《试论太平天国政权的性质》（刊《学术月刊》1979 年 8 月号）；《关于太平天国政权性质研究中的几个问题》（刊《北方论丛》1980 年第 1 期），以下简称《一论》，《二论》，《三论》，《四论》。

权的模式；二，太平天国的国体，是地主阶级在国家中处于统治地位。其具体表现，就是各级政权成员的阶级成分，绝大多数是地主阶级及其知识分子；三，太平天国的土地政策，从1853年建都天京到1864年失败，始终普遍地实行承认和保护地主土地所有制，允许并支持地主收租。具体史实根据，已详《三论》，不再重复。但由于有的同志对此还持不同意见，所以有必要作些深入的说明。

关于第一条标准。有的同志提出异议说：太平天国政权组织，"确实多以历代封建王朝的政权组织形式和官职名称为蓝本的，它虽然和政权性质有直接关系，但却不能决定政权的性质"[①]。

一般地说，在判断政权的性质上，与国体及其施行的纲领政策比较，政体不是主要因素，这乃是大家所周知的常识问题。但是，正如我在《三论》中所说：它"虽非主要因素，但也是一个重要的因素"。而且"在特定的情况下，还能成为决定性的因素。比如，资产阶级专政的国家，不可能采用'工农兵苏维埃制度'；无产阶级专政的国家，也不可能采用封建专制主义的帝制"。从而主张与其他主要因素，如国体和土地政策结合起来，进行判断，而不是加以排除。原因很简单："没有适当形式的政权机关，就不能代表国家"[②]。总之，在判断政权性质上，与"国体"和它实施的纲领政策比较，"政体"不是主要的因素，但却是重要的因素，应当与前两者结合起来考察，而不能排除掉。

关于第二条标准。绝大部分同志都同意这是判断政权性质的主要根据。但在具体分析太平天国政权成员的阶级成分时，也存在着只看现象、不讲求实质的表现。比如，有的同志在大量史实面前，虽然不得不承认太平天国的官员，绝大多数是地主阶级及其知识分子，却又强调太平天国"始终掌握在出身于农民劳动者的天王洪秀全和东王杨秀清手中"，从而断定它"必然始终是农民阶级专政的'农民政权'"。其实关于这一点，我早就指出过：农民领袖掌权与农民阶级专政，并不是一回事。因为，即使出身于劳动者的农民领袖，也还有个转化的问题。比如，从洪秀全和杨秀清定都南京，建立天朝以后，大封王、侯、军师、丞相、检点、指挥、

① 《略论农民战争所建政权性质问题》（刊《学习与探索》，1979年第3期）。

② 《毛泽东选集》，第638页。

将军、总制、监军等各级勋爵和官吏，制定等级森严的礼制和朝仪，以及大兴土木建造宫殿，征选美女，广置嫔妃等大量史实来看，他们实际上已经完全转化成封建专制帝王和权贵了。特别从他们亲自提出和始终推行“照旧交粮纳税”政策，承认和保护地主土地所有制，允许并支持地主收租来看，更证明他们代表的已经绝不是农民阶级，而是地主阶级的利益了。这些在《三论》中已作过详细论述，无须重复。而这些同志却有意回避这种根本性的转化和重大政策的改变，仅仅抓住“农民劳动者”出身这一点来证明太平天国始终是“农民政权”。这就不是马克思主义的阶级观点，而成了唯成分论了。假如这种论点能够成立的话，那么，终朱元璋有生之年，都应该是农民起义领袖；在他执政时期的明王朝，也应该“始终是‘农民政权’”了，其为明显的错误，是不言而喻的。

关于第三条标准。同样也存在意见分歧。有的同志从土地政策本身提出异议，认为太平天国虽未按照《天朝田亩制度》实行绝对平均分配土地，却实行过“耕者有其田”，所以判定它是“农民政权”。这种意见，尽管由于没有可靠史实的支持，因而不能成立（详见《四论》）。但从道理上还是讲得通的。另外一些同志则承认太平天国既未实行绝对平均分配土地，也未实行“耕者有其田”，而是承认和保护地主土地所有制，允许并支持地主收租，却也认为它是“农民政权”，就连从道理上也讲不通了。这说明，第一，这些同志虽然也连篇累牍地谈“农民政权”，实际上并不明确“农民政权”严格的科学含义。我们认为，按照马克思主义国家学说的基本原理，如同奴隶主政权是奴隶主阶级对奴隶阶级的专政、封建政权是地主阶级对农民阶级的专政、资产阶级政权是资产阶级对工人阶级的专政一样，假如有所谓“农民政权”的话，它就应当、而且必须是农民阶级对地主阶级的专政。这里要强调的是“阶级专政”，即在这个政权统辖的国家中，是整个农民阶级都获得解放翻身和处于统治地位，而不是某一个、若干个、或者形成一个较大集团的农民起义领袖和将领个人及其家族，成为帝王或权贵；是整个地主阶级都受到打击剥夺和处于被统治地位，而不是某一个、若干个、或相当多数的帝王、官僚和地主分子个人及其家族，遭到打击，甚至被镇压。更明确地说，就是农民阶级和地主阶级在国家中的地位，必须是发生根本性的变化：农民阶级从被统治阶级，成为统治阶级；地主阶级从统治阶级，成为被统治阶级。但是大量史实证明，在大规模农民战争过程中，地主阶级与农民阶级这种统治与被统治的关系，在个别时间、个别地方虽然曾经有过被打乱（注意，仅只是打乱）的情况，却从未发生、也不可能发生“根本性的变化”。即以太平天国起义这场革命大风暴为例，虽说给了清朝封建贵族地主阶级以沉重的打击，但其结果也不过像当时一个地主阶级知识分子在楹帖上所写的那样，只是“王侯第宅皆新主，文武衣冠异昔时”[①] 而已。昔日王侯，被逐出宫苑府第；起义“贫儿”，上升为新的权贵；整个农民阶级，则依然挣扎在社会的底层，受着包括新权贵在内的地主阶级的剥削和压迫。维护这样统治秩序的国家机器，又怎能说成是“农民政权”呢？第二，这些同志虽然绝大多数也肯定太平天国政权始终推行“照旧交粮纳税”政策，承认和保护地主土地所有制，允许并支持地主收租。但这种情况，对地主和农民两个阶级来说，究竟意味着什么？实际上也是缺乏本质性认识的。马克思主义明确指出，压迫现象是阶级的派生物，而“所有制是对他人劳动力的支配”[②]。在奴隶社会，正是由于奴隶所有制，使奴隶主具有了支配奴隶的权力，成为那个社会的统治阶级；在资本主义社会，正是由于私人资本所有制，使资本家具有了支配工人的权力，成为那个社会的统治阶级。同样，在封建社会，也正是由于地主土地私有制，使地主具有了支配农民的权力，成为那个社会的统治阶级。因为，“地租的占有是土地所有权借以实现的经济形式，而地租又是以土地所有权，以某些个人对某些地块的所有权为前提”[③] 的。并且，“一切地租都是剩余价值，是剩余劳动的产物”[④]。正是从这个意义上，列宁明确指出，在封建社会里，“谁有地，谁就有权有势”[⑤]；而“地主土地占有制是使农民受压迫和落后的主要原因”[⑥]。据此就不难理解，太平天国既然始终推行“照旧交粮纳税”政策，承认并保护地主土地所有制，那么，不管它是否意识到，实际上就是赋予了整个地主阶级支配整个农民阶级的权力。而天京政权所颁布的“士农

① 谢绥之：《燐血丛钞》。《太平天国史料专辑》，上海古籍出版社，第 404 页。

② 《马克思恩格斯选集》第一卷，第 37 页。

③ 《马克思恩格斯全集》第二十五卷，第 714 页。

④ 同上书，第 715 页。

⑤ 《列宁全集》第六卷，第 337 页。

⑥ 《列宁全集》第二十四卷，第 252 页。

工商，各力其业”[①]，“各宜乐业安居，顺天守分，士为士而农为农”[②] 和“安贫守分”[③] 等告示、诰谕和天条，就是从法律上宣告所有的地主仍然可以“顺天”当地主，都有权剥削和奴役所有的农民；而所有的农民都必须照旧“守分”当农民，老老实实忍受所有地主的剥削和奴役。因为，在天京政权看来，“军取于民，民取于土，亦属古今常情”[④]，“粮从租办，理所当然”[⑤]，倘有违反，就要“抗租与抗粮同办”[⑥]，“顽佃抗还吞租，许即送局比追”，甚至直接进行“弹压”[⑦]。尽管它的目的，多半是出于“各宜乐业安居”，“使贫富两安”[⑧] 的良好愿望，但地主阶级的“乐”和“安”，却必然是以农民的“安贫守分”，即以牺牲农民阶级的根本利益为前提的！这就清楚说明，天京政权，既不是超越地主与农民两个阶级之上的“双重性政权”，更不是对地主阶级专政的“农民政权”，而是毫不含糊地、为维护地主阶级根本利益不惜对农民阶级进行镇压的新的封建政权。

二　对其他几种判断政权性质标准的商榷

根据以上对政体、国体，特别是土地政策的分析，太平天国作为新封建政权的性质，本来已经一清如镜，毋庸赘言了。但我们在这里还是愿意对一些同志提出的其他几种判断太平天国政权性质的标准，略陈管见。我们认为，把两者作一些比较，判明哪是本质的，哪是次要的，哪是主根总干，哪是细枝末节，这对于加深认识“农民政权说”的理论虚弱性，是很有裨益的。

第一种，以《天朝田亩制度》为根据。说“《天朝田亩制度》力图按照‘天下田天下人同耕’的原则，废除地主土地所有制，把全部土地按

① 《太平天国文书汇编》（以下简称《文书汇编》），中华书局版，第 111 页。

② 同上书，第 119 页。

③ 《太平天国印书》上，江苏人民出版社，第 154 页。

④ 《文书汇编》，第 132 页。

⑤ 同上书，第 145 页。

⑥ 同上书，第 140 页。

⑦ 同上书，第 146 页。

⑧ 《太平天国文物图录》续编，图五六。

人口和劳力平均分配给农民，建设一个‘有田同耕，有饭同吃，有衣同穿，有钱同使，无处不均匀，无人不饱暖’的人间天堂。尽管这是农民小生产者不切实的空想，无法付诸实现，但它体现了农民要求得到土地的强烈愿望，具有彻底（？）反对封建土地所有制的革命意义，不能因为它在客观上没有实行，就说它是毫无价值的‘空头支票’”。我们说，单就以上而论，这些论点基本上是没有什么不正确的。问题在于“文不对题”：本来讨论的应该是《天朝田亩制度》是否曾经付诸实施，以此来断定天京政权是、或者不是“农民政权”。他却在《天朝田亩制度》的评价问题上大做文章，而忘记了实践是检验真理唯一标准这个马克思主义的基本原则。可是要知道，“革命意义”再大，并不等于“付诸实现”。而把“在客观上没有实行的空想”，当成客观存在的现实，是永远不可能导致出正确结论的。当然，这位同志也觉察到自己这个论据的虚弱性，接着又另找理由，说“当空想不能兑现的时候，天京政权仍然按照它的精神，采取各种办法继续打击封建势力”，如“打先锋”，“减少租额”，以及“在一些地方还开展救济贫民工作”等等。但都属于次要的，不能决定政权性质的细枝末节，关于这些，下面还将逐一论列，此处从略。

第二种，以太平军“打先锋”为根据。说“衡量一个政权的性质，就是要看它的领导权掌握在哪个阶级手里，它代表哪个阶级和为哪个阶级服务”。太平军“一直坚持采用‘打先锋’的办法，沉重打击官僚豪绅和地主老财，并把没收来的粮食和财物，拿出一部分散发给广大贫苦劳动人民”。所以它就是代表农民阶级利益的“农民政权”。我们说，这些说法，既不符合事实，更没触及到问题的实质，也是站不住脚的。

首先，太平军“打先锋”的活动，只是一种筹措军需粮饷的临时性措施，并未“一直坚持采用”。恰恰相反，它主要是在战争过程中的某些地区实行。等到建立了地方政权，社会安定下来之后，就不再继续，并且明令禁止了。如有的文献记载，太平军开始进军江苏，“不杀人放火，而但掳物，曰‘太平先锋’。每以此胁人，谓钱粮不清，将打先锋也”①。这时，太平军的粮饷，主要是靠“打先锋”解决的。即所谓“吾以天下富

① 《太平天国史料专辑》，第61页。

室为库，以天下积谷之家为仓，随处可以取给”[①]。后来，随着统辖区“四民”的归附，就逐渐停止。像在告示中所说：“民既受招，又难掠野”[②]。最后，当地方政权既经建立，社会秩序已经安定的时候，便正式宣布、并采取措施加以禁止了。如《避寇日记》载咸丰十一年六月，太平军符天燕锺到桐乡濮镇宣布：“镇上贫富逃难之人，此刻既经安民，可以迁回，士农工商，各安恒业。倘有别处长毛来打先锋，以所付门牌张挂，可免无害”[③]。同时张贴“安抚四民”告示，其中一条是：“编户口，付给门牌，以为安民认识，庶长毛客兵不敢来镇掳掠”[④]。另据佚名《平贼纪略》载：金匮监军黄顺元，原“以贩小猪为业”，因“捍过境之‘贼’甚勇，故得民欢”[⑤]。可见，所谓太平军“一直坚持打先锋”的说法，是不符合事实的。

其次，太平军打先锋的对象，主要是“官妖”。即清朝的官僚绅宦或对抗起义军的豪强富室。而对于一般地主，只要肯按章输纳，则不但“不掠其室”，而且还可以“输资充乡官”[⑥]。特别要指出的是，太平军打先锋，还只限于征取谷物或浮财，并未剥夺地主的土地。因此，尽管使某些官僚和豪强，受到了打击，但并未超出“劫富济贫”的范围，并没有、也不可能改变和消灭封建剥削制度。相反，如前所讲，在全国范围内推行的倒是“照旧交粮纳税”，承认和保护地主土地所有制，允许并支持地主收租。两相比较，前者不过是施行于一时一地的临时性措施，后者则是始终普遍推行的根本性纲领政策。撇开后者而以前者为根据，来判断天京政权的性质，这种本末倒置的做法，当然是不正确的。

最后，还有一个错误的倾向，值得引起注意。即不少同志习惯于把压迫行为单纯地理解为直接的暴力打击。所以，一见到太平军“打先锋”，驱逐或镇压了少数官僚豪强，剥夺了他们的谷物和浮财，就据为太平天国政权代表农民阶级利益、镇压地主阶级的“铁证”，夸大为“被统治者阶

---

① 《太平天国》第三册，第269页。

② 《文书汇编》，第134页。

③ 《太平天国史料丛编简辑》（以下简称《简辑》）第四册，第72页。

④ 同上书，第73页。

⑤ 《简辑》第一册，第324页。

⑥ 《太平天国》第六册，第814页。

级，成为统治者阶级；统治者阶级，成为被统治者阶级”。而对以非暴力形式出现的根本性纲领政策——承认和保护地主土地所有制，却视而不见。个别同志甚至认为太平天国从颁布《天朝田亩制度》，到采取“照旧交粮纳税”的政策，也“绝不是农民政权封建化的标志”。而实际上则恰恰是后者维护了旧的社会秩序，一方面保护了整个地主阶级，使他们得以继续合法地剥削和奴役整个农民阶级，另一方面，却剥夺了农民阶级反抗兼并和掠夺的合法权利，迫使他们不得不“安贫守分”地遭受地主阶级的剥削和奴役。在漫长的封建社会中，正是封建地主土地所有制这条罪恶的总根子，把农民阶级陷进了世世代代作牛作马不得翻身的悲惨境地！那种把“打先锋”活动，夸大为太平天国是“农民政权”的“铁证”，而对推行“照旧交粮纳税”政策、承认和保护地主土地所有制，这样关系到地主和农民两个阶级命运的重大事实，却不屑一顾，甚至说连“农民政权封建化的标志”也算不上，更是一叶障目，不见泰山了。

第三种，以限制地主收租数额为根据。说太平军在许多地方，限制地主收租的数量，减轻了农民的负担，使地主的利益受到损失，所以肯定太平天国是“农民政权”。据查各种有关史料，太平天国各级地方政权，确实有对地主收租数额进行限制的情况。有的允许收原租额的八、九成或五、六成不等。极少数甚至只允许收一、二成。但这同样不足以当作判断太平天国为“农民政权”的根据。道理很明显，收租额减些，只说明剥削量相对少些，农民负担相对轻些，比剥削重的情况相对好些。却绝不意味着太平天国保护地主阶级根本利益的政策有实质性的改变，从而也就不能改变它作为封建政权的阶级实质。实际上，从历史上看，某些封建王朝减轻农民租额的情况，是并不罕见的。判断太平天国政权的性质，只能从它推行的作为根本性纲领政策的土地制度着眼，而不是在一些诸如“打先锋”、“限制租额”之类的细枝末节上纠缠。比方说，甲给乙砸上了镣铐，并强迫他劳动，对乙来说，甲就是压迫者。至于让乙每天多劳动或者少劳动一个小时，只说明他比其他的压迫者坏些或者好些，并不改变他作为压迫者的本质。同样，太平天国政权只要也把地主土地所有制的镣铐加在了农民阶级身上，那么，即使它限制一下地主收租数额，使农民负担有所减轻，也只能说明它比旧封建王朝要好一些，其政权的阶级实质，却绝不因此而有所改变的。

第四，以佃户拒向地主交租，甚至武装抗租为根据。说在太平军占领地区，经常发生佃户拒交地租，以至联合起来武装抗租，有些太平军对此也给以支持。这些事实足资证明太平天国是“农民政权”。我们说，这样的史实，确有记载。但同样不能支持太平天国是“农民政权”的论点。因为，其一，这些行动，都是农民自发反抗斗争的表现，与太平天国的纲领政策并不是一回事。而判断一个政权的性质，却只能根据后者，而不能根据前者。不然的话，历代封建王朝统治下，也不断发生农民自发的反抗斗争，难道能够依此判断它们是“农民政权”吗？其二，农民自发的抗租斗争，有的确曾得到太平军的支持。但那只是极个别的情况，并且又“与示正大反”①，是完全违反太平天国纲领政策的根本原则的。实际的情况是，对农民这种自发的抗租斗争，绝大多数太平军地方政权，特别是天京政权，不仅不予支持，而且还横加压制和禁止，甚至武装镇压。如有的晓谕“佃农照常输租，……赶早还租”②。有的告示“业户固贵按亩输粮，佃户尤当照额完租……，倘有托词延宕，一经控追，抗租与抗粮同办”③。有的命令“各军乡官，设局照料弹压。……如有顽佃抗还吞租，许即送局比追”④。有的明令宣布“禁霸租、抗粮、盗树，犯者处斩”⑤。有的甚至公然派太平军追比和镇压。如据《自怡日记》记载：常熟“收过租米之局，众佃竞欲索还，于十三日赴俞（儒卿）局哄闹，几欲焚劫。幸发勇擒拿，并遣长发驻局，土人乃不敢逞凶”⑥。又据《海虞贼乱志》载：常、昭太平军“执刀列两行，拘农民具限期。……到麦熟，有未清者，伪职代坐天父堂，看司马伍长交出欠户，当堂行杖，命听差随至其家，将所收麦子蚕豆，尽行拿出作价抵偿。老幼男女见此情状，泣泪如雨”⑦。又据《平贼纪略》载：无锡“安镇东市稍四图庄顾某聚众抗租，各业户诉于城‘贼’。‘贼’使伪乡官引导至乡弹压。……乡众溃，‘贼’焚村

① 《简辑》第四册，第390页。

② 《文书汇编》，第134页。

③ 同上书，第140页。

④ 同上书，第145页。

⑤ 《简辑》第四册，第390页。

⑥ 同上书，第397页。

⑦ 《太平天国》第五册，第373页。

落，邻村无害。旋为乡官调停，一律还租”[①]。就像有位同志所说：“禁令之严有过于封建王朝对农民的态度”。并指出这是“农民逐渐由在太平军的保护下向地主进行斗争，转变为在太平军和地主的联合统治下的情景”（但他仍然认为，“还不能说这个政权已经是封建政权”[②]，实在使人无法理解）。正由于太平天国对地主阶级和农民阶级采取了如此截然不同的态度，所以，地主绅富们交口赞誉，说太平天国实行“业田者依旧收租，收租者依旧完粮，颇有道理”[③]。有的甚至气焰嚣张，猖狂叫嚷：“以长毛之威，不怕租米不还也”[④]。相反，广大农民则一改初期对太平军拥护爱戴的态度，而把反抗斗争的矛头，直接指向了支持地主收租并乘机勒索渔利的乡官。如常熟南乡“何村，因议收租，田夫猝起焚拆选事王姓之屋，又打乡官叶姓。又塘坊桥民打死经造，毁拆馆局”[⑤]。“谢家桥伪军帅归二，于当年收粮议额之前，召属下重征厚敛，……百姓怨毒已深，群起攻之，数千农民，黎明至，围其住宅，纵火烧完，……同手下人烧死屋内”[⑥]。斗争迅速扩大，整个常熟“东西两路人民恨浮收勒捐，拆毁馆局，捉打乡官，各处效尤，纷纷起事”[⑦]。类似这样的记载，俯拾皆是，不多赘举。它足以充分证明，太平天国根本不是“农民政权”，而是新的保护地主阶级利益的封建国家机器。

第五，以太平军由劳动农民为主体组成为根据。说“‘军队是国家的主要成分’。太平军主要是由‘终年勤劳、未尝温饱’的农民群众组成的。所以，由太平军浴血奋战缔造出来的太平天国政权，只能认为是农民阶级镇压地主阶级的一种‘有组织的暴力’”。不难看出，这种说法，更是经不起推敲的。诚然，毛泽东同志曾经讲过“军队是国家政权的主要成分”。又讲过“谁想夺取国家政权，并想保持它，谁就应有强大的军队”。但他更强调“我们的原则是党指挥枪，而决不容许枪指挥党”[⑧]。

---

① 《简辑》第一册，第281页。

② 《北方论丛》，1980年第2期，第121页。

③ 转引自南京大学：《太平天国史论丛》，第176页。

④ 转引自罗尔纲：《太平天国史事考》，第215页。

⑤ 《近代史资料》，1963年第1期，第97页。

⑥ 同上书，第126页。

⑦ 同上书，第117页。

⑧ 《毛泽东选集》（合订本），第512页。

关于这个问题，列宁也有过极为精辟的论述。他一方面同样指出：革命军队是“革命政府的支柱”①。同时也更强调：“要‘占领’机关和银行，……宣布‘推翻君主制度’，就一定要先实现并宣布临时革命政府，把革命人民的整个军事活动和政治活动统一起来，去实现同一个目的”。否则的话，“无论怎么‘占领’机关，怎么‘宣布’成立共和国，都不过是无谓的骚乱”②。这里，不管列宁还是毛泽东同志，讲得都很清楚：为了夺取革命的胜利，革命军队具有重大的作用和意义。但不论怎样，就两者的关系讲，军队则终究要接受党与政权的领导和指挥，执行党与政权的纲领和政策。道理很易理解：“一切战争都不过是政策的另一种手段的继续”③。政策是由政权制定的。而“军队和生产资料一样”，在不同的政权下，是为不同阶级的“利益而斗争的工具”④。因此，判断一个政权的性质，虽不排除军队这一因素，但决定性的根据，却只能是某一个政权及其制定和推行的纲领政策。不适当地夸大军队的重要性，视为可以独立于政权之外，甚至凌驾于政权之上，可以决定政权的性质，那就离开了“战争是政治的继续”这一马克思主义的基本原理，是很不正确的了。

至于所谓太平军主要是“由农民群众组成”，就更不成其为理由了。稍有常识的人都知道，在我国，不论中世纪封建王朝的军队，近代资产阶级政府的军队，还是现代无产阶级政权的军队，无一不是以“农民群众”为主体组成的。但就其政权的性质来说，三者却绝然不同。其原因并不在于军队成员的阶级成分不同，而在于各自领导军队的阶级不同，各个阶级制定和推行的政策不同。这一点，太平军也不例外。前面讲过，太平天国建都南京以后，实行“照旧交粮纳税”政策，承认和保护地主土地所有制，允许和支持地主收租，对抗租的农民，进行追比，以至武装镇压。而这些任务，就是由“以劳动农民为主体组成的”太平军去执行的。由此可见，政权的性质，只能由掌握政权的阶级及其阶级政策决定，而不能由组成军队成员的阶级成分决定。不然的话，那么，不仅太平天国政权，连历代封建王朝，近代资产阶级政府，以至现代无产阶级政权，既然它们的

---

① 《列宁全集》第八卷，第528页。

② 《列宁全集》第九卷，第140—141页。

③ 《列宁全集》第二十三卷，第76页。

④ 《列宁全集》第二十七卷，第469页。

军队都是“由农民群众为主体组成”，岂不也都成了“农民政权”了？

第六，以太平天国一直在坚持同清政府和外国侵略者进行激烈的斗争为根据。说“太平天国公开申明，根本不承认清政府卖国集团与外国侵略者签订的不平等条约。而是顽强抵抗，屡败中外反动派联合武装，直到最后被镇压失败。从对待外国侵略者态度上，明显区别了当时清王朝与太平天国的根本不同的性质：一个是独立自主的政权，一个是投降卖国的政权”。如果说前边列举的几种说法，论据都极不充分的话，那么，这个“理由”就更是等而次之了。如所周知，马克思主义辩证唯物主义的基本原理认为，任何事物的性质，是由其内在的矛盾所决定，而不是决定于外在客观条件的变化。据此，判断一个政权的性质，只能根据它本身内在矛盾的主要方面，即在这个国家中哪一个阶级处于统治地位，统治另一个或一些阶级。而不能根据它是否同其他何种政权或外国侵略者进行斗争。举例说，俄国十月革命胜利之后，苏维埃国家在同国内白匪和外国侵略者进行激烈战斗时期，固然是无产阶级专政的政权；而在签订了布列斯特条约停战以后，同样仍然是无产阶级专政的政权。同样，判断太平天国政权的性质，也只能根据这个根本性的标准，而不能根据其他细枝末节。如果说同侵略者进行战争可以成为判断政权性质标准的话，那么，大家知道，朱元璋在1368年颠覆了元王朝，建立了明帝国，但对蒙古贵族侵略者的防御战争，仍在激烈进行。并且终洪武、永乐之世，历时五十余年，迄未真正停止过。岂不要说起码朱元璋在世时期的明王朝，一直是“农民政权”了吗？

总起来说，上面列举的这些“标准”，共同的特点是舍本逐末，根本不足以证明太平天国是农民阶级专政的“农民政权”。类似的例子还有一些，就不再赘举了。

三　“农民政权说”同所有重要的马克思主义基本原理，都是不相符合的

我们之所以不同意“农民政权说”，不仅因为它史实上无据，理论上虚弱，而且还因为它同一系列重要的马克思主义基本原理都是完全不相符合的。它起码牵涉到下列几个重大的马克思主义理论问题：

（一）关于自在的农民阶级所进行的自发的反抗斗争，能否具备实现农民阶级专政的觉悟的问题

大家知道，在封建社会，农民是一个自在的阶级；他们发动的起义和战争，是自发的斗争。其具体表现，就是他们的政治觉悟很低，还只限于从感性上认识社会各个现象的片面及其外部联系，还不能把无数单个的地主与农民的关系，集中抽象为地主与农民两个对立的阶级。既没有、而且也不可能了解本身作为一个阶级；也没有、而且也不可能了解存在着一个与本阶级对立的地主阶级；更没有、也不可能了解“压迫的原因不在个人而在整个经济体系”①。因而，他们发动的起义和战争，就不能把地主当作一个阶级来反对，就不能把封建当作一个制度来反对，就“没有确定的鲜明的政治要求，就是说没有改变国家制度的要求”②。这些，都是为绝大多数同志一致承认而没有分歧意见的。那么试问，像这样连自身作为一个阶级而存在和存在一个与本阶级对立的地主阶级也不了解的自发的反抗斗争，竟然能够建立代表农民阶级利益的“农民政权”，对地主阶级实行专政，这与马克思主义“单纯的农民战争是自发的反抗斗争”的基本原理，哪里有丝毫共同之处呢？

（二）关于革命暴力能否创造新的社会制度的问题

马克思主义者很强调革命暴力对社会发展的作用，认为“它是社会运动借以为自己开辟道路并摧毁僵化的垂死的政治形式的工具”。但并不无限夸大这种作用，而是明确指出它“是每一个孕育着新社会的旧社会的助产婆”③。这就是说，它只能加速孕育在旧社会母体内的新社会制度的产生，却不能够随意创造新的社会制度。众所周知，我国历史上从陈胜吴广到太平天国的农民起义和战争，都是单纯的农民战争。在爆发这些战争各该当时的封建社会，除明、清两代产生过幼弱的资本主义萌芽外，在此以前，都根本不存在“孕育着新社会”的情况。那么，根据“社会的

① 《列宁全集》第一卷，第277页。

② 《列宁选集》第一卷，第445页。着重号是原有的。

③ 《马克思恩格斯全集》第二〇卷，第200页。

生产方式怎样，社会本身基本上也就怎样，社会的思想和理论、政治观点和政治设施也就怎样”① 的原理，在当时的情况下，单纯凭借作为革命暴力的农民起义和战争，是不可能创造出一种以新的生产方式为前提条件的新社会制度的。而这些同志却硬要说同样作为单纯农民战争的太平天国起义，居然能够把地主阶级对农民阶级的专政颠倒过来，创造一个新的代表农民阶级利益的“农民政权”。这同马克思主义关于革命暴力的基本原理，也是完全不相符合的。

（三）关于在旧的经济基础上能否建立新的上层建筑的问题

马克思主义明确指出，经济基础决定上层建筑；上层建筑是经济基础的产物。因此，有什么样的经济基础，才能有什么样的上层建筑；没有经济基础的上层建筑，或者在旧的经济基础上产生新的上层建筑，都是不可能的。根据这个基本原理，在封建社会的经济基础上，不可能产生与旧上层建筑重要组成部分——封建政权相对立的“农民政权”，本来应当不成问题，而且事实上也是为绝大多数同志所共同承认的。但是，极少数同志却持相反意见，他们以上层建筑对经济基础也可以起反作用为理由，认为在旧的经济基础上能够建立新的上层建筑，只是不能长期巩固下去。并且举出法国的巴黎公社，甚至俄国近代的苏维埃政权和中国现代史上的革命政权为例②，来证明自己论点的正确。我们说，马克思主义在论述经济基础与上层建筑的关系时，一方面强调前者对后者的决定性作用。同时，确实也并不否认后者可以对前者发生反作用，甚至在一定条件下会发生决定性的反作用。而巴黎公社的出现，的确也提供了这样的例证。但是必须指出，马克思主义承认这种反作用，并不是在任何情况下，而是必须在一定的条件下才能发生的。即以巴黎公社为例，它出现的十九世纪七十年代，当时法国的特点是：随着生产力的发展，资本主义已经进入腐朽阶段，无产阶级已经壮大，而且马克思主义已经诞生和传播。总之，是在无产阶级已经作为独立的政治力量走上历史舞台，是在新的社会制度代替旧社会制

---

① 《联共（布）党史简明教程》，第135页。

② 《在封建社会的经济基础上不可能建立起农民政权吗？》。《学术研究》，1979年第5期，第113页。

度的历史任务已被提到历史日程上来的情况下发生的。至于更后的俄国近代的苏维埃政权和中国现代史上的革命政权，就更不用说了。可是，爆发单纯农民战争的封建时代，尤其是前期和中期，封建制度尚未完全腐朽，生产力还有某种发展的余地，还根本不可能出现改变旧制度建立新制度的历史条件。而且，农民又是一个不代表新生产力的自在的阶级。因而，显然是不能够把两者相提并论的。

关于这个问题，还有必要进一步着重指出，即巴黎公社以及其后所有无产阶级专政的国家政权，对无产阶级夺取政权，建立和巩固社会主义经济基础，诚然起了巨大的、甚至决定性的反作用。但被大家所习用的这种决定性反作用的“决定”这个词，严格说来，并不准确，即并不具备绝对的含义。因为它能起到的这种反作用，同样必须以“一定的条件”为前提。这就是资本主义制度已经腐朽，它自身培养的掘墓人——无产阶级已经壮大，资本主义生产关系已经不能适应，并且已成为新生产力发展的严重桎梏。所以，从资本主义到社会主义所有制的改变，表面看来似乎取决于政治权力，但归根到底，最终的决定力量仍然是经济原因。取消、贬低甚至忽视了这一点，就必然要导致无限夸大上层建筑的反作用，显然是很不妥当的。

当然，应该承认，多数同志在肯定上层建筑的反作用时，也是强调“一定的条件”这个前提的。但在具体论述时，却完全不涉及经济基础的变化，而只是谈论上层建筑本身的某些现象，说什么“激烈的阶级斗争”就是“太平天国政权得以产生的条件”。这样，表面上虽讲“一定的条件”，实际上却是“无条件”论。因为，历史事实表明，古今中外封建社会所有的农民起义和战争，有哪一次不是在“激烈的阶级斗争”情况下爆发的呢？这实际上就等于说，上层建筑的决定性反作用，不但在一定条件下，而且在一般情况下，甚至在任何情况下都能够发生。这样就明显离开了马克思主义的基本原理了。

（四）关于是否必须有革命理论然后才有革命运动的问题

马克思主义经典著作对这个问题的回答是毫不含糊的。它首先明确断言：“没有革命的理论，就不会有革命的运动。”[①] 同时又结合实例指出，

---

① 《列宁选集》第一卷，第241页。

没有革命理论的指导，“工人运动的自发的发展，就恰恰是使它受资产阶级思想体系的支配，……自发的工人运动也就是工联主义的运动，也就是纯粹工会的运动，而工联主义正是意味着工人受资产阶级的思想奴役”①。这虽然是对无产阶级革命运动讲的，但无疑同样也适用于农民起义和战争。事实上，我们从起义农民的皇权主义、等级尊卑、宗法观念等大量表现中，也已清楚看到了他们所受封建地主阶级思想的严重奴役。因而，所谓他们能够“自发地体会到要挣脱旧枷锁，建立为自己服务的‘新型组织，——‘农民政权’’”云云，只不过是毫无根据的设想而已。

但是，对这样无可置辩的问题，竟然也有人提出相反意见，说什么自发的农民起义和战争，虽然没有科学理论的指导，但“沉重负担”的“现实生活”，就能使农民“自发地体会到粉碎旧枷锁和封建政权、建立自己的统治的重要性”。而且这种愿望和理想，只要拿起武器，就可以统统解决：“当他们起义之后，就打出新政权的旗号，并建立了初具规模的国家”。并把这种说法，概括成如下的理论：“激烈的阶级斗争”，就是起义农民“能够建成农民政权和坚持下去而不变质的条件”②。这使人不由想起了俄国经济主义者如下的话：“正好像人们不管自然科学取得什么成就而还是用古老的方式繁殖一样，将来新社会制度的出现也会不管社会科学取得什么成就以及自觉的战士如何增加而仍然多半是自发爆发的结果”。对此，列宁曾经辛辣地讽刺说：“就像那句古老的格言：要生儿养女，谁没有本事？——‘现代社会主义者’（像纳尔苏修斯·土波雷洛夫所说的）的格言是：要参与新社会制度的自发出现，谁都有本事。我们也认为谁都有这种本事。为了这样来参与，只要在经济主义流行时跟着经济主义跑，在恐怖主义出现时跟着恐怖主义跑就行了”③。其实，类似这样的论点，可说由来已久，而且，早在这以前，恩格斯就已进行过深刻的批判：“不能想象有比这更容易更惬意的革命了。只要在三四个地方同时发动起义，而‘本能的革命者’、‘实际的必要性’、‘自卫的本能’就会‘自然而然地，把其他一切都做好了”。但这样“难以置信的轻易”的革

① 《列宁选集》第一卷，第256页。着重号是原有的。

② 《关于太平天国政权的“两重性”》。1979年南京太平天国学术讨论会论文。

③ 《列宁选集》第一卷，第266—267页。着重号是原有的。

命，不过是“童话”而已[①]！除了经典作家这些极为精辟的论证外，我还建议持这种观点的同志认真考虑一下如下的问题，即建立“农民政权”，意味着地主与农民两大阶级统治与被统治地位的根本转变，是两大阶级关系翻天覆地的巨大变化。不但要求起义农民有科学的革命理论作指导，而且还要做大量具体、细致的技术性工作。比如，首先要做好社会各阶级的分析，划清阶级阵线，辨明朋友和敌人。据此规定阶级路线和组织路线。在此基础上再制定具体的政治纲领和方针政策。同时，组织阶级队伍，选拔各级干部，建立从中央、省、府、州、县到乡、里的各级政权，并通过他们进行深入广泛的传达和宣传，提高广大农民的政治觉悟，把他们充分发动起来，最后把纲领政策逐级贯彻到最基层去。不言而喻，这些大量复杂细致而又政策性很强的技术性工作，都绝不是作为自在的、根本缺乏政治觉悟的农民阶级所能胜任的。避而不谈这些，仅仅看到某些起义农民打死或驱逐若干个官吏和豪强，或者通过“拷掠”、“打先锋”，夺取他们一部分谷物和浮财等个别报复性的暴力行动，就大喊起义军“建成‘农民政权’了”，“农民阶级对地主阶级专政了”，“农民阶级变成统治阶级了”。这不仅从理论上明显离开了马克思主义的基本原理，从政治生活经验的角度来说，也未免太幼稚了吧。

（五）关于劳动者阶级为实现对剥削阶级的专政，要不要打碎旧国家机器而代之以新型国家机器的问题

如所周知，这个问题是马克思总结了巴黎公社的经验第一次提出来的。他说：“我认为法国革命的下一次尝试再不应该像以前那样把官僚军事机器从一些人的手里转到另一些人的手里，而应该把它打碎，这正是大陆上任何一次真正的人民革命的先决条件。我们英勇的巴黎同志们的尝试正是这样”[②]。后来，他和恩格斯根据这个经验，重新审查了自己的结论，对《共产党宣言》做了“唯一的”修改，指出：“公社已经证明：‘工人阶级不能简单地掌握现成的国家机器，并运用它来达到自己的目的’”[③]。

① 《马克思恩格斯全集》第十八卷，第621页。

② 《马克思恩格斯选集》第四卷，第392页。着重号是原有的。

③ 《马克思恩格斯选集》第一卷，第229页。

正是在这个意义上，列宁特别强调指出：巴黎“公社是无产阶级革命打碎资产阶级国家机器的第一次尝试”①。尽管我们至今还未发现有哪位同志直接否认这个重要的基本原理，但是，抽象地肯定而具体否定的，也还并非偶见。如有的同志说：太平天国虽然“把封建政权的形式作为自己建立政权的标本”，但“必须把形式与内容分开，天京政权虽然采纳了封建政权的某些形式，然而剥开来看，它的实质仍是农民政权”②。这里说得很清楚：太平天国虽然“把封建政权的形式作为自己建立政权的标本”，即并未打碎旧封建官僚的国家机器而代之以新型的国家机器，却建成了“农民政权”，使自己上升为统治阶级，并对地主阶级实行了专政。这就不能不大大贬低了巴黎公社的重大意义：巴黎公社虽然已经尝试着打碎了旧国家机器，但仅仅存在了七十二天；而比它早了十八年“简单地握取旧封建国家机器”的太平天国政权，却存在了十二年。如果再提前到从陈胜吴广建立楚政权算起，更早了两千零八十年。这就是说，巴黎公社先进无产阶级做不到的，自在的农民阶级早在两千多年前就做到了。这样，巴黎公社也就不再成为“人类历史上第一次光辉的没有成功的尝试的劳动者专政的范例”，由它的经验证明的“工人阶级不能简单地握取现成的国家机器并运用它来达到自己的目的”的宝贵革命经验，也就失掉任何价值。倒是应该从陈胜吴广的楚政权那里去总结“简单地掌握现成的国家机器”，实行对剥削者阶级专政的经验了。非常明显，这种论点，就不但极其错误，而且是十分有害的了。

在中国农民战争史研究中，“农民政权”问题，是一个引起广泛重视、认真讨论但至今仍然存在着许多意见分歧的问题。从一方面讲，这种现象是正常的。因为学术问题的意见分歧，应该经过深入研究、反复讨论，才能逐步明确，最终取得统一的认识。在研究探讨还不成熟的时候，急于要作出结论，是不恰当的。可是另一方面，也应当指出，有不少问题，本来有可能和逐步趋于统一，却也长期众说纷纭，莫衷一是。其原因有如前边所说，是缺乏一个共同的科学的判断标准。而造成这种情况更深刻的根源，除了我们受到马克思主义理论水平的限制，对某些历史事实，

---

① 《列宁全集》第二十五卷，第419页。着重号是原有的。

② 《也谈太平天国政权性质问题》。《北方论丛》，1980年第1期，第119页。

只停留在表面现象上，未能作出科学的分析，甚至本末倒置，分不清主根总干与细枝末节，错把后者当成主要根据而外，还有一种值得指出的倾向，就是有的同志因为长期遭受林彪、“四人帮”文化专制主义的摧残和迫害，至今仍然心有余悸，未能坚持实事求是的原则，对农民阶级及其发动的起义和战争，进行一分为二的科学分析。而是明知不对，却缺乏理论勇气，不敢坚持真理。这种心情，虽说事出有因，但决不等于正确和合理。并且，对我们中国农民战争史研究所造成的严重危害，实在是不容忽视的。为了克服这种倾向，目前的当务之急，除了继续做好史料的发掘、整理和出版工作外，更主要的就是进一步提高我们马克思主义的理论水平，坚持实事求是的原则，尊重历史事实，以马克思主义的基本原理作指导，把史学研究的革命性与科学性统一起来。可以深信，只要认真做到上述各点，通过大家共同努力，深入钻研，相互探讨，中国农民战争史的研究，必将在已经取得的显著成绩的基础上，获得更大的发展和繁荣。

（原载《学术研究》，1981 年第 5 期）

关于中国农民战争史研究中几个问题的意见分歧

列宁说："要进行论争，就要确切地阐明各个概念"。只有在马列主义毛泽东思想指导下，占有丰富的史料，运用历史唯物主义观点，并明确有关的理论和概念，才有可能进行准确的争论，得出正确的结论。本文就是试图从这方面对中国农民战争史研究中几个问题的意见分歧，作些探讨。

一　自发性与自觉性

封建社会的单纯农民战争，是自发性的，还是自觉性的？这是中国农民战争史讨论中的一个关键性问题。由于对这一点估价不同，在其他许多问题上，如封建社会的农民有没有明确的阶级觉悟？有没有皇权主义思想？能否自觉地认识封建制度和反对封建制度？以及能否建立农民阶级专政的"农民政权"等，也就必然产生不同的看法。因此，首先来作一些分析和探讨，不仅可以对自发性与自觉性这个理论概念本身，获得进一步明确的认识，而且还能给我们提供理解上列有关问题的共同尺度。

自发性与自觉性，是互为对立面的一对范畴。它是衡量不同历史时期、处于不同经济地位的某些阶级在社会政治活动中觉悟程度的标志。毛泽东同志在《实践论》中写道："无产阶级对于资本主义社会的认识，在其实践的初期——破坏机器和自发斗争时期，他们还只在感性认识的阶段，只认识资本主义各个现象的片面及其外部的联系。这时，他们还是一个所谓'自在的阶级'。但是到了他们实践的第二个时期——有意识有组织的经济斗争和政治斗争的时期，由于实践，由于长期斗争的经验，经过马克思、恩格斯用科学的方法把这种种经验总结起来，产生了马克思主义的理论，用以教育无产阶级，这样就使无产阶级理解了资本主义社会的本质，理解了社会阶级的剥削关系，理解了无产阶级的历史任务，这时他们就变成了一个'自为的阶级'"[①]。据此，我们可以概括出如下的认识：当一个阶级还处在自在的阶段时，它所进行的社会政治斗争，只能是自发性的。其具体表现就是只限于从感性上认识其所处社会各个现象的片面及其外部联系，没有，而且也不可能了解到其本身作为一个阶级，以及其阶级本身的利益与其他阶级和整个社会制度的关系。与此相反，当一个阶级已处在自为的阶段，它所进行的社会政治斗争，便成为自觉性的了。其具体表现就是它已经能够理解社会制度的本质，能够理解社会阶级的剥削关系，能够理解本阶级的历史任务了。而要达到这一点，有一个不可缺少的前提，那就是不仅要有长期斗争的经验，而且还要有马克思主义理论的教育[②]。

从这个经典性的理论出发，结论就只能是：封建社会的农民阶级是自在的阶级，由他们所发动的起义和战争是自发性的斗争。但有同志却认为中国旧式农民战争可以划分为两个阶段：宋以前是自发性的，是低级阶段；从宋开始是自觉性的，是高级阶段。此外，由于有的同志没有明确自发性与自觉性这对概念的严格的科学含义，而是按照个人的理解加以解释，从而也产生了一些不应有的分歧和混乱，是应当提出来加以澄清的。

一种情况是把"自觉性"理解成"觉悟性"，在两者中间画等号，混淆了两个不同概念的含义。比如，有两位同志都承认封建社会单纯农民战争是自发性的，但有着某种程度的觉悟性。可是他们是怎样解说这种"觉悟性"呢？一位同志说："劳动者、被压迫者的地位，决定了农民阶级具有反抗压迫剥削、反对封建制度的革命性，具体表现就是：（1）要求改变封建社会的根本制度——地主阶级的土地所有制；（2）要求推翻封建社会的上层建筑——地主阶级的反动政权；（3）要求取消封建社会的等级制度。"另一位同志提得更高：封建社会起义的农民，已经能够

---

① 《毛泽东选集》，第 265 页。

② 参阅拙作《有关中国古代农民战争自发性与自觉性的几个问题》。《江海学刊》，1963 年第 11 期。

“用自己阶级的名义来表达本阶级的利益与向往”了，已经能“把封建当作一个制度、把地主当作一个阶级来反对”了，已经能够“建立起代表自己阶级利益的农民政权、也就是农民的专政”，甚至还能够“改造皇权主义，使它呈现了封建皇权主义所不曾有过的新的、复杂的革命的内容”了。不难看出，上面列举的这些认识和活动，不仅中世纪封建社会的农民，就是近代早期的无产阶级，也是不可能达到的。如所周知，早期无产阶级的反抗斗争，非但总是把矛头指向直接剥削他们的个别资产者，而且攻击的对象，也往往是生产工具本身。他们毁坏商品，捣毁机器，甚至焚烧工厂，这种情况，很长时期沿袭下来，直到19世纪初，在英国制造业区，还曾发生过被称为“鲁第运动”的机器的大破坏。马克思在谈到这次事件时说：“工人要学会把机器和机器的资本主义应用区别开来，从而学会把自己的攻击从物质生产资料本身转向物质生产资料的社会使用形式，是需要时间和经验的”①。可是，这两位同志却把19世纪前期先进的无产阶级还不可能做到的事，让生活在中世纪、甚至中世纪早期、不代表新生产力的农民阶级做到了。再也明显不过，他们所提出的已经完全不是什么“一定程度的觉悟性”，而是高度的革命“自觉性”了。这样，他们就把中世纪封建社会的农民，从自在的阶级，“拔高”到了自为的阶级。其结果，一方面就不能不在实际上推翻了他们自己所肯定的封建社会的单纯农民起义和战争，是自发性的正确意见，陷入抽象肯定具体否定的自我矛盾中去。而另一方面，又不可避免地造成把古代农民战争现代化的错误。关于这种错误，在下面几节里再进行具体的分析。

另一种情况是把“自发性”与“觉悟性”、“革命性”绝然对立起来，从而引申出一些不应存在的分歧意见。在这方面，也有两位同志的观点，很具有代表性。他们同样都承认封建社会的“单纯农民起义和战争是自发的而不是自觉的”。但是，一位同志在批评一篇主张单纯农民战争“自始至终都是自发性”的文章的论点时，却说什么“作者用整节的篇幅去谈农民战争的自发性，但对于农民阶级从长期斗争实践中得来的某种程度的觉悟性，却一字不提，好像历史上从来没有过这回事一样，这当然不是出于疏忽，而是从根本上否认觉悟性的存在”。另一位同志则说：“封

① 马克思：《资本论》第一卷，人民出版社1975年版，第469页。

建社会的农民战争是自发的革命而不是自觉的革命，这是多数讨论者都同意的。但是，这不等于说农民自发的斗争中不存在某种程度的觉悟性，也不等于说两千年间农民战争的觉悟程度没有任何增长，如果为了强调农民战争的自发性，连农民起义在斗争中表现出来的某种程度的觉悟性及这种觉悟性的逐步增长也一并否定，那就不免走向贬低农民革命性的另一个极端了”。

十分明显，这些批评和争论都是文不对题的。因为，被批评者主张的是封建社会的单纯农民战争“自始至终都是自发性的”，这里所否定的只是“自觉性”，而批评者所批评的却是“不应当从根本上否认觉悟性的存在”，和“不等于说农民自发的斗争不存在某种程度的觉悟性”。这显然是批评者不明确“自发性”这个概念的特定的科学定义，以及它与“自觉性”，“觉悟性”的区别和关系，并且违反了起码的同一律的逻辑规则。如前所述，马克思主义经典著作在谈到“自发性”时，总是与它的对立面“自觉性”作为一对特定的概念提出来的。自发与自觉反映的是某一阶级在社会政治斗争中认识的两种不同的水平和阶段。这两种不同水平和阶段所说明的，不是认识程度上量的差异，而是质的变化。从自发到自觉，是某一阶级在认识上从“必然”到“自由”的飞跃，也是从自在阶级变为自为阶级的标志。自发性并不排斥觉悟性。正如列宁说的：“自发性也有各种各样……90年代的罢工虽然比起（19世纪前半叶的）‘骚动’来有了很大的进步，但它终究还是纯粹自发性的运动”①。可见，列宁对“纯粹自发性的运动”，也是并不否认它具有不同的觉悟性的。不过觉悟性一般只泛指认识和主观能动作用增长的水平，但区别于自觉性，即它不体现认识的不同阶段性，不标志认识程度从量到质的飞跃。因此，肯定封建社会的单纯农民战争“自始至终是自发性的”，只说明它自始至终没有达到“自觉性”的质变，但丝毫也没有否定它可以有“某种程度的觉悟性”以及这种“觉悟性”可以不断提高的意思。道理是很简单的：任何事物从量到质的变化，都是有过程的，即都是由量的渐变的积累，最后引起质的突变的。说一个事物还未达到质变，决不等于说是“从根本上否认”了量的发展变化，即决不意味着“从根本上否认”从量变到质变的

① 《列宁全集》第五卷，第342页。

过程。尽管封建社会的单纯农民战争始终未突破“自发性”阶段，但在整个封建社会阶级斗争的历史长河里，农民阶级的觉悟性则是必然在不断提高的。也正是由于这种量变的逐渐积累，才有可能在最后引起了质变——农民阶级在党的领导和马克思主义理论的教育下，从自在的阶级变成了自为的阶级。这两位同志一则把“自发性”与“觉悟性”绝然对立起来，似乎一肯定“自发性”就等于根本否定了“觉悟性”；再则把“自发性”与“革命性”绝然对立起来，断言只要肯定农民战争始终是“自发性”的，就是“贬低了农民的革命性”。这说明，他们对“自发性”、“自觉性”和“觉悟性”这些概念的科学含义，以及它们的区别和相互关系，认识上是模糊的。而按照他们那种理解的逻辑推理，就只能是：要么在“觉悟性”和“自觉性”之间画等号，用“觉悟性”的标准，把古代农民拔高成自为的阶级；要么为了肯定农民战争的“觉悟性”和“革命性”，而不得不在实际上否定了“自发性”，其结果是殊途同归，必然走上脱离历史条件、无限制夸大古代农民觉悟的程度，把封建社会的农民阶级无产阶级化，把封建社会的单纯农民战争现代化，显然都是不正确的。

二　反封建性质与自觉地反对封建制度

封建社会的单纯农民战争是否具有反封建的性质？是中国农民战争史讨论中又一个存在分歧的重要问题。有一种意见认为，封建社会的农民起义和农民战争自始至终都具有反封建的性质。其理由是不论封建社会早期或中、晚期，起义农民对封建制度的反抗，“都是具有自觉的认识”的。另一种意见认为，在封建社会初期，封建制度还处在上升阶段，农民还不可能有自觉的认识，并提出反封建的纲领和口号。因此，这时的农民起义和农民战争，不具有反封建的性质。只有到封建社会末期，处于下行阶段的封建制度，已经充分暴露了它的腐朽性，起义农民提出了明确的反对纲领和口号，这时才具有了反封建的性质。从这个根据出发，他们不同意封建社会的农民起义和农民战争自始至终都具有反封建性质的论点，指出，封建社会上行阶段，封建的生产关系还在起进步作用，如果说这时的农民起义和农民战争具有反封建的性质，实际上就否定了这时农民战争的革命性质。

以上这两种说法，都不能被认为是正确的。先谈谈第一种。这种说法以起义农民能够自觉地反对封建制度作为肯定农民战争具有反封建性质的论据。这个论据本身就是不符合历史实际的。为绝大多数同志所一致承认，封建社会的农民阶级是自在的阶级；由他们所进行的起义和战争是自发性的。因而，它不仅不能自觉地反对封建制度，而且连自觉地认识封建制度，也是做不到的。这有两方面的原因：其一，是历史的局限。“一方面是由于剥削阶级的偏见经常歪曲社会的历史，另方面，则由于生产规模的狭小，限制了人们的眼界”①，使农民不可能理解社会经济结构和阶级关系的实质。正如恩格斯所说：“在历史上出现的一切社会关系和国家关系，一切宗教制度和法律制度，一切理论观点，只有理解了每一个与之相应的时代的物质生活条件，并且从这些物质生活条件中被引申出来的时候，才能理解”，而这是生活在中世纪封建社会的农民根本不可能的。这就是说：“不是人们的意识决定人们的存在，相反，是人们的社会存在决定人们的意识。”②

其次，还受到阶级的局限。农民既然生活在封建社会里，就必然受到整个经济地位和生活方式的限制。一方面，由于他们受着封建统治阶级残酷地剥削与奴役，经常处于饥寒交迫的痛苦境地，从而就本能地具有强烈的反抗性和革命性。然而，另一方面，他们又是个体小生产者，分散和锢蔽，使他们看不到集体的利益和力量，看不到社会生产关系的实质。正如列宁所说：“零散的单独的小规模的剥削把劳动者束缚于一个地点，使他们彼此隔绝，使他们无法理解自己的阶级一致性，使他们无法统一起来，无法了解压迫的原因不在个人而在整个经济体系”③。

总之，在封建社会里，由于历史的和阶级的局限，农民阶级所能觉察到给他们带来深重苦难的，只是像暴君、酷吏、豪绅、地主那些具体的人，却不可能透过那些具体的人，看到作为这种统治与剥削根源的经济体系。这就是我曾经强调过“农民在封建社会的生产力状况下，自然不会满意于这种统治与被统治、剥削与被剥削，但也不会看出这种生产关系有

---

① 《毛泽东选集》，第 260 页。

② 《马克思恩格斯全集》第十三卷，第 526 页。

③ 《列宁全集》第一卷，第 277 页。

什么不正常之处。因而，农民起义曾顽强地向封建专制主义政权进行了战斗，可是，他们没有同封建制度进行战斗”① 的道理。从以上的分析可以看出，上面这种以起义农民能够自觉地反对封建制度作为肯定农民战争具有反封建性的说法，是不能成立的。相反，如果按照他所持的论据进行逻辑推理，那么，既然封建社会的单纯农民战争，不可能自觉地反对封建制度，从而，其结论倒不能不是：农民战争自始至终并不具有反封建的性质了。这显然是十分错误的。

再谈谈后一种说法。它除了同样把起义农民能否自觉地反对封建制度，作为判断农民战争是否具有反封建性质的依据之外，还犯了另一种错误，即绝对化了封建社会上行阶段封建生产关系的进步作用，完全忽视了封建社会阶级对抗的性质，从而把封建社会上行阶段封建生产关系的进步作用，与农民战争的反封建性、革命性，绝然对立起来。甚至为了肯定前者，而要把后者加以否定。这是很不恰当的。众所周知，马克思主义哲学有一条重要原理，即“矛盾存在于一切事物发展的过程中，矛盾贯串于每一事物发展过程的始终”②。按照这个经典原理来理解社会经济关系，那么，虽说在封建社会上行阶段，封建的生产关系与生产力的性质，基本上是适合的，但这决不等于说，在封建的生产关系中，农民阶级与地主阶级之间，并不存在矛盾与对立了。恰恰相反，这种矛盾与对立，同样是贯穿于其发展过程的始终的，只是在形式上有时表现为缓和，有时表现为尖锐而已。当这种矛盾尖锐化的时候，它就要、并且像事实上已经发生过的那样，爆发为农民起义和战争。这种被压迫者反抗压迫者的最高形式的阶级斗争，其性质也就必然是正义的和革命的。否则，如果片面地把封建社会上行阶段的封建生产关系的进步作用加以绝对化，那么，不管说当时的农民战争有反封建的性质也好，或者没有反封建的性质也好，其结论都只能是一个，即这时的农民起义和战争，是反进步的，甚或是反动的。正像论者自己所说，“实际上就否定了这时农民战争的革命性质”。

与上述这些同志的提法相反，我认为判断农民战争是否具有反封建性质，不能以起义农民能否自觉地反对封建制度为依据，而是要以封建社会

---

① 《中国农民战争问题探索》，上海人民出版社，第26页。

② 《毛泽东选集》，第283页。

的基本矛盾、即农民与地主两大对立阶级的阶级矛盾为依据。因为，任何事物的性质，都是由该事物的基本矛盾所决定，而“决定革命性质的力量，是主要的敌人和主要的革命者两方面”①。封建社会的基本矛盾，既然是农民与地主之间的阶级矛盾，这就决定了由这种矛盾所引起的阶级斗争最高形式的农民起义和农民战争，不论在封建社会的早期或晚期，必然具有反封建的性质。至于他们是否能够自觉地反对封建制度，只说明农民阶级在反封建斗争中的觉悟程度，并不影响农民起义和农民战争是否具有反封建的性质。弄清楚了这些，那么，在这个问题上的正确结论就只能是：封建社会的单纯农民战争，不可能自觉地反对封建制度；但封建社会的农民战争，却是自始至终都具有反封建性质的②。离开了历史主义的观点，用今天无产阶级的觉悟水平，去要求古代农民，就只能导致取消单纯农民战争反封建性和革命性的结论。

三　自发地要求土地与改变封建土地所有制

如前所述，封建社会单纯的农民战争能否自觉地反对封建制度，这个问题是有争论的。持肯定说的最有力的证据之一，就是所谓农民“要求改变封建的土地所有制”。他们一方面引用马克思主义经典著作中的一些话，作为理论上的根据，如列宁说：“……农民希望成为私有者，在重新划分的土地上经营”③；斯大林说：“农民要土地，他们做梦也梦见土地，显然他们在没有夺得地主土地以前，是不会安静下来的”④。另一方面，又列举了历史上一些农民起义过程中要求土地和夺取地主土地的记载，作为史实上的根据，如北宋初王小波、李顺起义时，曾提出“吾疾贫富不均，今为汝均之”；明末李自成起义，曾提出过“均田免赋”的口号，特别是丁耀亢记述李自成起义军在山东诸城“以割富济贫之说，明示通衢，产不论久远，许业主认耕”的那一段史料，更成了持肯定说同志的有力

① 《毛泽东选集》，第 1183 页。

② 参阅拙作《关于中国农民战争打击封建制度的问题》。载《中国封建社会农民战争问题讨论集》，三联书店 1962 年版。

③ 《列宁全集》第二十四卷，第 256 页。

④ 《斯大林全集》第一卷，第 195 页。

“铁证”。这样，既有马克思主义经典的理论根据，又有史实的根据，于是便作出结论说：“农民要求土地，并通过斗争夺取地主阶级的土地，这就意味着农民阶级要求改变地主土地所有制为农民土地所有制”。

表面看来，这种说法似乎无可置疑，然而只要稍加推敲，就会发现它是不能成立的。诚然，在封建社会里，个体小生产者的农民阶级，对于作为主要生产资料的土地的要求，是迫切而强烈的；他们不满于饥寒交迫的生活现实，曾经喊出过“吾疾贫富不均”的呼声，而且在起义反抗封建统治的过程中，还曾经通过斗争，夺取地主的土地。但却必须指出，一则，对生活现实的不满和愤怒，并不等于说明农民已经能够理解封建土地占有关系的实质了。正如恩格斯所说：这种愤怒“仅仅说出了一件人所周知的事情，……但是，这种制度是怎样产生的，它为什么存在，它在历史上起了什么作用，关于这些问题，我们并没有因此而得到任何的说明”[①]。所以，“道义上的愤怒，无论多么入情入理，经济科学总不能把它看做证据，而只能看做象征”。因为，“愤怒一用到上面这种场合，它所能证明的东西是多么的少，这从下面的事实中就可以清楚地看到：到现在为止的全部历史中的每一个时代，都能为这种愤怒找到足够的资料”[②]。再则，并不是在任何情况下，农民要求、或夺取地主土地，都“意味着农民阶级要求改变封建地主土地所有制”，而只是在农民阶级把斗争的矛头，直接指向全部封建经济体系时，才能“意味着农民阶级要求改变封建地主土地所有制”。可是，封建社会的农民阶级是怎样要求或者夺取土地呢？关于这一点，列宁曾明确指出：农民“只是自发地要求土地，在经济上根本没有稍微明确地想到要把土地转归人民”[③]。不难看出，这些同志把单纯农民战争过程中农民个别的、自发的夺取土地以及起义军支持农民夺回被地主强占去的土地的现象，夸大成为“意味着农民阶级要求改变封建地主土地所有制”，显然是不正确的。问题的关键在于他们混淆了实践活动与理性认识的区别，把两者混为一谈了。实际上，正如同缺乏科学知识的农民锄地保墒，但并不懂得毛细管的物理作用一样，农民阶级

---

① 《马克思恩格斯选集》第三卷，第220页。

② 同上书，第189页。着重号是原有的。

③ 《列宁全集》第十三卷，第272页。

在生产斗争和阶级斗争实践中，虽然提出了土地的要求，虽然比起前期单纯反抗奴役和人身依附的斗争，已经向前迈进了一大步，但也决不等于从理论上自觉地认识到了作为封建制度主要基础的地主土地占有关系，从而要求加以废除了。封建社会单纯农民起义，虽然提出了土地的要求，并且曾经通过斗争，夺取土地，但他们要求和夺取的，也只能仅限于“物质生产资料本身”——土地，却还根本不可能自觉地反对封建土地占有关系。也就是只限于要求和夺取土地，却不能自觉地把封建地主土地所有制，作为攻击的目标。

从以上这个争论中，给我们提出了这样一个极为值得注意的问题，即中国古代农民战争史的研究，决不能仅仅在史料上打圈子，甚至把史料当作唯一的东西，认为只要猎获一条像“均田免赋”或“割富济贫”那样的材料，就可以据为“铁证”，遽下结论。相反，对于任何史料，倒是必须在马克思主义的指导下，进行历史主义和阶级观点的分析。否则，抛离了特定的历史条件和阶级条件，企图抓住一条只能说明现象的史料，从农民的斗争实践，来证明他们已经在理论上具备了自觉的认识，不仅无法令人信服，而且还必然在理论上把实践活动同理性认识混为一谈，在两者中间画等号，并把古代农民阶级无产阶级化，显然是很不恰当的。

四　反对皇帝与皇权主义思想

中国封建社会的农民起义和农民战争是否具有皇权主义思想？也是一个存在分歧看法的问题。有的同志认为“中国农民，不只反对过地主，反对过贵族，反对过贪官污吏，还不断反对过皇帝；不只把战争的矛头指向地方政权，还不断把战争的矛头指向地主阶级的最高代表者——朝廷。农民战争推翻秦、汉、隋、唐、元、明各朝代的历史，就雄辩地说明了这一点”。因而得出结论说：“中国农民战争是跟俄国农民战争不同的，并没有表现出皇权主义的性质”。有的同志把皇权主义分成“农民的”和“地主阶级的”，并指出前者经过农民的“改造”，具有了“反封建的革命的性质”，“和地主阶级的皇权主义思想是有本质区别的”。

这两种说法，都是使人无法首肯的。下边分别来谈谈。第一种说法的立脚点，是“反对”或者“未反对”皇帝。具体说来，凡是反对过皇帝的，就不具有皇权主义思想；反之，凡未反对过皇帝的，就是具有皇权主义思想。显然，这没有涉及到问题的实质。且不论并非像这位同志所说的俄国的农民起义都没有反对过皇帝，如17世纪由农奴波罗脱聂可夫领导的俄国农民起义，就曾包围莫斯科城，向沙皇瓦西里·许斯基发动进攻；即以中国而论，也并不是所有的农民起义，都曾“把战争的矛头指向地主阶级的最高代表者——朝廷。”像大家所熟知，除了几次全国性大规模的农民起义而外，几乎所有较小规模的、地方性的农民起义，就大部不曾直接反对过皇帝。因此，即使根据这个标准，最多也只能说在中国历史上，仅仅是前面列举的那几次全国性大规模的农民起义和农民战争，没有皇权主义的性质，而不可能得出全部“中国农民战争没有皇权主义性质”的结论的。不难看出，所以造成如上的矛盾，是由于这位同志没有弄清楚什么是“皇权主义思想”，而把它当成了“未反对皇帝”的等义词。我们说，“未反对皇帝”，诚然是皇权主义思想的一种表现，但却不是唯一的表现，关键就在于：“皇帝”与“皇权主义思想”是两回事，而不能混为一谈。

什么是“皇帝”呢？最概括地说，就是封建地主阶级的集中代表者，封建地主阶级政权的最高掌权人，是可见的具体的封建王朝的最高统治者。而“皇权主义思想”，则是封建经济基础和封建伦理观念的产物，是服务于封建经济基础的上层建筑。具体来说，就是相信皇权可以代表一切阶级的利益，从而皇权统治是神圣不可侵犯的一种传统思想，是不可见的、抽象的一种观念形态。由于生产方式和经济地位所决定，封建社会的农民阶级，具有本能的革命性，当他们遭受残酷的剥削奴役、无法继续生存下去时，就会奋起反抗，以至于把斗争的矛头，指向他们所能看得到的、给他们带来灾难和痛苦的残暴的地主，官吏以及最高统治者——皇帝。但同样由于生产方式和经济地位所决定，封建社会的农民阶级，如同列宁所说，“还有大量的愚昧无知和缺乏自觉性的现象”[①]，不能了解压迫的原因不在个别的人，而在整个经济体系。从而，即使他们在武装起义反对封建皇帝的同时，却仍然不能摆脱皇权主义思想的影响。相反，他们天真地相信皇帝可以代表全民的利益，是达到安居乐业所不可少的保证。至

① 《列宁全集》第八卷，第219页。

于他们之所以遭受欺压和贫困痛苦，只是因为不幸遇到了一个“坏皇帝”。反之，倘若有一个“好皇帝”，大家就可以不再受人欺侮，过上好日子了。正是在这个意义上，斯大林才说：“他们都是皇权主义者：他们反对地主，可是拥护‘好皇帝’”①。由此可见，尽管农民阶级在反抗封建统治的战争中，有时也把斗争的矛头，指向某个皇帝，甚至颠覆了那个王朝的统治，但只要他们不从根本上反对皇权的神圣不可侵犯，对“好皇帝”心存幻想，就仍然是皇权主义者。那种把“反对”或“未反对”皇帝的表面现象作为依据，用以判断有无皇权主义性质的论点，显然是难以成立的。

明确了皇权主义思想的实质，第二种说法的错误也就不辩自明了。因为，皇权主义思想既是特定的封建社会经济基础和封建伦理观念的产物，属于封建生产关系的上层建筑组成部分，而“意识的一切形式和产物不是可以用精神的批判来消灭的”②，那么，除非先行摧毁它所由产生和赖以存在的社会经济基础，根本就谈不到什么“改造”的问题。

五　农民领袖掌权与农民阶级专政

中国封建社会历史上某些较大规模的农民起义和农民战争，曾经成功地推翻几个封建王朝的统治，并建成了短期的政权，如唐末黄巢的大齐政权和明末李自成的大顺政权等等。关于这些政权的性质，也存在着意见分歧。我认为，既然像前面所分析，并为绝大多数所同意的那样，封建社会的农民阶级是自在的阶级；由他们进行的起义和战争都是自发性的；起义农民还不具备阶级自觉，不理解封建制度、阶级关系和国家政权的实质。因而，他们不可能自觉地建成与封建政权性质不同的“农民政权”，本来是不言而喻的。

但是，有些同志却持有相反的看法。一种有代表性的意见是：他们也承认封建社会的单纯农民起义和战争是自发性的等上面所提到的一系列前提，但却认为那些并“不关重要”。因为据他们说：“建立政权与否，不

① 《斯大林全集》第十三卷，第100页。

② 《马克思恩格斯全集》第三卷，第43页。

决定于农民对封建制度的理解不理解，——即不决定于意识形态方面的因素”，而是决定于“革命形势的发展必然要推动他们在革命过程中去解决必须解决的问题——打击与消灭地主经济，保护农民经济，镇压被推翻的地主阶级反抗等历史任务。——既然推翻政权之后农民的革命斗争还没有完结，建立农民政权，也就成了客观需要的必然趋势”。从这一点出发，他们断言“中国历史上在农民起义中建成的许多暂时性政权，由于政权的领袖大部出身于劳动者，掌握着革命的领导权，所以这些政权都是代表自己阶级利益的农民政权，也就是农民的专政”。

这些说法，显然是大堪商榷的。首先，所谓“建立政权与否不决定于农民对封建制度的理解不理解——即不决于意识形态的因素”的说法，就是大有问题的。诚然，社会意识是人们的社会存在的反映。对社会存在来说，社会意识是第二性的。决定阶级利益的，不是基于这个阶级成员的意识，而是基于这个阶级在社会生产关系中所占有的地位。同样，革命的发生，不是取决于某一个阶级的意志与愿望，而是取决于日渐积累和尖锐化的许多社会矛盾所造成的客观革命形势的成熟。总之，人类社会历史的发展，总是按照客观规律前进的过程，而不以人们的意志为转移。这一切原理都是正确的，无可置疑的。

但是，承认社会意识依赖于经济物质条件，承认革命是社会矛盾激化的产物，承认人类社会历史的发展有着客观存在的规律性，却绝不意味着否认和取消了社会意识的积极作用，而把人类社会历史的发展，仅仅归结为客观社会经济规律的自我活动。恰恰相反，就像恩格斯所说：“并不像某些人为着简便起见而设想的那样是经济状况自动发生作用，而是人们自己创造着自己的历史”[①]，又说：“在社会历史领域内进行活动的，全是具有意识的、经过思虑或凭激情行动的、追求某种目的的人；任何事情的发生都不是没有自觉的意图，没有预期的目的的”[②]。从这个角度说，意识形态的因素，不仅绝非像那些同志所说“不关重要”，而且在一定条件下还能够“转过来表现其为主要的决定的作用”[③]，成为人们进行社会实践

① 《马克思恩格斯选集》第四卷，第506页。

② 同上书，第243页。

③ 《毛泽东选集》，第300页。

活动的前提。正如毛泽东同志所说："当着如同列宁所说'没有革命的理论，就不会有革命的运动'的时候，革命理论的创立和提倡就起了主要的决定的作用。当着某一件事情（任何事情都是一样）要做，但是还没有方针、方法、计划或政策的时候，确定方针、方法、计划或政策，也就是主要的决定的东西"① 了。

由此可见，没有意识的指导，也就没有行动。或者虽然盲目行动了，也不会产生任何预期的效果。回到我们讨论的问题上来，封建社会的单纯农民起义和农民战争，能否建成"农民政权"，"意识形态方面的因素"同样也是一个重要的前提。这一点，其实就连上面那些同志也是无法否认的。如他们说："革命形势的发展，必然推动他们在革命过程中去解决必须解决的问题。"要"解决问题"，自然就必须事先发现问题，分析问题，针对问题的性质，采取相应的措施，即"确定方针、方法、计划和政策"，加以贯彻实施。而这些，又哪一个不是属于"意识形态方面的因素"呢？总之，由于他们的基本论点错了，所以，不仅无以服人，而且还不能不陷于自我矛盾：如果否定社会意识因素的作用，那么，所谓"决定于革命形势的发展"，就只能是一句空话；反之，如果肯定社会意识的作用，那么，既然像大家、也包括他们在内所一致承认的那样，封建社会的农民还不具备阶级自觉，不理解封建制度、阶级关系和国家政权的实质，却能够建成旨在"打击与消灭地主经济"、实行"农民阶级专政"的"农民政权"，那就完全是不可思议的了。

其次，所谓单纯农民起义和战争过程中能够建成"农民政权"的错误，还在于他们给所谓"农民政权"所规定的"历史任务"——"实行农民阶级专政"和"打击与消灭地主经济"，就是根本不存在的。诚然，"思想意识是社会存在的反映，农民的经济地位与阶级斗争的实际，必然要反映到农民的意识中来"。这也就是农民具有反抗的本能和革命性的根本原因。但却必须指出，正由于思想意识根源于物质现实，因而它所认识的，也就不可能超越它所由产生的那个社会经济基础的范围。关于这点，马克思早就说过："人类始终只提出自己能够解决的任务，因为只要仔细考察就可以发现，任务本身，只有在解决它的物质条件已经存在或者至少

① 《毛泽东选集》，第 300 页。

是在形成过程中的时候，才会产生。”[①] 不用远溯到秦、汉，即以隋、唐、两宋时期而论，尽管每次农民起义，大都爆发于各该王朝末期（只有少数例外，如王小波、李顺起义等）社会矛盾极端尖锐化的情况下，但就封建经济制度来说，则并未走上腐朽的下行阶段，还具有继续发展的生命力。由于还没有“解决任务的物质条件”，所以，所谓“消灭地主经济”的“历史任务”，是根本不可能产生的。当时的农民虽然处在受剥削受压迫的地位，“自然不会满意于这种统治与被统治，剥削与被剥削，但也不会看出这种生产关系有什么不正常之处”。其原因正如恩格斯所说：“当一种生产方式处在自身发展的上升阶段的时候，甚至在和这种生产方式相适应的分配方式里吃了亏的那些人也会热烈欢迎这种生产方式”[②] 的。这就是说，在封建社会里，作为自在阶级的农民阶级，是缺乏阶级自觉的。在残酷剥削与压迫下，他们能够，而且事实上已经起来进行反抗。可是他们却不可能理解剥削与压迫的根源——封建地主土地占有制度；他们能够，而且事实上已经起来反抗地主，但却不可能自觉到去“消灭地主经济”。至于所谓建立“代表农民阶级利益的农民政权”，实行“农民的专政”，就更是全然无法想象的了。实际上，这一切都不过是那些同志把自己的关于马克思主义阶级和国家学说的知识，强塞进封建社会起义农民的头脑中去了而已[③]。

在“农民政权”问题上，为什么这些同志会出现这样的错误呢？我以为，最根本的关键问题，是他们离开了历史主义和阶级分析的方法，被某些表象所迷惑，而忽略了政权的阶级实质。如所周知，任何政权都只能是阶级的专政。“任何一个革命的最主要的问题都是国家政权问题。政权在哪一个阶级手里，这一点决定一切”[④]。而“政权在哪一个阶级手里”的具体表现，就是这个阶级通过政权，保证本阶级成为在经济上和政治上占统治地位的阶级。所以马克思、恩格斯说：“工人革命的第一步就是无

① 《马克思恩格斯全集》第十三卷，第9页。

② 《马克思恩格斯选集》第三卷，第188页。

③ 参阅拙作《关于“农民政权”研究中的几个问题》。载《新建设》，1964年第5—6期合刊号。

④ 《列宁全集》第二十五卷，第357页。

产阶级变成为统治阶级。"① 我们说封建政权是封建地主阶级专政的政权，乃是因为在这个政权之下，所有的地主，即整个地主阶级，都在经济上和政治上居于统治地位；所有的农民，即整个农民阶级，都在经济上和政治上处于被统治地位。而不是某几个封建地主奴役与剥削了若干个农奴或农民。因此，判断封建社会某一个政权的性质，就只能根据整个地主阶级与整个农民阶级的经济、政治地位，而不是仅仅去考察某几个剥削者和被剥削者少数的人。农民起义和战争过程中所建成的政权，尽管其中不少"政权的领袖大都出身于劳动者"，"掌握着革命的领导权"，甚至他们主观上也想拯救劳动农民于水深火热，如唐末黄巢起义军就曾宣告："黄王起兵，本为百姓"；明末李自成起义军也曾向农民宣传"王侯贵人，剥穷民视其冻馁，吾故杀之，以为若曹"。这些，无疑都是判断一个政权性质的重要依据。然而，假如把这些作为唯一的依据，却是很不够的。因为，一则，即使"掌握着革命领导权"、"出身于劳动者"的农民起义领袖，其阶级立场也是可能转变的；再则，即使他们的阶级立场没有转变，上面的情况，最多也只能说明这个政权是由"农民领袖掌权"，而它与"农民阶级专政"，并非就是一回事。因为，在那些"农民领袖掌权"的所谓"农民政权"里，虽然表面看来，是由农民领袖"掌握着革命领导权"，但实际上国家的管理工作，往往是掌握在一支庞大的封建官僚、地主分子队伍手里。如明末李自成的大顺政权，即以其作为领导核心的中央机构来说，从内阁首脑天祐殿大学士到六政府尚书、侍郎等高级官吏；全部都是原来明朝的封建官僚地主分子，有的甚至原来就是明朝的尚书和侍郎。不仅中央机构如此，地方机构的情况，也不例外。不言而喻，企图通过这样的政权机构，对封建地主阶级的政治经济权利实行一种哪怕不是彻底剥夺、而只是限制和削弱的改革，也像"与虎谋皮"一样，是绝对办不到的。事实是，大顺政权正是被封建官僚地主分子所掌握，不但国家政策的制定和政府官员的选任，大权都被他们所操纵，如"建设伪官，……凡所更制，皆伪相牛金星所定也"②。"凡铨选，皆宋企郊主之"③。而且还

① 《马克思恩格斯全集》第四卷，第489页。

② 《甲申传信录》卷五。

③ 《明季北略》卷二十，《选升降臣》。

进一步在檄文中明白宣布保护封建官僚地主阶级的经济政治权益，写道："朕躬临恒冀，绥靖黔黎，凡百臣工，永保乃家"①。由于大顺政权确实推行了这种政策，所以当时河北地区的官僚地主分子们也承认"虽有伪官，颇与地方相安"②，并交口赞誉："真若沛上亭长（刘邦）、太原公子（李世民）复出矣"③。实际情况说明，大顺政权的阶级实质，已经起了根本性的变化。因此，对于"农民领袖掌权"的政权，一方面，不容忽视它支持了广大农民要求改变贫困痛苦生活现实的愿望，和他们进行英勇斗争所获得的某些胜利成果，如自发地夺取了一定数量的土地，镇压、驱逐和剥夺了一些地主分子、贪官污吏等等，从而，应当承认它同旧的、腐朽的封建政权，具有明显的差别。可是，另一方面，还必须指出，这个政权由于它的阶级实质已经起了根本变化，所以它没有、也不可能起到变革地主阶级与农民阶级经济、政治地位的作用，因之，它的阶级实质也就只能是封建的。假若我们不是被表面现象所迷乱，而是深入洞察本质，那就可以看到，在这种所谓"农民政权"之下，尽管有一些农民起义领袖，甚至大批起义将士的经济、政治地位，起了很大的变化，但在封建的生产关系未发生变革的情况下，只能意味着他们阶级立场的转化。具体地说，他们已经从原来的阶级中游离出来，成为新建王朝的"新贵"，上升到统治阶级中去。而他们所由游离出来的那个阶级，则依然处在被剥削被压迫的地位。同样，尽管有一些、甚至大批旧的封建官僚、地主分子，在农民战争过程中被剥夺或被镇压了。但这也只限于某些官僚地主分子一部分人；这个阶级成员的总人数，可能有显著削减，可是这个阶级依然存在，并且在经济、政治上也仍然一如既往，占着统治的地位。这种情况，就连主张"农民政权"最坚决的同志，也无法否认。如他们说："农民政权"不仅没有采取措施，从根本上彻底消灭地主阶级，甚至连思想上也"没有认识到对全部地主阶级实行专政的必要"。相反，却"对各阶级一视同仁"，有时甚至对地主阶级实行一些所谓"仁政"，"甚至受他们（地主阶级）领导"。

---

① 《新史奇观》。转引自《南明史略》，第28页。

② 程正揆：《甲申纪事》。

③ 《明季北略》卷二十，《朱之冯传》。

总起来说，在所谓“农民政权”之下，虽然一些起义农民和一些官僚、地主分子的经济政治情况，曾经发生过变化，但在最根本上，作为封建社会两个对立阶级的关系——占统治地位的地主阶级和处于被统治地位的农民阶级，是并没有变动的。

以上从五个方面，对中国农民战争史研究中的意见分歧，提出了一些粗浅的看法。在此基础上，我想着重谈谈研究农民战争史的现实意义，也就是应该用怎样的立场、观点和方法研究农民战争，使这个学科更好地为无产阶级政治服务的问题。从建国十七年和当前研究讨论的情况看，在这方面，基本上可以分为两种不同的观点，其突出的表现，就是对封建社会的农民，和他们发动的起义与战争，要或者不要进行“一分为二”的分析。

根据马克思主义历史主义、阶级观点和革命性与科学性相结合的原则，绝大多数同志，包括我自己，在这个问题上是肯定论者。本着这种精神，多年来，我在研究中同大家一样，始终力争做到：一方面，对作为封建社会阶级斗争最高表现形式的农民起义和战争，充分肯定其反封建性、革命性和推动历史发展的巨大作用，热情赞扬起义农民反抗封建统治压迫的英雄业绩，以便起到发扬古代劳动人民光荣革命传统，鼓舞革命斗争意志的作用。另一方面，对他们无可避免的历史的、阶级的局限性，也力求作出实事求是的科学分析，以便从他们的挫折和失败中，总结经验和教训，引导人们向前看而不是向后看。

少数同志尽管主观上也力图坚持马克思主义的历史主义和阶级观点相结合的原则，口头上也从未否定过“一分为二”，但由于对中国农民战争史的研究如何为无产阶级政治服务，理解上有片面性，认为对于作为劳动者阶级的农民及其进行的起义和战争，只能赞美其革命性和历史作用，而不能分析他们历史的和阶级的局限性。这种做法，虽说是出于朴素的阶级感情和善良的愿望，却不能代替马克思主义的科学分析。结果，往往事与愿违，不但在实际上离开了“一分为二”的原则，而且难免得出不利于无产阶级政治的结论，片面美化，无限夸张，甚至把古代农民无产阶级化，把古代农民战争现代化，客观上起了“把缺点说成是美德”① 加以宣

---

① 《列宁全集》第五卷，第345页。

扬，甚至“拔高”农民而贬低无产阶级和党的领导的反作用。对于这种偏向，我曾多次强调指出，如：“只有弄清皇权主义的性质，才能够决定我们对它采取继承发扬或者批判扬弃的态度。如果错误地把封建性质的皇权主义，当成了具有‘新的革命的内容’，具有‘反封建的革命性’，是属于‘人民的、革命的’思想范畴，那么在客观上是会起到赞扬封建毒素的作用的”[①]。又如：“断言封建社会的农民阶级，已经能够对封建制度进行最深刻的批判和最彻底的否定，甚至还‘要求建立新的社会制度’，这就在实际上模糊了无产阶级思想与农民思想的界限，贬低了站在无产阶级立场运用马克思列宁主义思想武器对封建主义制度进行批判的革命意义。这样，不论愿意与否，其结果必然要导致严重错误的结论，歌颂了农民的自发斗争，在客观上给‘农民可以自发地走向社会主义’的机会主义谬论，制造了理论根据。因为，农民阶级既然还在封建时代就已经具备了那样高度的觉悟程度，能够对封建社会进行那样深刻彻底的批判，并且从根本上否定了剥削关系和旧世界。那么，在今天，无产阶级为引导农民走社会主义道路而进行的一系列艰巨的工作，就是毫无意义，甚至是多此一举了”。而“把封建社会农民阶级在自发斗争中表现的坚决性，跟现代先进无产阶级革命的自觉性完全混淆起来，就必然大大降低了无产阶级作为先进阶级和无产阶级的领导对革命胜利的决定性的意义。因而，这种观点，不仅错误，并且是非常有害的”[②]。

特别值得指出的是，这种观点，后来被林彪、“四人帮”的史学奴仆关锋、戚本禹、梁效、罗思鼎之流有意加以利用，并进一步无限夸大，引向极端，在客观上给了这伙丑类以可乘之机，使他们一时得售其奸。这个极为深刻的教训，是值得我们共同认真汲取的。

（原载《文史哲》，1979年第1期）

① 拙作《关于中国农民战争中皇权主义的问题》。载《历史研究》，1961年第5期。

② 拙作《关于中国农民战争打击封建制度的问题》。

论中国农民战争发展阶段和特点的问题

一

马克思和恩格斯在《共产党宣言》中说："无产阶级经历了各个不同的发展阶段。它反对资产阶级的斗争是和它的存在同时开始的。"① 根据马克思主义大师对无产阶级及其反对资产阶级的斗争在不同阶段特点的分析，我们也有理由认为，对在封建社会作为与地主阶级相对抗的农民阶级，以及他们进行的阶级斗争最高形式的起义和战争，也有必要划分发展的不同阶段，并从而找出其在各个阶段不同的特点。这对于弄清农民战争由低级阶段向高级阶段发展的过程和揭示其发展的规律，是具有重要意义的。

有的同志说，封建社会的农民战争都是自发性的；斗争的结果，都没有也不可能从根本上变革封建制度，建立新的制度。因之，划分发展阶段是不可能的，也是没有必要的。我们认为，封建社会单纯的农民起义和战争，固然都是自发性的，但正如列宁所说："自发性也有各种各样的。"② 封建社会的单纯农民起义和农民战争，固然都没有实现从根本上变革封建制度和建立新的制度，但"每一次较大的农民起义和农民战争的结果，都打击了当时的封建统治，因而也就多少推动了社会生产力的发展"③。并且，这种打击封建统治与推动生产力发展的过程，又并非是"循环式

① 《马克思恩格斯选集》第一卷，第259页。

② 《列宁选集》第一卷，第246页。

③ 《毛泽东选集》，第588页。

的运动”和“过去事物的简单重复”，而是“前进的运动”，“上升的运动”，“从简单到复杂、从低级到高级的发展”①。因而，划分发展阶段，不仅是可能的，而且，从辩证唯物主义的观点出发，揭示其量变的过程，阐明农民起义和农民战争在各个阶段的特点及其推动历史发展的不同的作用，也是非常必要的。

那么，怎样划分中国封建社会农民起义和农民战争的发展阶段呢？在我国史学界，比较有代表性的，是以农民起义提出的“纲领和口号”为标准，进行划分。这个主张，首先由侯外庐同志提出，得到多数同志赞同。另有同志则认为，这个标准，基本正确，也有不足之处。正确是“在于纲领口号的本身，直接表明当时农民起义反对什么和要求什么，从他们所反对和要求的诸联系中，就反映出封建社会的不同时期，农民阶级与地主阶级矛盾的实质和特点来。正是基于这种农民与地主之间的对抗性矛盾在不同时期的实质与特点的不同，才规定了农民起义与农民战争在封建社会的不同发展时期有纲领口号上的差别”。不足则在于“没有把我国农民战争纲领口号之所以不同，进一步从农民阶级与地主阶级之间这一主要矛盾的变化与发展上去理解”②。我则认为，单纯从纲领口号来考察，固然容易脱离各该社会历史时期的生产力和与之相适应的生产关系（在不发生质变情况下）的发展变化，无法揭示农民战争划分为不同发展阶段和特点的深刻的社会经济原因。但离开了起义农民的意识活动——斗争的觉悟性——而单纯从封建社会“农民阶级与地主阶级主要矛盾的变化与发展”去理解，同样也无法明确找出中国农民战争发展的阶段性。因为，“农民阶级与地主阶级主要矛盾的变化与发展”，是一个客观的运动过程；起义农民是否能够认识到这种“变化与发展”，或认识到什么程度，则决定于他的意识活动——觉悟性。而纲领和口号，正是他们对这种“变化与发展”不同认识程度的具体反映。据此，我主张以反映生产力和生产关系各方面深刻变化的农民的觉悟程度与斗争中的实际表现为标准。理由是：第一，农民起义和农民战争由低级向高级的发展过程，是以封建

① 《联共（布）党史简明教程》，第119页。

② 《试论我国封建社会农民起义和农民战争的发展阶段问题》。《光明日报》，1960年9月15日。

社会生产力与生产关系之间矛盾的发展变化为基础的。而这种发展变化，又规定着封建社会经济制度、政治制度以及意识形态的发展与变化。这样，就可以把每一历史时期的经济、政治特点与农民的阶级斗争、包括最高形式的农民起义和战争紧密地结合起来。第二，起义农民的觉悟程度及其实际表现，除纲领口号外，还包括政权建设，军队编制以及军事斗争艺术等各方面，比起单纯以纲领口号做标准，更为全面。第三，农民起义提出的纲领口号与其斗争实践，有时是统一的，有时则并不统一。如有些农民起义曾经提出过一些“不仅超出现在，甚至超出未来”的纲领口号。在这种情况下，就更不能单纯以纲领和口号作为标准，而是必须依据起义军的斗争实践，进行检验。

二

根据以上的标准，我主张把中国封建社会的农民起义和战争，划分为如下四个发展阶段。

（一）从秦末陈胜、吴广起义到西汉末赤眉、绿林起义，为第一个时期。这是中国农民战争早期的阶段。

由于生产力和生产关系的发展变化，春秋战国之交，随着奴隶制度的解体，我国历史进入了封建社会。封建地主阶级与农民阶级的矛盾，代替了奴隶主阶级与奴隶阶级的矛盾，成为占主导地位的矛盾，决定了社会性质的变化。在我国封建社会早期，新的生产关系与当时的生产力，既相适合，也存在不适合的一面。特别是由于我国封建社会的生产关系，是以地主土地所有制为基本特征，土地可以自由买卖，因而，伴随着土地的兼并和集中，形成农民阶级与地主阶级及其代表——封建中央政权的尖锐对立。所以从早期开始，就不断爆发农民起义和农民战争。其中以秦末陈胜、吴广起义和西汉末赤眉、绿林起义的规模最大，是最具有代表性的。

这一时期，由于封建社会刚刚从奴隶社会的胞胎中诞生，一方面，奴隶制的土地国有制残余，还严重存在。作为封建地主阶级集中代表的中央政权，控制着大量土地，以超经济强制的手段，残酷压榨广大分散的个体的直接生产者。其具体表现就是繁重的赋税、特别是苛重的徭役和兵役。

以秦代为例，自公元前221年秦始皇统一六国后，即先后下令在全国大事兴修长城、驰道、离宫、别馆以至骊山坟墓等巨大工程，和征发大量兵士，戍守边疆。据记载单只修造骊山墓役使的丁男，经常就有七十万人。而戍守北边和五岭的兵士，也达八十余万。为了保证徭役和兵役的征调，又"重之以苛法峻刑"①。广大劳动人民动辄遭到黥首、劓鼻、断足以至杀戮的残害，造成"赭衣塞路，囹圄成市"② 的惨状。另一方面，旧的奴隶制残余，也同样严重存在。除原有的官私奴婢外，还有大量的战俘和触犯刑法的罪犯，被罚作"城旦舂"、"白粲鬼薪"和"隶臣妾"等一类的奴隶，除驱服徭役之外，并被广泛使用于官府手工业和"田作"③，遭受残酷的奴役。正是基于这种情况，所以秦末和西汉末的农民大起义，都突出地表现为反抗兵、徭制度和奴隶制残余。前者如司马迁在谈到秦末农民战争的原因时说："关东群'盗'并起，秦发兵诛击，所杀亡甚众，然犹不止。'盗'多，皆以戍、漕、转、作事苦赋税大也"④。而陈胜、吴广所领导的农民大起义，就是以北上渔阳的九百戍卒"遇雨失期当斩"为直接导火线而爆发的。后者如有相当数量的奴隶参加陈胜、吴广起义军，而在这两次农民大起义后，西汉和东汉政府都曾被迫让步，下令释放奴婢，都足以证明这一特点。

除此而外，这两次农民大起义，还有如下一些共同的特点：一、都未提出明确的政治纲领和口号。陈胜、吴广主要是利用"鱼腹丹书"、"篝火狐鸣"的方式，提出"伐无道，诛暴秦"和"王侯将相宁有种乎"的口号进行宣传号召。这些口号，敢于否定秦王朝的统治，起了鼓舞动员的作用。但也明显反映了浓重的天命观和迷信思想。同样的，樊崇领导的赤眉军，只提出过"杀人者死，伤人者偿创"，也是袭用统治阶级的传统口号。二、都未建立健全的政权。陈胜、吴广克陈后，召集"三老豪杰"一起开会商量，陈胜自立为王。而赤眉起义军更是"无文字、旌旗、部曲、号令"。"最尊者称三老，次从事，次卒史"，相互之间则称"巨

---

① 《史记》卷八九，《张耳陈余列传》。

② 《汉书·刑法志》。

③ 《云梦秦简释文》。见《文物》，1976年第7、8期。

④ 《史记》卷六，《秦始皇本纪》。

人"[①]。凡此种种，都说明这个时期的农民起义和农民战争，还处在原始的幼年阶段。有的同志以这些农民起义未提出土地要求的口号，说这是因为当时"奴隶、隶农没有生产资料——土地，不存在丧失土地的问题"，并认为在封建社会早期，"奴隶、隶农转变为农奴时，他们是不反封建的"[②]。这种提法，是把奴隶制残余夸大成占主导地位的因素了，显然是不妥的。实际上，由于这时的奴隶制残余，只是作为封建制度的一种附属因素，所以起义农民扫荡奴隶制残余，其性质也是反封建的。说到"丧失土地"问题，对于少数奴隶和隶农，诚然是不存在的。但对于广大个体小农，则不仅存在，而且相当严重。《汉书·食货志》所作"富者田连阡陌，贫者无立锥之地"这个简要的概括，就是最有力的证明。至于当时起义农民未提出"土地要求"的口号，一则是因为他们最感痛苦的是苛重的徭役和奴隶化的压迫，再则是他们对于使自己遭受奴役和盘剥的根源的地主土地所有制，还缺乏最低限度的了解，这也反映了这一时期农民战争的原始性质。

（二）从东汉黄巾大起义，到隋末农民大起义，是第二个时期。这是中国农民战争反封建斗争初步发展的阶段。

东汉政权，就其实质说，仍是西汉政权的继续。但是，随着封建经济的发展，农民与地主两大对立阶级的阶级关系，却发生了某些变化。其中比较突出的就是世族门阀地主庄园经济的发展，和农民人身依附关系的加强。

"庄园"的名称，在我国历史上，虽然始见于南朝，但它的雏形起码可以上溯到西汉末期。如成帝时"关东富人益众，多规良田，役使贫民"[③]。陕西茂陵，还出现了"连延数里"的"别庄"性质的庄园[④]。东汉建国以后，在中央政权的扶植下，更加速发展。还在初期，南阳樊氏的庄园，就"东西十里，南北五里"，膏田三百余顷，"归之者千余家"[⑤]。

---

① 《后汉书·刘盆子传》。

② 《中世纪早期农民起义的性质》。《史学月刊》，1960 年第 9 期。

③ 《汉书》卷七〇，《陈汤传》。

④ 《三辅黄图》卷四。

⑤ 《后汉书》卷三二，《樊宏传》。

外戚马援“屯田上林苑中”，“役属数百家”①。其子马防兄弟，也“奴婢各千人已上，资产巨万，皆买京师膏腴美田”②。到东汉后期，象涿郡崔氏所建那样拥有大量依附人口的典型的庄园，已经星罗棋布，遍及全国了。特别是在魏晋南北朝四百余年间，南北世族门阀大地主依仗特权，巧取豪夺，疯狂兼并土地，大地主庄园，更大批出现。如西晋大豪族石崇，“财产丰积，室宇宏丽”，“水碓三十余区，苍头八百人，他珍宝货贿田宅称是”③。刘宋豪族孔灵符，“家本丰，产业甚广。又于永兴立墅，周园三十三里，水陆地二百六十五顷，含带二山，又有果园九处”④ 另一个大豪族谢灵运，“因父祖之资，生业甚厚，奴仆既众”，在会稽“修营别业，傍山带江，尽幽居之美”，并有“北山二园，南山三苑”⑤。类似的例子很多，不必赘举。总之，地主庄园经济，进一步膨胀，已经成为封建地主经济占主导地位的结构形态了。

世族门阀地主庄园经济的发展，是以个体小农经济的衰萎、破产和被兼并为条件的。一方面是“豪人之室，连栋数百，膏田满野，奴婢千群，附徒万计”⑥。另一方面是破产的农民，沦为部曲、佃客和荫户，被套上依附关系的枷锁，束缚在土地上，不仅遭受苛重的压榨，而且失去了人身自由，“父子低首，奴事富人，躬率妻孥，为之服役”。甚至于父死子继，“历代为虏”⑦。“这种农民，实际上还是农奴”⑧。

正是基于这种变化，这一时期的农民起义和农民战争，也出现了如下一些新的特征：首先，反封建斗争的矛头，从前一时期反抗封建政权的徭役制度，重点转向了反抗世族门阀大地主残酷的人身奴役。如西晋孙恩领导的起义，先后杀了内史王凝之，吴兴太守谢邈，永嘉太守谢逸，嘉兴公顾胤，尚康公谢明慧，黄门郎谢冲，中书郎孔道，太子洗马孔福等，这些人，大都是“高门华阀”的世族贵族。隋末农民大起义也是“得隋官及

① 《后汉书》卷二四，《马援传》。

② 同上书，《马防传》。

③ 《晋书》卷三三，《石苞传》附《石崇传》。

④ 《宋书》卷五四，《孔季恭传》附《孔灵符传》。

⑤ 《宋书》卷六七，《谢灵运传》。

⑥ 仲长统：《昌言·理乱篇》。

⑦ 崔寔：《政论》。

⑧ 《毛泽东选集》，第587页。

士族子弟皆杀之”[①]，都说明了这一点。其次，起义军的组织程度，比过去有了提高。特别像黄巾起义经过长期宣传，“十余年间，众徒数十万，连结郡国”，并“置三十六方，各立渠帅”。在发动起义时，“旬日之间，天下响应”。[②] 当然，这种情况，并不是普遍的。不少起义，包括隋末农民大起义，也还是分散各处，各自为战，并未形成集中统一的领导。即使黄巾大起义，也主要是利用宗教的旗帜，把农民联合起来，而并非真正严密的军事组织。再结合这个时期的农民起义，都未建立比较健全的政权，也都未提出明确的革命纲领和口号，如黄巾起义提的是“苍天当死，黄天当立，岁在甲子，天下大吉”，唐寓之起义用“自云其家墓有王气”和曾在“山中得金印”[③] 作号召；隋末王薄起义作《无向辽东浪死歌》进行宣传等。这些口号，尽管说当时对鼓舞和发动农民，起了一定的作用，但多数都带有明显的天命观等迷信色彩。这些，都说明这一时期的农民起义和农民战争，仍然处于比较原始的阶段，同以前对比，只能说有了初步的发展。

（三）从唐末黄巢大起义，到元末红巾大起义，是第三个时期。这是中国农民战争反封建斗争觉悟明显提高的阶段。

在前一个时期中，成为社会生产力发展桎梏的世族门阀地主庄园经济，受到农民起义的不断打击而逐渐削弱。特别是经过唐末黄巢大起义有力的一击，受到比较彻底的扫荡。此后，庶族地主土地所有制和个体小农经济，得到发展，佃租制日益广泛流行，人身依附关系相对明显削弱。与此相伴随，劳役地租也逐步向实物地租转化。这种变化，对生产的发展起了促进作用。从历史发展的角度来看是一个进步。但结局并未导致农民经济状况有多少改善。相反，由于中央政权对官僚、地主的扶植和优遇，“恩逮于百官者，唯恐其不足；财取于万民者，不留其有余”。[④] 再加上随着中央集权制度的进一步强化，官僚机构空前臃肿，官僚地主队伍，日益庞大。而在手工业和商品经济发展的基础上，商业资本和高利贷资本，也

① 《资治通鉴》卷一八三。

② 《后汉书》卷一〇一，《皇甫嵩传》。

③ 《南史》卷四七，《虞玩之传》。

④ 赵翼：《廿二史札记》卷二五，《宋制禄之厚》。

迅速膨胀。在这些社会剥削势力的共同疯狂压榨下，更加快了广大农民破产的过程，土地集中的情况更为严重，形成极端尖锐的贫富两极分化："富者益已多富，贫者无能自存"，[①] 阶级矛盾急遽激化。作为这种社会生产、经济、政治状况和阶级关系变化的反映，这个时期的农民起义和农民战争，突出地表现为把打击的锋芒，指向了财富不均和贵贱不等，提出了"平均"和"平等"的口号。如唐末王仙芝起义提出"天补平均"，黄巢起义提出"冲天均平"；北宋初王小波、李顺起义提出"吾疾贫富不均，今为汝均之"；北宋末方腊起义提出"如是法平等，无有高下"；南宋初钟相、杨么起义提出"等贵贱，均贫富"；元末农民大起义时民间流传"天遣魔军杀不平，不平人杀不平人，不平人杀不平者，杀尽不平方太平"等等，都十分鲜明地反映了这个特点。

怎样估计以上这些口号呢？有的同志说这是起义农民已经有了明确阶级觉悟的表现。还有的同志甚至以此为根据，把宋代以后的农民起义和战争说成是"自觉的高级的阶段"。这显然都是不正确的。我们认为，从王仙芝、黄巢之后，不少农民起义明确地提出了"平均"、"平等"的口号，这在中国农民战争史上是破天荒的第一次。它是千百万农民在长期革命斗争实践过程中觉悟明显提高的具体表现。它的重大意义有如列宁所说："在反对旧专制制度的斗争中，特别是反对旧农奴主大土地占有制的斗争中，平等思想是最革命的思想。农民小资产者的平等思想是正当的和进步的，因为它反映了反对封建农奴制的不平等现象的斗争"[②]。是值得大书特书的。

但是，把这些口号提到"阶级觉悟"以至"自觉的高级的阶段"的高度，却是不恰当的。因为，这种"对极端的社会不平等，对富人和穷人之间、主人和奴隶之间、骄奢淫逸者和饥饿者之间"的对立而产生的平等要求，终究还是"自发的反应，就其本身而言，是革命本能的简单的表现"[③]。而"革命的本能"，按照列宁的说法，也就是"不觉悟性（自发性）"[④]。不妨以王小波、李顺和钟相、杨么起义的例子来看。他们

① 《续资治通鉴长编》卷二七。

② 《列宁全集》第十三卷，第217页。

③ 《马克思恩格斯选集》第三卷，第146页。

④ 《列宁全集》第五卷，第356页。

不但提出了“均贫富”、“等贵贱”的口号，而且还一定程度地付诸实施了。如“悉召乡里富人大姓，令具其家所有财产，据其生齿足用之外，一切调发，大赈贫乏”[①]。但从所有的史料考察，他们只是分掉富人大姓一些粮食和浮财，并未触及土地所有制问题。地主阶级在经济上受了一定的损失，但政治上却换来了被“录用”与“存抚”的优待[②]。而且，王小波牺牲之后，他的继承者李顺在攻占成都后，还自称“大蜀王”，改年号为“应运”[③]，做起“应天承运”的皇帝来。由此可见，我们只能说这个阶段农民起义的觉悟有了明显的提高，却看不出明确的“阶级觉悟”，更谈不到什么“自觉的高级的阶段”了。

此外，这个期间农民起义觉悟程度的提高，还表现在如下一些方面：组织程度都有明显进步。如黄巢、杨么和元末红巾大起义，都有了比较严密的组织和相对统一的领导；军事斗争艺术明显提高。如出现了黄巢起义军的大流动战，和杨么起义军水战、陆战结合的战术等；建成了比较健全的政权。如黄巢的大齐政权、李顺的大蜀政权、刘福通的大宋政权等。正是由于以上这些原因，使得这个时期的农民起义和农民战争，相对也具有更强的战斗力。能够给予封建统治政权以更为沉重的打击。像大一统强大的唐帝国和元帝国，就是直接或间接被农民大起义所颠覆掉的。

（四）从明末李自成、张献忠大起义，到清代太平天国革命运动，是第四个时期。这是中国农民起义初步觉醒的阶段，也是我国封建社会单纯农民战争的顶峰。

元末农民大起义以雷霆万钧之势，摧毁了蒙古贵族的统治，清除了某些束缚生产力发展的障碍，为农业生产和手工业、商业的发展，开辟了道路，出现了明前期社会经济恢复繁荣的局面。到明代中后期，由于社会生产力的进一步发展，在商品经济空前增长的基础上，出现了资本主义萌芽。这时，封建主义的经济虽然仍旧占着支配地位，资本主义萌芽虽然也还只局限于东南沿海某些地区和某几种手工业部门，但是，它的出现却不

---

① 《梦溪笔谈》卷十五，《杂志》二。

② 同上。

③ 《通鉴长编纪事本末》，《李顺之变》。

能不作用于自然经济，促使封建的生产关系进入缓慢解体的过程。

作为这一历史时期，也是我国封建社会前所未有的新的特征的，是出现了两种不同性质的矛盾，交织在一起，并日益激化：一种是农民小生产者与封建地主土地所有制这一封建经济形态固有的矛盾。在生产力不断增长的基础上，明代中后期，佃租关系和货币地租，较前日渐普遍，封建人身依附，进一步削弱，广大农民反抗人身奴役、发展个体生产的要求，越发强烈。而随着皇族、官僚和地主豪强等剥削势力的膨胀，土地的高度集中，租税的苛重压榨和高利贷的残酷盘剥等，却比以往更加严重，从而促使这个矛盾，急剧尖锐化起来。另一种是新的生产力与旧的封建生产关系的矛盾。具体表现就是在商品经济发展的作用下，农民、手工业者和城镇市民要求冲破封建地主土地所有制的束缚和禁锢，争取人身自由，以便独立地经营自己的个体经济。明代中后期，在东南沿海一带，多次发生农民、手工业者、特别是城镇市民的暴动，就是这一矛盾激化的结果。应当指出，这后一种性质的矛盾，在当时还只是一种萌芽状态。任何不适当地夸大都是不对的。但也应承认，它既经出现，就难免或多或少地影响固有的矛盾，加强其激化程度，以至引起矛盾的爆发，明末李自成、张献忠和清代太平天国等农民起义，都以空前波澜壮阔的大规模出现，不能说和这点是毫无关系的。也正是基于这种特定的社会历史条件，这些农民大起义，也便具有了不同于以往的鲜明的特点，最突出的便是在中国封建社会农民战争史上，第一次明确地提出了对土地的要求。如果说李自成大起义提出的“均田”口号，还“只是自发地要求土地，在经济上根本没有稍微明确地想到要把土地转归人民”[①]，也就是说，农民要求土地，还只是出于阶级本能的意识的话，那么，从太平天国的《天朝田亩制度》看，就不能不承认农民革命英雄们终于是初步觉察到了封建地主土地所有制与他们贫困痛苦的关系，并要求加以废除，已经具有某些自觉性的萌芽了。这一口号的提出，是那个特定历史时代深刻变化的反映，也是劳动农民历尽千辛万苦和经过千百年反抗压迫斗争锻炼出来的觉悟的标志，是具有划时代的重大意义的。

当然，也应该指出，由于农民受其分散的、单独的个体小生产地位的

---

① 《列宁全集》第十三卷，第272页。

限制，还不能把地主土地所有制同整个封建经济体系和政治制度联系到一起，不能认识封建地主土地所有制的阶级实质，也就找不到怎样彻底解决这个问题的答案。如同历史已经证明的那样，不论是“均田”或《天朝田亩制度》，都没有付诸实施。相反，太平天国的革命英雄们，在天京建国以后，推行的却是承认地主土地所有制和支持地主收租的政策①。这说明，他们还只具有某些自觉性的萌芽，并没有达到自觉的阶段。因而，这些起义和战争，尽管成为封建社会单纯农民战争的顶峰，也仍然属于自发性的。这也就是我不同意宋以后的农民起义是“自觉的、高级的阶段”，而把它划归初步觉醒阶段的理由之所在。

在这一时期，农民战争由低级向更高级阶段的发展，还表现在：一、起义军的组织程度更加严密，编制更加完整，队伍更加壮大。李自成和太平天国起义军，都曾达到“百万之众”，在很大程度上实现了统一的指挥和领导。二、军事斗争艺术空前提高，在战略战术方面，都取得了卓越的成就。如张献忠创造的“以走致敌”的大规模的快速流动战②，李自成创造的相当完整的建军思想、战略思想和战术思想③，以及杨秀清、石达开、李秀成等在反击清统治者斗争中创造的一系列辉煌战绩等等，都是过去一切农民战争所不曾达到的。三、政权建设比前更臻完善。特别是李自成的大顺政权和太平天国的天京政权，尤为突出。当然，应该指明，由于历史的和阶级的条件的限制，这些政权，也包括前此所有类似这种政权的性质，都并不是，也不可能是什么“农民阶级专政”的“农民政权”④，因而对建立这些政权的起义领袖不应苛责外，也不能不看到，就这些政权机构的完整和组织的健全来说，都是远远超过了过去任何一次农民起义所建立的政权的。

三

在我国史学界，对中国封建社会农民战争发展阶段的划分，大体上有

---

① 参阅拙作《试论太平天国政权的性质》。

② 参阅拙作《张献忠智歼明督师杨嗣昌的斗争》，见本书。

③ 参阅拙作《有关李自成的军事思想》，见本书。

④ 参阅拙作《试论太平天国政权的性质》。

以下几种意见：一种可以叫作“两分法”，即以唐代中叶为分界线，分为前后两个阶段。前一阶段，主要表现为反对徭役和争取人身自由。后一阶段主要表现为反对财富不均和争取分财均产。我认为这种“两分法”抓住了问题的关键，是正确的。美中不足是失之过于简略。另一种意见可以叫作“三分法”，即从战国至东汉为第一阶段，以反对封建依附化和奴隶制残余为主；从三国至唐末为第二阶段，以反对封建大土地所有制和豪族门阀压迫为主；宋以后为第三阶段，以反对封建土地所有制和专制统治为主，还夹杂着反对落后经济关系（指外族贵族的统治）；这种“三分法”，正如有的同志所说，把三国至唐末划成一期，以反对封建大土地所有制和豪族门阀统治为特点，有些欠妥。原因是大土地所有制在东汉时期就有很高的发展，只以三国作为这种战争的起点，就抹杀了黄巾起义反对封建大土地所有制这一历史事实；另外，豪族门阀的统治在南北朝以来的农民起义的打击下，到隋末已趋向衰落，唐代的统治政权已不代表豪族门阀的利益了，而且作为豪族门阀地主的经济已不存在了。至于把宋以后的农民战争作为一期，以反对封建土地所有制和专制统治以及反对落后经济关系的斗争为特点，也不够恰当。宋、元和清代，固然都有边疆民族进入长城以南，带来落后的经济关系，但是农民起义所反抗的是否都是这种落后经济关系呢？而且明代的农民起义又如何体现了这点呢？所以，总的弱点就是看不出农民起义本身发展的规律性①。此外，我还觉得，把宋以后作为一个阶段，没有突出明代中后期资本主义萌芽的出现和农民战争从反对财富不均到明确提出土地问题这一重大发展。基于以上原因，我主张如上所述的“四分法”。下面就让我在前边阐明四个阶段划分的依据和特点的基础上，进一步简要概括一下这种划分的理由：

第一，这种划分法同我国封建社会内部的分期，是基本一致的，能够较好地体现我国封建社会由低级向高级发展的阶段性。因为，封建社会各个不同历史阶段农民战争表现的内容和特点，归根到底是受其发生的各个历史时期的社会矛盾的特点所制约的。离开各该历史时期的社会矛盾，单纯从农民战争本身表现的某些现象上着眼，就难以获得正确的结论。比如有的同志以宋代的农民起义提出过“等贵贱、均贫富”的口号，就断言

---

① 《中国农民战争的性质和特点》。《光明日报》，1960 年 4 月 14 日。

当时的农民阶级已经“自觉地意识到反对和要求推翻封建的土地所有制”，并“要求建立新的社会制度”了。但是他却忽略了当时中国封建社会还处在上行阶段，正如马克思所说：“无论哪一个社会形态，在它们所能容纳的全部生产力发挥出来以前，是决不会灭亡的；而新的更高的生产关系，在它存在的物质条件在旧社会的胞胎里成熟以前，是决不会出现的。所以人类始终只提出自己能够解决的任务，因为只要仔细考察就可以发现，任务本身，只有在解决它的物质条件已经存在或者至少是在形成过程中的时候，才会产生”①。当时的农民阶级，虽然对财富不均和贵贱不等的现实极为不满，但也不可能“自觉地提出推翻封建土地所有制和建立新的社会制度”的要求的。当然，也应指出，这种“制约”关系，只是就一般说的，并不排斥个别情况，更不能加以绝对化。事实上，处在同一时期，同样社会历史条件下的农民起义和农民战争也并非完全一模一样。比如，在从唐代中后期到元末这段时期里，并不是所有的农民起义，都提出了“平均”和“平等”的口号。

第二，这种划分法，具有“两分法”的优点，但比“两分法”更缜密，更明确。例如，“两分法”虽然正确指出了前一阶段农民起义的特点，主要表现在反对徭役和争取人身自由，但却未能进一步阐明在这一阶段的前期反奴隶制残余和后期反人身依附化的显著差异。虽然正确指出了后一阶段农民起义的特点，主要表现在反对财富不均和要求“分财均产”，但却未能进一步区分在这一阶段的前期农民“平均财富”的自发要求与后期“均田”、特别是《天朝田亩制度》反映出来的某些自觉性萌芽的明显不同。“四分法”正好弥补了上述这些缺陷。

第三，这种划分法，还比较清楚地表明了封建生产方式产生、发展和解体的趋势和过程。在生产力方面，表现为从以农奴、农民的农业生产为主，到农业家庭手工业相结合，到手工工场、商品经济的发展和资本主义的萌芽。在生产关系方面，表现为从奴隶制残余的被肃清，依附关系的被削弱，佃租关系的确立和普及，以至明代中后期在某些地区、某些行业中新的性质的雇佣劳动的出现。这些反映在地租上，就是由劳役地租，过渡到实物地租，再逐渐向货币地租过渡。而过渡到货币地租，意味着农民获

① 《马克思恩格斯选集》第二卷，第83页。

得更大的经济独立性，也就是封建生产方式解体的过程。通过揭示这种“从低级向高级的发展”的规律，可以有力地证明，我国封建社会单纯的农民起义和农民战争，尽管说始终是自发性的，但并不是简单的循环和重复，而是一个不断前进的、上升的运动。

（原载《内蒙古师院学报》，1980年第3期）

论让步政策

让步政策是农民战争史研究中的一个重要问题，不仅关系到对农民战争的历史作用、对农民战争后新建王朝政治、经济政策的正确评价，而且具有现实意义。新中国成立以来，通过广大史学工作者的研究、讨论，取得了显著的成绩。但是，由于林彪"四人帮"的干扰破坏，使这个问题，成了人们望而生畏的"禁区"。现在应该、而且可能对这个问题认真加以研究探讨了。

一 让步政策，是客观存在的历史事实

马克思主义认为，剥削和压迫是地主阶级和一切剥削阶级的本性，而阶级本性是不可改变的。这一基本原理，无疑是完全正确的。但是，地主阶级这种不可改变的阶级本性，只决定他们对农民阶级不论在什么地方和什么时候，都要进行剥削和压迫，却并不排除他们有时对农民阶级可以剥削得少一点，压迫得轻一些。因而在"一定的条件"和"一定的前提"下，是可以向农民阶级实行减轻剥削和压迫的让步政策的。

剥削阶级可以向被剥削阶级让步，不仅从理论上讲得通，而且确凿的历史事实，也完全证明了这一点。凡是稍具历史常识的人都知道，不论在中国历史上，还是在外国历史上；不论是封建社会，还是近、现代社会，剥削阶级向被剥削阶级让步的史实，都是屡见不鲜的。以中国历史来说，在秦末、西汉末、隋末、元末、明末等农民大起义后建立起来的西汉、东汉、唐、明、清等封建王朝，都曾实行过让步政策：减轻赋税，抑制豪强，蠲免钱粮，兴修水利等①，这都是大家所熟悉的。以外国历史来说，

① 参阅拙著《中国农民战争问题探索》，《中国农民战争在历史上的作用问题》。

沙皇俄国曾自上而下地实行农奴制改革。1848 年，奥地利政府也曾减轻赋税，向农民实行过让步。

正是基于这些确凿的史实，所以，无产阶级革命导师都一致肯定让步政策的存在。马克思在《中国革命和欧洲革命》一文中写道："1853 年 1 月 5 日，皇帝（指咸丰）在北京颁发的一道上谕中，就责成武昌、汉阳南方各省的总督和巡抚减轻捐税，允许缓交，首先是绝对不要额外再征；否则，这道上谕中说：'小民其何以堪?'又说：'……庶几吾民于颠沛困苦之时，不致再受追呼迫切之累'。记得在 1848 年，在奥地利这个日耳曼式的中国，我们也听到过同样的话，看到过同样的让步"①。列宁对 1861 年沙皇俄国实行的农奴制改革，明确指出是"政府终于因为害怕全体农民的总起义，而让了步"②。毛泽东同志在《关于重庆谈判》中，谈到了蒋介石由于有很多困难，"使他不能不讲讲现实主义"③，对我党让步。由此可见，在中外历史上，自然也包括中国封建社会在内，让步政策确实存在过。

二　让步政策一般是促进了生产的恢复和发展

封建社会的生产关系，主要是"封建主占有生产资料和不完全占有生产工作者"。这种生产关系，就是封建制度的基础。在漫长的封建社会里，由于地主和官府对农民压榨程度的不同，同是一种生产关系，却有时适应着、有时阻碍着生产力的发展，表现为农业生产的繁荣和衰敝。例如，在一些封建王朝的中后期（少数也有在前期的），由于土地的高度集中，和租赋徭役的残酷盘剥，使广大农民陷于极端贫困的境地，终岁勤劳，不能温饱，"常衣牛马之衣，食犬彘之食"，在饥寒交迫的死亡线上挣扎。倘再遇水旱之灾，就只有"卖田宅，鬻子孙"，背井离乡，四处流亡，不但丧失了改善与扩大再生产的可能，甚至连单纯再生产也不能继续。在这种情况下，生产力破坏，统治秩序混乱，社会动荡不安，历史发

① 《马克思恩格斯选集》第二卷，第 3 页。

② 《列宁全集》第六卷，第 383 页。

③ 《毛泽东选集》，第 1056 页。

展面临停滞或崩溃的危机。每当遇到这种“绝境”的时候，只有农民起来暴动，给地主官府和腐朽的统治政权以沉重打击，才能推动社会生产和历史继续向前发展。这是最主要的和根本的。此外，在农民大起义之后，某些新建的王朝，有的曾经向农民实行过一些让步的政策和措施，也能够或多、或少起到促进生产恢复和发展的作用。如西汉的“文景之治”、唐代的“贞观之治”等，都是大家所熟知的。我们还可以明末农民大起义后建立的清王朝为例。这个王朝的早期统治者顺治和康熙等，都曾向农民施行了一些让步措施，如“废藩田产，号为更名地，皆给于民”，“无主荒田，官给印信，永为己业”[①]，“剪除势豪，招致流亡”[②]，“广兴水利，东南则筹疏导之方，西北则资灌溉之益”[③] 等等。因而促进了生产的恢复、发展，“人民日增，渐次开垦，……山谷崎岖之地，已无弃土，尽皆耕种”[④]。据有关史料统计，顺治十八年（1661 年），全国耕地面积为 5493576 顷[⑤]。到康熙五十年（1711 年），已增至 6930344 顷[⑥]。农业人口也伴随着增加：顺治十八年，全国农户人口为 21068609 丁口，到康熙五十年，已增至 24621334 丁口[⑦]。由于生产发展，统治者的租赋收入，明显增加：“今国帑充裕，屡岁蠲免，辄至千万，而国用所需，并无遗误之处。”[⑧] 再后到乾隆四十五年（1780 年），虽“赋税并未增加”，但比以往“财赋更足”，纵然“中间普免天下地丁钱粮三次，蠲免天下漕银两次，又各省偏灾赈济，及新疆、两金川军需何啻万万两”，可是仍“库银尚存七千余万两”[⑨]。这就是被旧史家称道的“康乾盛世”。

当然，历代封建王朝实行让步政策，主要受惠者是封建官僚和地主豪强。而少地或无地的贫苦农民，往往较少、甚至根本受不到实惠，即所谓“官收百一之税，民输大半之赋；官家之惠，优于三代，豪强之暴，酷于

---

① 《清朝通典》卷一，食货一。

② 《清圣祖实录》卷一一六，康熙二十三年九月。

③ 《清朝文献通考》卷六，田赋六。

④ 《清圣祖实录》卷二四九，康熙五十一年二月。

⑤ 《清朝文献通考》卷一，田赋一。

⑥ 王先谦：《东华录》康熙，卷八八。

⑦ 《清朝文献通考》卷十九，户口考。

⑧ 《清圣祖实录》卷二四九，康熙五十一年二月。

⑨ 《清高宗实录》卷一一一四，乾隆四十五年九月。

亡秦”[①]，和“蠲免钱粮，但及业主，而佃户不得沾恩”[②] 的现象。并且，旧封建史家对所谓“文景之治”、“贞观之治”和“康乾之治”等的描绘，也都存在夸张溢美之词。但不论如何，比起旧封建王朝来，衰敝的农业经济得到明显恢复发展，出现欣欣向荣的面貌，成为中国封建社会有数的几个比较繁荣昌盛的时代，这个基本事实，还是不能否认的。

此外，也要指出，让步政策促进生产恢复发展的作用，有的大些，有的小些，有的则不明显。所以，只能说“一般是”促进了生产的恢复和发展，而不能加以绝对化。同样，某些大规模农民战争之后，有的王朝作了让步，有的并无明显让步，或根本不曾让步。那种把让步政策当成绝对规律，概括为“革命斗争—被迫让步—再斗争—再让步”的公式，显然是不正确的。

三　让步政策，不是统治阶级的“仁政”

封建王朝的统治者，为什么要向农民施行让步政策呢？他们和他们的御用史家，都说成是出于统治者“关怀民瘼”、“体爱黎庶”的慈悲心肠，从“修德惠民”出发而推行的一种“仁政”。这当然是骗人的鬼话。事实是，他们作的让步，不论或大或小，毫无例外都是被迫的。这大致可有两种情况：一种是农民大起义之后，新建王朝的统治者，亲眼看到或听说了起义农民以暴风骤雨之势摧毁旧王朝的巨大威力，从中接受教训，被迫不得不做些让步，以免再激起大规模农民起义，重蹈前朝的覆辙。这一点，有不少新王朝的统治者，都是心有余悸，直言不讳的。如汉初刘邦鉴于秦朝“二世而亡”的教训，找出“秦之所以灭，刑严文苛”[③] 的原因，因而“惩恶亡秦之政，论议务宽厚”，“刑罚用稀”[④]。唐太宗李世民从隋王朝被颠覆中接受教训，注意向农民让步，说：隋炀帝“征求无已”，“兼东征西讨，穷兵黩武”，“人力不堪，相聚为‘贼’。……此皆朕耳所闻，

① 荀悦：《汉纪》。

② 《清圣祖实录》卷二四四，康熙二十九年十月。

③ 《汉书·尹安传》。

④ 《汉书·刑法志》。

目所见，深以自戒。故不敢轻用人力，惟令百姓安静，不有怨叛而已"①。并谆谆告诫太子诸王："舟所以比人君，水所以比黎庶；水能载舟，亦能覆舟，……人主可不畏惧"②。又如清世祖顺治从李自成起义颠覆明王朝这一巨大事变中，也受到深刻教训，在顺治二年（1645 年）的一份诏令中说：明末"'寇'起民离，祸乱莫救"，"覆辙在前，后人炯鉴，亟宜痛加悛改"③。在顺治十四年（1657 年）十月给户部修著《赋役全书》的诏令中还说："天启、崇祯之世，因兵增饷，加派繁兴，贪吏缘以为奸，民不堪命，国祚随之，良足殷鉴"④。因而主张"勿朘民生"，"要在宽舒"。并在即位之初，就废除了明王朝的"加派"。其原因有如兵科右给事中李化麟所说："加派乃明季陋习，民穷'盗'起，大乱之所由。我朝应运，首革此弊"⑤。

另一种情况是，虽然并未爆发大规模的农民战争，但阶级矛盾极为尖锐，革命风暴迫在眉睫。为了防"患"于未然，有些王朝的统治者，便实行了改良。而"改良"也就"是统治阶级的让步"⑥。在中国，如北宋中期，社会阶级矛盾尖锐化，宋王朝面临严重局面，王安石建议变法，在《上仁宗皇帝言事书》中说："汉之张角，三十六方同日而起，所在郡国莫能发其谋；唐之黄巢，横行天下，而所至将吏无敢与之抗者。汉唐之所以亡，祸自此始"。指出如不变法让步，则"社稷之托，封疆之守，陛下岂能久以天幸为常，而无一旦之忧乎？"⑦ 其他像明代的张居正变法，清代的戊戌变法，也都属于这种类型。在外国，如俄国农奴制改革以前，沙皇看到人民起义就要爆发，曾提出警告说："与其等待下面起来自己解放自己，不如从上面解放他们。"⑧ 类似史例尚多，无须逐一赘举了。

关于统治阶级让步政策的阶级实质，革命导师早就作过深刻的阐明，指出"至今有过的一切社会，都是建立在压迫阶级和被压迫阶级的对抗

---

① 《贞观政要》卷十，《论行幸篇》。

② 《贞观政要》卷四，《论教诫太子诸王篇》。

③ 《清世祖实录》卷十八，顺治二年闰六月。

④ 《清世祖实录》卷一一二，顺治十四年十月。

⑤ 《清世祖实录》卷四六，顺治六年二月。

⑥ 《列宁全集》第十二卷，第 222 页。

⑦ 《王临川集》卷三九。

⑧ 《列宁全集》第五卷，第 69 页。

上面的。但是，为了有可能压迫某一阶级，就必须保证这个阶级至少有能够维持它那奴隶般生存的条件”①。否则的话，如果剥削超过了一定的限度，就必然要或者造成生产的破坏，或者激起被剥削者大规模的反抗，不但难以继续进行剥削，就是连自身的统治地位，也将无法保住的。列宁讲得就更直截了当，他说：“资产阶级日益腐朽，看到自己必然要灭亡，于是，就极力用不彻底的虚伪的让步来延缓这种灭亡，以求在新的条件下能保持住自己的政权”②。列宁这里是就资产阶级而言，但从用让步来“延缓灭亡”、“保持政权”的目的来讲，一切封建王朝的统治者，同样也并不例外。唐太宗李世民讲得很明白：“为君之道，必须先存百姓。若损百姓以奉其身，犹割股以啖腹，腹饱而身毙”③。北宋的包拯，在上宋仁宗的一份奏议中谈到对农民让步时说：“安之之道，惟在不横赋，不暴敛。若诛求不已，则大本安所固哉?”④ 十分清楚，统治阶级让步政策的实质，是养鸡取卵，即多少改善一下被压迫阶级的处境，以维护其统治。就其阶级实质说，是镇压与欺骗两种统治手段中的一手，而决不是什么“仁政”。

四　让步政策一般应予肯定

让步政策既然从根本上说是剥削阶级为了“延缓灭亡”、“保持政权”的一种策略性措施，而不是什么“仁政”，那么，是不是就应该加以否定呢？回答曰否。这里，关系到几个比较复杂但很重要的有关历史主义和阶级观点的问题，必须加以说明。

第一，马克思主义认为经济基础决定上层建筑，而上层建筑是为基础服务的。因此，作为阶级社会上层建筑组成部分的国家、政权、法律和政策等，必然具有鲜明的阶级性，积极地为其经济基础服务。封建王朝的让步政策，同样也毫不例外地属于这样一种上层建筑。从这一点出发，我们在研究封建统治阶级的这种政策时，必须把它的阶级实质揭露出来。但

---

① 《马克思恩格斯全集》第四卷，第 478 页。

② 《列宁全集》第十七卷，第 212—213 页。

③ 《贞观政要》卷一，《论君道》。

④ 《包拯集·请出内库钱币往逐路籴粮草》。

是，却不能把阶级实质的揭露，当成否定这一政策的判决书。因为，让步政策在客观上则起了促进生产恢复和发展的作用。特别在封建社会的中、前期，由于新的生产力和作为新生产力代表的新的阶级，还未出现；变革旧生产关系的条件，还不具备；推翻旧社会制度、建立新社会制度的历史任务，还未提到历史日程上来。因此，生产的发展，还只能通过对封建生产关系的调节来实现，如改变土地高度集中和封建剥削压迫的过分残酷的情况等，而不是、也不可能是消灭地主土地所有制和推翻封建剥削制度。从而，这种让步政策，尽管说仅只是客观上起了缓解对生产力的束缚、减轻了农民的负担和促进了生产恢复与发展的作用，一般还是应当予以肯定的。

其次，这里还牵涉到如何正确认识国家职能的问题。“国家是一个阶级压迫另一个阶级的工具”。这是马克思主义国家学说的最根本的原理。但是，革命导师又告诉我们，国家还具有缓和阶级冲突、维护社会秩序、保证生产正常进行的职能①。马克思还明确指出，国家具有管理生产的职能，而且很强调这种职能的重要性，认为“农业在某一个政府统治下衰落下去，而在另一个政府统治下又复兴起来。收成的好坏在那里决定于政府的好坏……”②。正是从这一点出发，所以恩格斯着重指出，要像马克思那样“了解古代奴隶主、中世纪封建主等等的历史必然性，因而了解他们的历史正当性，承认他们在一定限度的历史时期内是人类发展的杠杆”，因而“也承认剥削、即占有他人劳动产品的暂时的历史正当性”③。在这里，革命导师对国家、国家的职能及其作用，做了多么精湛而又全面的分析！对待封建社会的封建王朝及其推行的让步政策，我们也应当遵循这种马克思主义的历史主义和阶级观点，对它这种“暂时的历史正当性”，给予应有的肯定。当然，也应像革命导师那样，着重指出：一切旧统治阶级的“这种历史的正当性现在不仅消失了，而且剥削不论以什么形式继续保存下去，已经日益愈来愈妨碍而不是促进社会的发展，并使之卷入愈来愈激烈的冲突中”④。如果今天任何人还以此为借口，肯定剥削

---

① 《马克思恩格斯全集》第二十一卷，第194页。

② 《马克思恩格斯全集》第九卷，第146页。

③ 《马克思恩格斯全集》第二十一卷，第557—558页。

④ 同上书，第558页。

和压迫的正当性，那就显然是错误的了。

五　让步政策促进生产发展，是农民战争的“间接作用”

肯定让步政策促进了生产恢复和发展，会不会否定了农民战争的作用，并在社会发展动力问题上，犯二元论的错误呢？回答是不仅不会否定，而且正是全面肯定了农民战争的作用，更不会犯二元论的错误。

在封建社会中，每一次较大规模的农民起义和农民战争，都直接打击了封建统治，改变了原来土地高度集中的情况，使束缚生产力的封建生产关系的基本环节，得到适当的调整，又复适合于当时的生产力，从而促进了社会生产的发展和繁荣。我把这种作用，称之为“直接作用”。而把由让步政策所起的促进作用，称之为“间接作用”。说它是“间接作用”，是从以下两种意义上讲的：第一，是相对于农民战争的“直接作用”而言。即封建王朝是受到农民战争的沉重打击，被迫向农民让步，施行一些轻徭薄赋之类的政策，促进了生产的恢复与发展。第二，封建王朝的让步政策，只是为生产的恢复和发展提供了条件。至于社会生产的恢复与发展，还必须通过广大农民的艰苦劳动才能实现①。

怎样理解和评价“直接作用”与“间接作用”及其相互关系呢？

从两者的关系来说，“直接作用”是主要的，而“间接作用”是次要的。因为，封建王朝的让步政策，虽然促进了生产的恢复与发展，但这个发展生产的条件，是劳动人民通过阶级斗争争取到的；而社会生产的发展，又是劳动人民通过生产斗争所取得的。正如毛泽东同志所说：“在中国封建社会里，只有这种农民的阶级斗争，农民的起义和农民的战争，才是历史发展的真正动力”。这就是说，推动历史发展的“真正动力”，是农民战争，也包括一切形式的农民反抗封建统治的阶级斗争，而不是封建王朝的让步政策。因此，承认让步政策促进了生产的发展，在历史发展动力问题上，仍然是一元论，不会犯“二元论”错误的。

---

①　参阅拙作《中国封建社会上行阶段农民战争的历史作用问题》。《山东史学通讯》，1961年第1期。

还有一点需要指出，在起义规模大、打击程度重、迫使封建王朝让步程度大的情况下，“间接作用”促进生产发展的作用，往往比“直接作用”还要大些。这是因为，农民战争直接打击的，只限于起义军所到的地方。而封建王朝、特别是统一的中央集权封建大帝国的让步政策，则可以在全国范围内贯彻实施。如秦末农民大起义打击所及的范围，主要是今河南、河北、山西、陕西和安徽五省。隋末农民大起义打击所及的范围，主要是今河南、河北、山东、安徽和江苏五省。而汉、唐两个大帝国生产的发展，都是带有全国性的。正因为这样，对“间接作用”，不仅要承认这个客观存在的事实，而且还要给予应有的重视。但是，即使如此，也并不改变“直接作用”是推动社会历史发展的“真正动力”。因为，归根到底，“间接作用”是农民阶级斗争的副产物。正如恩格斯说的，统治阶级及其推行的政策发生的作用再大，也只能是一定限度的历史时期人类发展的“杠杆”，而不是动力。动力，在阶级社会，不论在任何历史时期和任何情况下，都只能是人民群众所进行的阶级斗争和生产斗争。

由此可见，第一，只有既承认“直接作用”，同时也承认“间接作用”，才能全面地充分地肯定农民战争的历史作用。反之，否定了“间接作用”，只承认“直接作用”，实际上就是否定了农民战争全部作用的一半，就是贬低了农民战争的作用。第二，承认“间接作用”，把封建统治者所说“深以自诫”、“良足殷鉴”、“亟宜痛加悛改”那些话公布出来，正是揭露他们受到农民战争打击而不得不让步的事实，是大长革命人民的志气，大灭统治阶级的威风。反之，否认统治阶级让步的事实，否认“间接作用”，实际上要么就是承认他们坚定顽强；要么就是承认他们的“轻徭薄赋”、“与民休息”等措施，是出于“关怀民瘼”而主动施行的“仁政”。不论从哪一个角度，都是歌颂了封建统治阶级。逻辑推理就是具有这样逼人的力量。立足点错了，尽管抱着歌颂农民起义、揭露统治阶级的善良愿望，但得出的却只能是完全相反的结论。

（原载《社会科学战线》，1980 年第 2 期）

下　编

论明末农民起义军“荥阳大会”的卓越成就

农民起义军十三家七十二营于崇祯八年（1635 年）正月在荥阳召开的大会和攻克凤阳的战斗，是明末农民大起义反明斗争过程中一次有重大意义的事件。它最主要的成就，可以概括为以下三点：从战争的结局来说，极为沉重地打击与震撼了明统治王朝；从农民起义军反明斗争的发展来说，是一个带有里程碑意义的关键；从战略计划和战略斗争的成就来说，都可以列为我国古代战争史中光辉的范例。显然，这对于我国农民战争史的研究，是一个极关重要的课题。

一　明末农民起义军初期反明斗争的情况和特点

要很好地认识荥阳大会与攻克凤阳之战在明末农民起义发展过程中的重大意义，首先必须了解在此以前农民起义军反明斗争的情况及其特点。

明王朝统治末年，由于土地高度集中和政治的黑暗残暴，生产破坏，人口流亡，阶级矛盾空前尖锐，社会极度动荡不安。天启七年（1627年），陕北地区发生了严重的灾荒，广大农民更加走投无路。它成了一支导火线，把农民大起义的熊熊烈火，从陕北高原上引燃起来。

首先举起义旗发难的是白水县农民王二。为了反抗酷税的逼勒，他纠集数百人杀死澄城知县张斗耀起义，占据了洛北的黄龙山，坚持抗击明统治军，并不断发展。

王二起义的次年，即崇祯元年（1628 年）七月，逃卒王嘉允号召饥民在陕北府谷起义，设置官府，以王自用、白玉柱为左右丞相。不久，这支队伍与王二会合，众至五六千人，势力渐大。

王二和王嘉允的起义军，像在陕北高原上撒下两颗火种，迅速延烧到各地，形成燎原的烈火。单在崇祯元年（1628 年）一年中，就有高迎祥在安塞、王左挂及其徒苗美、飞山虎、大红狼等于宜川、王子顺在自水、周大旺在阶州、王大梁在汉南等地，纷纷起义响应。

崇祯二年（1629 年）正月，明商雒道刘应遇进犯农民军，起义领袖王二兵败遇害。四月间，王大梁也在刘应遇的狙击下，在略阳的大石川兵败阵亡。

同年十月，满兵入寇，京师戒严。山西巡抚耿如杞率勤王兵五千入卫，因索饷不得，从直隶叛归山西。同时，甘肃的勤王兵也因缺饷哗变，叛归陕西。由于他们都是“习战晓兵”[①] 的边军，从而在他们加入农民军以后，大大增强了农民起义军的战斗力量，推动了农民起义军的发展。崇祯三年（1630 年）六月，王嘉允部起义军北上攻破府谷、河曲，并分兵南下，横扫延安、庆阳。与此同时，神一元、神一魁、不沾泥、可天飞、郝临庵、红军友、李老柴、混天猴、独行狼以及大起义后期重要农民领袖张献忠，也都在各地起义响应。在这些起义领袖中，神一元、神一魁、不沾泥、可天飞、郝临庵、红军友等部，都是叛变的边兵，他们与以饥民为主体的农民军汇合起来，声势越加壮大。

这一时期明王朝负责镇压农民起义军的，是陕西总督杨鹤。起初，他调集了大批兵力，对农民起义军进行残酷屠杀。虽然先后挫败起义军、并杀害了起义领袖神一元、不沾泥、王子顺、王左挂和王嘉允等，但农民起义军却此仆彼兴，“继起者益众”[②]。后来，他被迫改用所谓“招抚”的手段，企图瓦解起义军。但结果起义军却利用敌人压力较缓的时机，顺利扩充，得到更为迅速的发展。起义军的日益壮大，杨鹤主抚的策略受到来自各方的严厉责难。崇祯闻知大怒，于四年（1631 年）八月诏逮杨鹤下狱，以原延绥巡抚洪承畴代其总督陕西，并兼辖三边军务，改“抚”为“剿”。

明统治军进犯农民起义军的矛头，首先指向秦陇地区的起义军。这正是洪承畴狡猾和诡谲的具体表现。因为，当时起义军虽然分布在秦陇和山

① 《明末农民起义史料》，第 11 页。

② 《明纪》卷五二。

西两地，但主力已经集中到山西，由原王嘉允的左丞相王自用统率，编为三十六营，初步形成联合的局面，战斗力较强。相反，在陕西和陇东的起义军，则仍处于互不联系的状况，是起义军薄弱的一环。

从崇祯四年（1631年）八月开始到崇祯五年（1632年）冬天为止，在洪承畴的残酷镇压下，起义军领袖神一魁、李老柴、谭雄、黄友才、红军友、独行狼、可天飞、郝临庵等，都先后战败牺牲。陕西和陇东的农民起义军，绝大部分被摧残。

在明军全力镇压陕西陇东农民起义军的同时，山西地区的农民起义军，在王自用的领导下，取得了一系列的胜利。到崇祯五年（1632年）十二月间，北起辽州（今昔阳），中经霍州，南至垣曲，这一弧形线以东面的山西东南部广大地区，除了泽州、潞州及其他几处较大据点外，几乎都成了起义军的势力范围。农民起义军“众号二十万”①，声威空前。明廷见“晋局紧急”，于是又把镇压起义军的锋刃，转向山西。

从崇祯六年（1633年）正月，明将曹文诏、艾万年、贺人龙、猛如虎等部，配合向起义军发起进攻。在优势敌人的压力下，起义军连遭挫折，被迫南撤。这期间，农民领袖钻天鹞、上天龙、姬关索先后阵亡。五月，统领各路农民起义军的重要领袖王自用，也在济源兵败牺牲。

王自用的牺牲，给农民起义军造成极大的损失。据统治阶级的记载说：“此‘贼’死后，众‘贼’各自为队，时分时合”②。这就是说，农民起义军在此后未能再继续维持原来初步联合起来的局面，因此，在这以后的时期里，起义军遭到了更多、更惨重的挫败，接连退走怀庆、卫辉、彰德和济源，并于九月间被围困于太行南部的山中，陷于危殆的境地。直到同年十一月间，才乘明统治军内部矛盾疏于防范，潜师脱围，并踏冰渡过黄河，转进到河南和湖广地区。

渡过黄河的起义军，实力遭到很大的削弱，原三十六营已经零落不全。后来在另一位杰出的农民领袖高迎祥的努力下，才又逐渐地加以集结，共同行动，重新发展起来。后期卓越的农民起义领袖李自成及其侄李过，与顾君恩、高杰相结纳，都隶属于高迎祥的麾下。李过、高杰善战，

---

①《怀陵流寇始终录》卷五。

②《怀陵流寇始终录》卷六。

顾君恩多谋，是高迎祥部下一支精锐力量。

由于明军河南防务空虚，起义军渡河后获得比较顺利的发展。不但占领了渑池和卢氏等地，攻略遍及河南西部广大地区，而且还挺进到湖广的竹山、光化、均州，并曾攻克郧西和上津。

明廷以农民起义军“涂漫四省，流突无定”①，而“各镇抚事权不一，互相观望”，不能克成“剿灭”之效，廷议“宜以重臣开督府，统摄诸道兵讨‘贼’”②。乃于崇祯七年（1634年）正月擢延绥巡抚陈奇瑜为兵部侍郎，总督陕西、山西、河南、湖广、四川军务，统一指挥进犯起义军。起义军鉴于明统治军“数省兵力萃于楚”③，又都是精锐部队，便主动南下房县、竹山，企图转道西向，再入陕西。但是，当六月间起义军在向西转移途中，于陕南的平利和洵阳地带，遭到明军陕、豫、楚、川等省联军十余万众的四面围攻。高迎祥等见情势危急，率众夺路西上，在慌急中不辨路径，误入兴安县境内的车厢峡，又一次蒙受了严重的挫折。后来，以重贿收买陈奇瑜，才得以脱险出峡，避免了被歼灭的危险。以上就是在荥阳大会以前农民起义军抗明斗争的基本情况。

由上可见，在这一个阶段中，农民起义军是处于劣势、被动的地位，而明军则是处于优势、主动的地位的。原因是农民起义军缺乏坚利的武器，精严的训练，特别是集中统一的指挥领导和联合一致的行动。有的统治阶级说当时起义军是“率众莫适为主，遇官军则人自为斗。胜则争进，败则‘兽散’山谷间不相顾”④。这固然是恶毒的诬蔑，但却道出了农民起义军的严重弱点。在这一阶段中，起义军虽也曾攻克一些城邑，但大都是防务空虚的小邑，并且还根本没有巩固据点的力量。所以，明军集结于陕西，他们便不得不流避山西；明军再集结于山西，他们又不得不流避于河南、湖广，经常回避明军的追逐，不敢和明军对垒作战。

不过应当指出的是，在这一阶段中，农民起义军虽然不断遭到挫败，但另一方面，在战争过程中，也产生了许多对农民起义军有利的因素。首先，农民起义军的英勇斗争，到处撒下革命的种子，扩大了革命的影响。

① 《怀陵流寇始终录》卷七。

② 同上。

③ 《明史纪事本末》卷七五。

④ 《明史稿》列传第一八三，《李自成传》。

如有的起义农民回忆起“为良民穷饿时，持一升麦伏草闻，小吏捽而笞其背”，受尽了吏胥的敲剥和压迫。而现在则到处打破官府城邑，惩处豪绅地主，清醒地认识到“非‘亡命’走险，庸得若是乎！”于是响亮地喊出“吾侪小人，今日方知作‘贼’（起义）之利也”①！甚至官兵亦“见而慕之，投所支月饷于地诟曰：‘奈何不早为‘贼’（起义军）！’”② 相反，明统治军的实力，则在表面的胜利中，逐渐削弱下去。

其次，农民起义军经过较长时期的战斗锻炼，逐渐成长起来。而且，从惨痛的教训中，认识到有联合起来共同行动的必要，先后出现了像王自用、高迎祥等组织与统率能力较强的农民领袖。并且在不久的荥阳大会以后，把农民起义军推进到更有组织和联合作战的新阶段。

二　荥阳大会和攻克凤阳的卓越战略计划的制订与实现

被困于兴安车厢峡的农民起义军突围后，北上攻克陇州。复折而东下，向凤翔、汧阳、宝鸡、扶风、乾州、醴泉、泾阳（均陕西省今县）等州县推进。迅速扩展到北接庆阳、西至巩昌、东及邠州、南抵盩厔的广大地带。各处饥民，纷起响应，不久又发展成众“可二十万”③ 的队伍。

明廷看到起义军集中陕西，声势日炽，乃“命豫兵从潼华入，楚兵从商雒入，蜀兵从汉兴入，晋兵从韩蒲入，尽天下之力，输之秦合剿”④。为回避明军的锋锐，农民起义军于同年（1634 年）九月，分三路转移：一路西走徽、秦；一路南向商南；而大队主力则由终南山汇合商雒的起义军，转进河南。他们分别攻略商州、渑池、商南、汝州、雒南、上津、郧阳、邓州等地，于是，“中原千里之地，北至大河，南连楚界”，到处都有农民起义军在活动。而在河南的明军，这时却只有南阳的陈永福，渑池的左良玉和汝州的陈治邦，其部众“各止数千，不能夹‘剿’”⑤。十一

① 《绥寇纪略》卷一。

② 同上。

③ 《怀陵流寇始终录》卷七。

④ 同上。

⑤ 《绥寇纪略》卷二。

月，起义军分别攻破灵宝、卢氏，不久，复拔上蔡。而豫北的起义军，也攻克了荥阳和汜水，造成“河南震动”的局势。

贪贿主“抚”的陈奇瑜，无法掩饰自己的失败，受到朝野严厉的弹劾，削职听勘。十二月，明廷准备向农民起义军发动一次巨大规模的进攻，具体措施是：

“调西兵二万五千，北兵一万八千，南兵二万一千，又关宁铁骑二千，以张外嘉及戍帅尤世威领之。真定标兵五千，赴临清等处策应。天津兵三千，以徐来朝领之，自临清、济宁赴归、陈。又征白杆罗纲坝兵三千，谭大孝领之，自夔门赴豫。南北济师，共七万。饷七十八万六千，外留楚新饷十三万，蜀新饷二万，又发帑金二十万。诏诸将以六月灭‘贼’。取军状，不及期者罪无赦，号大举”①。

与此同时，又晋陕督洪承畴为兵部尚书，兼督山西、河南、陕西、湖广、四川军务，移驻秦、豫、楚适中之地，指使诸抚镇，镇压起义军。在洪承畴未出关前，先令新除兵部侍郎的东抚朱大典“驰赴中原，调关宁天津兵一万讨之，偕督臣协‘剿’”②。但是，当明廷刚刚“章下所司，议未定”的时候，已被农民起义军“侦知”③。起义军对于明统治者几乎拼凑所有精锐发动的包围战的严重性，是有充分估计的；能不能粉碎敌人这次大围攻，对于农民起义军来说，实在关系到今后能否发展、甚至存在的问题。为了妥善地研究对策，以便制订战略计划，粉碎敌人的围攻，乃“大会于荥阳，议拒敌”④。

参加这次大会的重要农民起义领袖有高迎祥、张献忠、老回回（马守应）、革里眼（贺一龙）、左金王（贺锦）、曹操（罗汝才）、改世王（许可变）、射塌天（李万庆）、横天王、混十万（马进忠）、过天星（惠登相）、九条龙、顺天王等十三家，势力最大。其次还有七十二营⑤，名

---

① 《绥寇纪略》卷三。

② 《绥寇纪略》卷二。

③ 同上。

④ 《明纪》卷五四。

⑤ 据《绥寇纪略》云：十三家领袖亦即七十二营的总头目。

称已无法详考。李自成当时还是次要首领，隶属于高迎祥麾下。

大会是在崇祯八年（1635年）正月初八日趁官军还未形成包围前召开的[①]。在讨论作战的策略时，各家领袖意见颇不一致。马守应主张就近北渡黄河，转入山西。张献忠笑他怯懦，但又提不出正确的战略，引起马守应的恼怒，几乎决裂。这时，李自成出来和解，并提出如何粉碎明军大围攻的策略。他首先鼓舞农民起义军树立克敌制胜的信心。“匹夫可奋臂，况十万众乎！今吾兵且十倍，官军虽关宁铁骑至，无能为也。计唯有分兵，各随所向立效。”这个建议，得到大家的赞同，于是决定：

> “革、左南当楚师；横、混西迎秦军；曹、过分屯荥、汜间，探中牟、邓、尉，以缀开、归、河、汝之兵；献、闯（指闯王高迎祥）专事东方，破城下邑；老回回、九条龙为游徼，往来策应；恐西军不敌，益以射塌天、改世王，为横、混后继”[②]。

这是一个非常卓越的战略计划，充分体现了起义领袖们非凡的军事才能。首先，在时间上争取了“先机之利”。因而就处于主动、有利的地位。其次，提出了分兵拒敌的对策，说明对敌方的兵力和攻战方向有着正确的了解。再次，不是采用消极的办法，相反，是采取了积极进攻，代替消极的防御。毛泽东同志曾指出：“任何一本有价值的军事书，任何一个比较聪明的军事家，而且无论古今中外，无论战略战术，没有不反对消极防御的”[③]。在这一点上，更显示了这个战略计划的杰出的成就。最后，尤其值得强调指出的是，决定了把凤阳作为进攻的目标，并确定了最恰当、准确的进攻的时间。斯大林同志曾把“决定主要的、决定性的突击方向和选择施行突击的时机”，看作“战略的最重要的任务”[④]。大家知道，凤阳是明统治者祖先陵寝所在，被尊为“中都”，“其严重视京兆”[⑤]。

---

① 关于大会召开日期，各书所载不同。此处从《明纪》。

② 《绥寇纪略》卷二。

③ 《毛泽东选集》，第182—183页。

④ 转引自《苏联大百科全书选译》：《军事科学·军事艺术》，人民出版社1954年版，第12页。

⑤ 《绥寇纪略》卷三。

如果说当时的北京，是明王朝政治、军事统治的堡垒，那么，凤阳就是明王朝神权和精神统治的堡垒。它对于明王朝的统治来说，和京兆几乎是有着同等重要意义的。因此，完全可以肯定，农民起义军所决定的进攻目标——凤阳，正是这样一个具有“主要的、决定性的突击方向”。

有一个问题必须着重说明，就是有人因为看到农民起义军这个战略计划中只提到“专事东方，破城下邑”，而未具体提到进攻的目标是凤阳，所以认为后来农民起义军的攻占凤阳，并非这个战略计划的预期目的，只是出于盲目进攻的侥幸。我们说这种论点不仅大大贬抑了这个卓越的战略计划的意义，而且也缺乏依据，因而是不正确的。诚然，在上述战略计划中，是不曾明确指出进攻凤阳的。但不论在《明史》、《明纪》、《绥寇纪略》以及《小腆纪年》等书中，都写明“专事东方”或“略取东方”。显然，这里所说的“东方”，当然不可能是泛指，而必然是有一个主要的目标。这个目标是哪里呢？各书是不乏蛛丝马迹可资追寻的。如《绥寇纪略》卷三：“七年十二月二十日，叛兵杀（凤阳卫指挥侯）定国于西关，投书道上曰：‘将以明年上元勾‘贼’’”。按照这段史料推论，农民起义军甚至在荥阳大会之前，就已经预定把凤阳作为攻占的目标了。特别是在《明季北略》里有一段非常值得重视的史料，现在转引于下：

> “‘贼’自汝宁来，密遣壮士三百人，伪为商贾车役，先入凤阳，或鬻锦悦椒枣，或为僧道乞丐等，分投各宿，随以重兵继之”①。

把这些史料相互印证，完全可以断定，农民起义军不但在计划中把凤阳作为“主要的、决定性的突击方向”，而且还在事前做好了进攻的周密的准备工作。至于在战略计划中未明确提出来，很可能是由于要保守机密，以便更能出其不意地给敌人以沉重的打击。如果这种推测不差，就更加显示了农民起义军的高度机警和缜密。

斯大林同志所以要把“选择施行突击的时机”与决定“主要的、决定性的突击方向”并列为“战略的最重要的任务”，是由于对“突击方向”来说，“突击的时机”能够起到保证的作用。因为，只决定了击中敌

① 《明季北略》卷十一，《贼陷凤阳》。

人要害的"突击方向"，仅仅是有了打击与威胁敌人的可能。这种可能能否实现，还要取决于经过向已定"突击方向"发动进攻的结局。从这一角度出发，准确地"选择施行突击的时机"，对整个战略计划的实现，有决定性的作用。因为，时机恰当，一战而胜，就是整个战略计划的实现；相反，失掉时机，战而不胜，就会影响整个战略计划，甚至使整个战略计划功亏一篑。农民起义军不但成功地决定了"主要的、决定性的突击方向"——凤阳，而且还准确地"选择施行"了"突击的时机"——正月十五日。从荥阳到凤阳，相距千余里；正月十五日，是习俗的元宵节。不难看出，这个"突击的时机"的确定，显然是要以快速的急行军，克期完成进军计划，从而乘敌不意，猛烈地打击敌人。

以上的分析足以说明，农民起义军这个以积极出击、攻占凤阳、粉碎敌人大包围战的战略计划，不但是为了消极地解除敌人的威胁，保存自己的实力，而且还有着转劣势为优势、变被动为主动的积极的内容，它充分显示了我国古代农民起义领袖、革命的军事家的卓越才能，是我国古代军事史上一个光辉的、杰出的战略计划的典范。

农民起义军在组织实现战略意图的战役上，也表现了杰出的才能，创造了非凡的战绩。

由于有些史书上记载着"凤阳无城可守"、"时方元夕，士女如云，笙歌彻耳，忽火光四起"、"官军无一人迎敌者"[①] 的话，所以，一些史学工作者认为农民起义军仅仅出于侥幸，在无目的的流动中，"未经大敌"而轻易攻克了凤阳。甚至认为与其说农民起义军攻克凤阳，不如说是明军不战自溃。这个问题，直接牵连到农民起义军攻克凤阳的战斗情况及其卓异成就，因此，有必要通过具体史实，弄个明白。

像前面所说的，凤阳乃是明王朝最高统治者祖先的陵寝所在，对于这样一个关系重大的地方，明统治者竟然会不设置巩固的防务，那简直是不可想象的。"凤阳无城可守"，这的确是实在情况。为什么不筑城设防呢？据载是为了"恐王气泄耳"[②]。这是合乎当时统治者的神权思想的。但"无城可守"，却不等于放弃设防，这点必须加以区分。事实上，明统治

---

① 《明季北略》卷十一，《贼陷凤阳》。

② 同上。

者对于其先祖陵寝所在的凤阳，不仅极度重视，还采取了足够的措施："中都留守司辖八卫一千户所。有班军、高墙军、操军，又护陵新军后所，增设无虑六千人。"并且"护以一巡抚，一太监"[①]。非但这样，甚至崇祯六年（1633年）冬，当农民起义军从河北渡黄河转进河南及湖广后，南京兵部尚书吕维祺即曾奏言："南都凤泗承天陵寝所在，乞敕淮抚杨一鹏急为预备，防'贼'东犯"[②]。其后，湖广按臣余应桂也曾奏请"宜及未然为之备"[③]。后来并经大司马张凤翼的请准，"敕凤抚、东抚操江，严备要害"[④]。可见认为明统治者没有重视凤阳，未加设防的说法，是缺乏根据的。

正因为凤阳既是一个敌人的要害，又有相当巩固的防务，因此，起义军也特别重视这次战斗，并做了周密、充分的组织和部署。除上举事前派遣埋伏、快速进军和确定正月十五日上元节的有利时机外，一方面，起义军决定由高迎祥、张献忠、李自成的联合部队担任主攻，这支联军乃是当时农民起义军最精锐、战斗力最强的骨干力量。另一方面，起义军又分为三路同时向敌人发动进攻：一趋凤阳，为中路，也是主力军；一趋六安，为南路；一趋颍州（今阜阳），为北路。这就是说，除了以主力部队向凤阳发动进攻外，还以另外两路配合，协同作战，以牵掣敌人，并造成声东击西、使敌人陷于迷惘和慌乱的窘况。经过上述周密、充分的组织和准备，起义军才以暴风骤雨之势，向敌人发起了强大的进攻。主力大军从荥阳出发，向东南挺进，经汝宁、固始进入安徽境内，在南北两路部队的配合下，正月初八日越霍邱，初十日焚寿州的正阳镇（即正阳关），十五日就胜利地攻占了凤阳。

根据比较可靠的史料记载，攻占凤阳的战斗，尽管是在上元节的晚间，又有预先埋伏的起义军的内应，加上农民起义军主力部队骤然而至，这些都出于敌人的不意。但敌人的反抗，还是极为顽固，争夺的战斗，还是相当惨烈的。如明凤阳"留守朱相国、帅指挥袁瑞征、吕承荫、郭希圣、张鹏翼、周时望、李郁、岳光祚，千户陈宏祖、陈其忠、金龙化等，

---

① 《绥寇纪略》卷三。

② 《明季北略》卷十一，《贼陷凤阳》。

③ 《绥寇纪略》卷三。

④ 同上。

以兵三千逆战上窑山，多斩获”[①]。从“多斩获”三字来看农民起义军在战斗之初，是曾遭到明军相当大数量的杀伤的。只是因为后来起义军“数万至，矢集如猬”，明统治军才“遂大溃”。明留守朱相国“自刎死，余皆阵殁”[②]。而“班军、高墙军、操军、新军死者四千三十五人”[③]。这说明敌人是进行了如何凶顽、拼死的挣扎！另外，还可以见到这样的记载：“太监杨泽，虐而不忌，以割剥其军民，有卫指挥侯定国者，怙（杨）泽势而恣。七年（1634 年）十二月二十日，叛兵杀定国于西关，投书道上曰，将以明年上元勾‘贼’”[④]。又凤阳“军民素疾守陵太监杨泽贪虐，引‘贼’来攻”[⑤]。据此可知，农民起义军之所以能够迅速攻占凤阳，与凤阳人民和明叛军对农民起义军的拥护和支持，也是分不开的。因此，那种认为农民起义军未经激烈战斗而侥幸占领了凤阳的说法，是毫无根据的。

三　农民起义军荥阳大会和攻克凤阳的巨大意义

农民起义军十三家七十二营荥阳大会和攻克凤阳的战斗，其影响和意义是极为重大的。它主要表现在以下三方面：

首先，就战争的结局和后果来说，其一，是直接打乱了敌人原定的攻战计划，粉碎了明军对农民起义军进行的大包围战。比如，崇祯在七年（1634 年）冬兴师动众，“诏诸将以六月灭‘贼’取军状，不及期者罪无赦，号大举”[⑥]。但在起义军出敌意外攻占凤阳之后，明统治者为了“毋再误陵寝”，被迫放弃原定计划，改调松潘副将秦翼明“速由归德趋凤阳，邓玘近由麻黄往安庆、刘荣嗣驰赴泗州趋狼山……刘泽清、倪宠各以其地守要害护漕，马鸣世敛盐艘于南岸防江”[⑦]。这样，明军大围攻的计

① 《明纪》卷五四。

② 同上。

③ 《绥寇纪略》卷三。

④ 同上。

⑤ 《明纪》卷五四。

⑥ 《绥寇纪略》卷三。

⑦ 《绥寇纪略》卷三。

划，就可耻地趋于瓦解了。其二，更重要的是起义军不但粉碎了敌人的大围攻，保存了自己的力量，而且给了明统治王朝以极为沉重的打击和震撼。据载农民起义军破凤阳后，“焚皇陵楼殿，烧龙兴寺，燔公私邸舍二万二千六百五十。杀指挥使程永宁、千户陈永龄、百户盛可学等四十一人，诸生六十六人。知府颜容暄匿于狱，‘贼’释囚获之，大骂被杀”[①]。这里撇开对明统治者的武装力量和官僚机构的直接打击不谈，单就焚毁明统治者的“皇陵”而言，实在是给了明王朝以致命程度的严重震撼，等于摧毁了明王朝一支重要的统治支柱，粉碎了它借以欺骗和迷惑人的神权力量。有一件很值得注意的事：农民起义军在焚毁明“皇陵”后，曾“大书帜曰古元真龙皇帝”[②]。这是一件应当大书特书的卓越的斗争策略。因为，农民起义军自称“真龙皇帝”，也就是不承认明统治者是“真龙皇帝”，实际上是对明王朝“神权”统治的否定，是向广大人民宣布明王朝“承天应运”的终结。这对于明统治王朝来说，简直是无以复加的创深痛巨的打击和震撼！

关于农民起义军攻克凤阳对明王朝打击的严重程度，我们还可以从明统治集团内部在事件发生后的慌乱和采取的措施来作一些反衬的观察。第一，引起明中央官僚的惊慌和争吵。原来总督漕运淮扬巡抚杨一鹏和巡按御史吴振缨，与当时的阁臣王应熊、温体仁有亲故关系，凤阳被破，王应熊、温体仁“恐帝震怒，留一鹏、振缨疏未上”，拟“俟恢复报，同奏之”。事发以后，给事中何楷、主事郑尔说、胡江，“交章诋应熊、体仁，朋比误国”[③]。又，当颍川被破时，明给事中许誉卿，“请急调五千人守凤阳，疏入而凤阳已陷”，许誉卿乃“直发张凤翼固位失事，及体仁、应熊玩‘寇’速祸罪”。此外，御史张缵曾、吴履中、张肯堂等，也“交章劾体仁等三人”[④]。这些官僚之间的弹劾和争吵，除反映了他们之间派别的排挤倾轧外，更主要的是暴露了他们的震惧和慌张。

第二，明统治集团上自皇帝、下至群臣的震惊和自谴。在农民起义军攻克凤阳、焚毁明“皇陵”的消息传到明廷后，崇祯“闻变大惊，素服

---

① 《明纪》卷五四。

② 同上。

③ 同上。

④ 同上。

避殿"[①]。在震恐之余，一方面亲自"哭于二祖列宗之庙"，并"下诏罪己"[②]。与此同时，"遣宦告天地社稷"，"会驸马都尉王昺、太康伯张同纪行祭慰礼，并下令百官都"角素"修省[③]。

第三，严厉惩办失职官员。逮巡抚凤阳都御史杨一鹏、守陵太监杨泽及巡按凤阳御史吴振缨下狱。后来，杨泽畏罪自杀；杨一鹏论死，弃西市；吴振缨则遣戍。其后，不仅在追究责任时罪及兵部尚书张凤翼，着其戴罪视事。甚至还以"追祸始"的借口，逮捕了在车厢峡"纵虎归山"的前督理大臣陈奇瑜。

第四，采取紧急的护陵措施。除立即命松潘副将秦翼明速由归德趋凤阳、邓玘由麻黄往安庆、刘荣嗣驰赴泗州趋狼山，及令副将王佐才以兵设防外，并起用兵部右侍郎朱大典为淮抚，即其为东抚时标兵，命故总兵杨御蕃统之，驰赴庐凤，"缮葺皇城，御蕃营陵左，大典营陵右，游兵千人营陵后"。改用太监王裕民为镇守，以防"再误陵寝"[④]。

从上述崇祯的"哭庙"，群臣的"角素"，诛杀失职官员，以及仓慌调员遣将护陵来看，充分表明了这次沉重打击，给明统治集团所造成的震动、恐慌和一团混乱的情况。明统治者在农民起义军沉重打击下，为了缓和尖锐的阶级矛盾，借以维护其风雨飘摇的统治，他们不得不考虑对农民让步的问题了。如文震孟在奏疏中提出请崇祯"蠲民间之积逋，无徒竭泽之鱼"[⑤]。礼部侍郎陈子壮在上言中也说：

> "今日所急，在收人心"。并会诸臣"列上蠲租、清狱、使过、宥罪等十二事"[⑥]。

特别是侍读倪元璐在上疏中更直接向崇祯提出了当头"棒喝"：

---

① 《明纪》卷五四。

② 《绥寇纪略》卷三。

③ 《烈皇小识》。

④ 《绥寇纪略》卷三。

⑤ 《烈皇小识》。

⑥ 《明纪》卷五四。

> “‘盗贼’之祸，震及祖陵。陛下下诏罪己，非徒空言。今民最苦无若催科，未敢冀停加派，惟请自崇祯七年以前一应逋负，悉可改从折色。此二者，于下诚益，于上无损；民之脱此，犹汤火也。……及今不图，日蔓一日，必至无地非兵，无民非‘贼’，刀剑多于牛犊，阡陌决为战场。陛下亦安得执空版而问诸兵燹之区哉！”①

在农民起义军巨大威力的震慑下，崇祯从中受到了一定程度的教训，开始有些清醒起来。所以在他看到了上述那些奏疏以后，都表示“是之”②。甚至认为“殊属剀切”，下令“悉心筹画，以备采择”③。

由此可见，对于农民起义军攻克凤阳这一胜利的巨大意义，必须给予足够的估计。它不仅粉碎了明统治军对起义军的大包围战，保存了自己的力量，而且反过来更给了明统治集团以极其严重的震撼。完全有理由这样说：明王朝虽然是在崇祯十七年（1644 年）三月被李自成所统率的农民起义大军所颠覆的。但是，它的“神权”和精神统治，还在崇祯八年（1635 年）正月农民起义军攻克凤阳的时候，就已经宣告灭亡了。

其次，就农民起义军的发展来说，这是一个极为重要的转变关键。像本文第一部分所论述，明末农民起义军在荥阳大会和攻克凤阳之前，其特点是缺乏集中统一的领导，组织分散，各自为战。因而尽管就农民起义军人数的总和说，远远超过了敌人。但却一直处于劣势、被动的地位，并且不断为明统治军各个击败，造成惨重的损失和牺牲。

但是，农民起义军十三家七十二营荥阳大会以后，就改变了过去那种情况，较以前更好地组织起来，统一指挥，统一制订战略计划，初步进入联合作战的新阶段。也正由于这样，才使农民起义军一举攻克了敌人的中都凤阳。而凤阳的攻克，更加解放了农民起义军的思想，破除了过去那种认为官军“不可战胜”的迷信，改变以往以单纯防御或流动作战为主的方式，开始在有利条件下转为主动的进攻。比如，农民起义军在攻克凤阳后，即分兵两路：高迎祥、李自成为一路，西向转进归德，并汇合罗汝

---

① 《平寇志》卷二。

② 同上。

③ 《烈皇小识》。

才、过天星部，连破鹿邑、柘城、宁陵、通许、新蔡，南走罗山，进入湖广，抵随州，然后折而西指，复进军陕西。张献忠部则东走围庐州、攻巢县、舒城，破庐江、无为，越桐城破潜山、宿松、应天，然后趋英山、霍山、道经麻城会合老回回部走商州，最后与高迎祥部会师陕西凤翔，并于同年（1635 年）六月间在陕西再次粉碎了洪承畴对农民起义军的又一次大包围战，击溃明统治军四万余人，击毙艾万年和曹文诏等明朝悍将。不仅使镇压农民起义军凶悍的刽子手洪承畴“仰天恸哭”，狼狈不堪，并使“关外豫楚诸官军闻之皆为夺气”①！

由此可见，农民起义军荥阳大会和攻克凤阳的胜利，乃是农民起义军反明斗争的一次有决定性意义的战斗，是农民起义军从分散、被动、消极流动防御开始初步改为联合、主动、以积极进攻代替消极防御的转折点，是农民起义军抗明斗争整个发展过程中的里程碑。连统治阶级也清楚地看到这次大会和攻克凤阳前后，农民起义军与官军的对比，已经是“深浅之力不同，而捣虚与攻坚之势异也”②。

最后，就反围攻和攻占凤阳的战略计划的制定和斗争实践来说，其成就都是极为卓越的。这个卓越的战略计划，乃是农民起义领袖杰出的军事天才的结晶；而这次攻克凤阳的胜利，又是经过正确、周密、充分的组织与准备所取得的。大大显示了我国农民起义领袖非凡的军事才能。完全有理由说，这个卓越的战略计划和这次成功地攻克凤阳战斗的巨大胜利，都毫无愧色地可以列为我国古代战争史和军事史中最光辉的范例！

（原载《历史教学》，1962 年第 2 期，有修订。）

---

① 《怀陵流寇始终录》卷八。

② 《绥寇纪略》卷二。

有关李自成三次围攻开封的几个问题

李自成领导的起义军，自崇祯十三年（1640年）冬天于河南再起以后，由于整饬了军队纪律，提出了正确的政治号召，博得了广大人民的支持，兵力迅速发展，影响空前扩大。先后占领和攻破了包括洛阳、汝州等巨城重镇的河南不少州县，形成了明王朝“中原一块土，朝不保夕”[①]的局面。这时，“两河外州邑之大姓”等，“皆携家入省”[②]。他们同盘踞在开封城内以周王为首的皇亲贵族、大封建官僚、大地主勾结在一起，据险顽抗，成为当时中原地区反抗农民起义的反动堡垒。为了拔掉这个反动堡垒，在崇祯十四、十五年间（1641、1642年）李自成起义军曾先后向开封发起了三次大规模的进攻。最后一次，前后围困达一百余天。后来因为黄河溃决，开封沉于洪流，才解围而去。这是明末农民战争史中历来引人注目的重大事件。兹简述其三次围攻的情况于下，并对有关问题，试作一些分析。

一　起义军三次围攻开封概述

李自成起义军第一次围攻开封，在崇祯十四年（1641年）二月。此前，李自成于正月二十二日攻克明福王藩邸所在地洛阳，发仓粟及金银大赈饥民。稍经休整，遂于二月十二日挥师围攻开封。

开封是周王的藩邸所在地，城垣坚牢，驻有陈永福部劲旅。当时，起义军号称三万，但精锐不过三五千人。因而要通过强力的攻坚夺取开封，

---

① 《豫变纪略》卷三。

② 《汴围湿衿录》第三围，《民存十一》。

可能性是很少的。但当时对起义军却有一个极有利的机会，即“洛阳新破，所在震惊”，巡抚李仙风率副将陈永福及游击高谦等驰救未归，形成“汴守兵尽出”[①] 的局面。据载李自成撤离洛阳后，没有立即东向进军开封，而是南下攻占汝州、鲁山。为什么要这样做呢？《豫变纪略》说：“（李自成）非不欲立破开封也，其计必曰：汴闻洛陷，备必严；严则难犯。不如姑远之，俟其懈而忽袭之，可以得志。”这个麻痹敌人之计，收到了预期效果，李仙风和陈永福等果然忘掉了开封，率军进驻洛阳。李自成“乘虚疾走三昼夜，直抵汴梁”。虽然由于城内守敌的拼死顽抗，加上陈永福回师归援，挽救了危局，但正如当时统治阶级所说：“开封之不为洛阳之续者，几何哉！”农民起义军这次攻取开封，既然“初不过志在乘虚袭其不备”，利在速战速决，所以当陈永福部劲旅已经撤回开封形势已发生变化时，李自成乃于十八日断然解围而去。当奉檄来援的保督杨文岳、总兵虎大威等带兵仆仆赶到开封时，李自成早已转入湖广了。

从同年十二月二十三日到十五年（1642 年）正月十五日，李自成起义军向开封发起了第二次围攻。

起义军从开封解围后，于三月闻攻克归德。四月，就西上进驻商雒山中，目的是“入山避暑，盖欲藏锋以养锐也”。经过半年多的休整，又与罗汝才部联合，实力空前壮大，“秋高而出，其锋益锐，所过无坚城”[②]。九月间，在河南项城一战歼灭了明陕西总督傅宗龙与保定总督杨文岳的联军。接着，从十月到十二月中旬，先后攻克商水、扶沟、许州、裕州、舞阳、南阳、邓州、内乡、镇平、新野、泌阳、汝州、禹州、唐县、通许、鄢陵、洧州、长葛、陈留等数十州县，十二月二十三日，再次包围了开封。由于李自成采用了“削枝弱干”的办法，这时，开封的形势已是“一城之外，莫非战场”了。不过，开封的城防，则有所加强，除在第一次解围后，周王急“发内帑数万修城濬池”[③] 外，巡抚高名衡（代李仙风）、推官黄澍又增募新兵，总兵陈永福和游击陈德（均新擢升）也扩充了部众。此外，还有督师丁启睿率军前来协防。他们凭借高城深池和猛烈

---

① 《大梁守城记》。

② 《豫变纪略》卷三。

③ 《汴围湿衿录》初围，《修城善后》。

的炮火，进行垂死挣扎。起义军为了尽量减少伤亡，也决定先用炮火轰击开封城垣。于是出现了“攻守皆以炮”[①] 的局面，形成这次围攻战的特点。

在这次战斗中，起义军“设大炮百余，迸放之，飞铁镕铅，四面如织，空中作响，如鸷鸟之凌劲风”[②]，“直对城楼，大炮小铳，昼夜击打，城壁如筛”[③]。这样，不仅压制住了敌人的炮火，而且使明军“正面被击，兵不能立。即驱之，甫露首，辄中弹死”[④]，使“守陴者不敢露形”[⑤]。在以强大炮火掩护的同时，乘势组织和发动夺城的攻势：“调集马步精‘贼’数万，伏于海濠之外，……用大炮上击，各‘贼’随响拥登。”[⑥]与此相配合，又采用“放迸”攻城法，也就是用炸药崩城。其法是“窟城纵横数丈，实火药燃之，一发震天”[⑦]，“当其冲者，无不糜碎”[⑧]。起义军第二次围攻开封的最后阶段，主要就是使用这种方法。只是因为开封城垣特别坚厚，“火发反外击”，起义军意外受到很大损失，才没有成功。但这种攻城法，却是很有优点的。甚至连敌人也不得不承认：李自成“向称善攻，不用古法”[⑨]。所谓古法，也就是“古梯冲法”[⑩]。显然，两者相较，“放迸法”不仅具有巨大的破坏威力，而且还可以大大减少士兵的伤亡。此外，在围城的炮战中，据载“凡近郊之寇，皆穴而居焉”[⑪]。这就是说，起义军挖掘了穴形的掩蔽工事，使敌人的炮火失去和减少杀伤作用。这种防御方法，也是值得称道的。

在起义军的围击下，开封守敌一方面拼死拒守，同时急檄明总兵左良玉部自汝南来援。起义军鉴于开封明军有比较充分的防御，短期难以攻

---

① 《大梁守城记》。

② 同上。

③ 《汴围温衿录》第二围，《独当一面》。

④ 同上书，《重赏救危》。

⑤ 同上书，《独当一面》。

⑥ 同上书，《死攻死拒》。

⑦ 《明史纪事本末》卷七八。

⑧ 《绥寇纪略》卷九。

⑨ 《怀陵流寇终始录》卷十四。

⑩ 《明纪》卷五六。

⑪ 《汴围湿衿录》第二围，《闯儿中弹》。

克，又兼援兵日逼，为了争取先机之利，遂于十五年（1642 年）正月十五日主动解围而去。这次围攻，先后持续了二十二天，沉重打击和威胁了敌人，不仅当时“举城守兵，未免皇皇”[①]，甚至后来统治阶级回忆起来，还犹有余悸地说：“陷在顷刻，……势危万分！”[②]

紧接着第二次解围之后不久，同年五月初，李自成起义军又发动了对开封的第三次围攻。

与前两次战役不同，这一次，李自成采用了长期围困的办法。原因是前两次受到相当大的损失，“复进，为攻城折伤士卒，遂起长围，期以必拔”[③]。此外，还因为这时已经具备了长期围攻的条件。比如，就起义军方面说，在第二次解围后的三个月期间，进一步补充壮大了队伍，投在这次战役中的力量“数倍于前，号称百万”[④]。就敌人方面说，由于被起义军连破“州县二十余城”，“绝其外援”[⑤]，更加处于孤立无援的地位了。

这次围攻之初，正当青黄不接的时候。合围以后，李自成首先命起义军“割四野之麦，一穗靡遗”，使开封城内“旧藏告尽，新麦无留”[⑥]，陷敌人于粮饷无继的困境，以便坐待其土崩瓦解。开始，明守军曾发动过一次反攻，但“三营兵覆没殆尽”[⑦]，“全城丧气”，此后，只有“紧闭城门，严加防守”[⑧]，已无出击突围之力了。不过，由于开封是周王的藩邸所在地，又系河南仅存的重城巨镇，成败得失，关系着中州大势。所以，明统治者极为重视，严责督抚大员统率重兵趋援，克期解围。这样，便形成了这次战役的特点为：双方争夺的焦点是开封城，而胜负的关键则取决于增援与反增援的斗争。具体地说，起义军如果能够粉碎来援的明军，就可以困死城内守敌；反之，则不但夺取开封成为不可能，甚至会陷于背腹受敌的不利境地。面对这种形势，李自成一方面严密围困守敌，同时集中强大兵力，给前来赴援的明军以迎头痛击。

---

① 《汴围湿衿录》第二围，《弹压镇定》。
② 同上书，《重赏救危》。
③ 《绥寇纪略》卷八。
④ 《汴围湿衿录》第三围，《少算覆军》。
⑤ 《豫变纪略》卷四。
⑥ 《汴围湿衿录》第三围，《困城割麦》。
⑦ 同上书，《少算覆军》。
⑧ 同上书，《骂敌激战》。

在反增援战斗中最重要、也是带有决定性的一次，是对明督师丁启睿和保督杨文岳的战斗。起义军是五月初二日第三次包围了开封的。不久，山西总兵许定国和宁武的援兵，迅即驰向开封，但在沁水和覃怀地区，很快被起义军击溃。在崇祯的火急督责下，督师丁启睿和保督杨文岳统率左良玉、虎大威、杨德政和方国安四镇兵，“号四十万”来援，于十四日驰抵朱仙镇。由于起义军对开封包围封锁极为严密，所以“城中未知援兵音耗”。起义军为了防止陷于背腹受敌，并争取主动，遂于十六日夜移营“南拒官军”①。李自成一方面“先占城南朱仙镇高阜上流，已得地利；断上流之水，割在野之麦”，使“官兵水食俱绝”，以困敝援军。另一方面，“又恐城兵蹑后夹攻，乃伪制左（良玉）之令箭假印，令数骑持至汴，遥呼曰：‘我左营所遣，我兵已困贼于朱仙镇，擒在旦夕，大兵势重，汴兵不可出城，防守为急。’抚镇信之，……汴兵不出”②，以孤立援军。这种双管齐下的措施，果然使得明援军既“日望汴师夹击，竟无应兵”，又兼水源断绝，粮饷匮缺，困窘万端，“杀马而食，接马溲以饮”③。当明援兵军心惶惶、溃势已成的时候，起义军“乘其困，合力来攻，大炮下击，伤我（明）兵无数，……四军覆没殆尽”④。明统治者最强大的一支援师，被完全粉碎了。这以后，六七月间，虽然先后又有王燮、苏京、王汉等三御史监督各镇兵马前来赴援，但因“各镇皆不用命，惟凭河防渡”⑤，于事无济；有的虽然勉强渡河，可是在起义军的猛烈狙击下，也迅即“全营溃乱”⑥；“劲援既溃，汴城遂无生机”⑦。在起义军长期围困下，开封的敌军“士卒掘鼠罗雀，不足供食；螯虫蛆蚋，悉取啗之”⑧，有的假借偷营，投“贼”不回⑨，归降了起义军。而守城的官僚们，也自“中丞以

---

① 《豫变纪略》卷四。

② 《大梁守城记》。

③ 《汴围湿衿录》第三围，《援兵四溃》。

④ 《大梁守城记》。

⑤ 《豫变纪略》卷四。

⑥ 《汴围湿衿录》第三围，《援师失利》。

⑦ 同上书，《援兵四溃》。

⑧ 《甲申传信录》卷七，《守汴三》。

⑨ 《汴围湿衿录》第三围，《杀良冒功》。

下，日凭城北面哭”①。正当敌人面临崩溃的时候，九月十七日，黄河溃决，全城淹没。除周王恭枵、后妃、世子以及以巡抚高名衡等为首的文武官员乘舟走脱外，百万“士民，仅存者百不一二”②。起义军亦遂联营西去。这次围攻，从十五年（1642 年）五月初二日合围算起，到同年九月十七日开封淹没为止，前后共持续了“百十有六日”③。

二 夺取开封的目的

如上所述，李自成起义军在崇祯十四、十五两年（1641、1642 年）间，曾连续向开封发起围攻，“始攻之不克而再，再不克则三，三不克始困之”④，“期以必拔”。其夺取开封的目的何在呢？

许多旧的封建史学家都认为李自成是为了掠取“金银子女”。如《汴围湿衿录》周亮工序：“贼之志，不过金帛子女。”《平寇志》卷五：“闯贼力争之者，利其子女珍宝耳。”又《明史纪事本末》卷七八：“汴梁佳丽甲中州，大堤之上，絃管纷咽，群盗心艳之，前后三攻汴。”当然，这都是些恶毒的诬蔑，是根本不足置信的。

但也有不少史籍，提到其目的是在于据为首府，建立政权。如《枢垣初刻》：“贼之初意，原欲盘踞汴雒。”⑤《鹿樵纪闻》：“初，（李自成）欲据汴州自王。”⑥ 又《豫变纪略》：李自成“欲得汴而据之以号召远近，如刘季之于丰沛也”⑦。我认为这种说法是可信的。这从李自成围攻开封前后的许多行动中，也可清楚地看得出来。在围攻开封之前，崇祯十三年（1640 年）冬天，李自成出商雒山，再度崛起，李岩、牛金星、宋献策等先后来附，教以“尊贤礼士，除暴恤民”而“图大事”，李自成“悉从之”，起义军获得了迅速发展。并“即命谷大成、祖有光等率众十万，攻

① 《大梁守城记》。

② 《国榷》卷九八。

③ 《甲申传信录》卷七，《守汴三》。

④ 《汴围湿衿录》，周亮工序。

⑤ 《枢垣初刻·襄阳再陷疏》。

⑥ 《鹿樵纪闻》卷下，《闯献发难》。

⑦ 《豫变纪略》卷五。

取河南”[①]。十四年（1641 年）正月，一举攻克了洛阳。虽然未留重兵驻守，即复引军突袭开封，但已经开始“设官分治”了。在这以后，“恃其累胜，下睢陈，卷宛洛”[②]，“连破大敌州县二十余城”，“于是有逆志矣”[③]，遂想到“苟得一都会，则likely然欲自王”[④]。而开封，正是李自成当时所选中的“都会”。

由于黄河溃决，李自成夺取开封的目的没有实现。但他并未放弃建立政权的打算。撤离开封以后，李自成与罗汝才的强大联军，“横行无所忌，诸镇将皆望风引避，莫有敢当其锋者，郡邑援绝，贼至即破”。九月，先后攻克郏、巩、孟津、汜水、长葛、遂平、西平等县；十月，大败孙传庭于郏县，下南阳；闰十一月，克汝宁；十二月，转旆入楚，连破樊城、襄阳、夷陵、宜城、荆门和荆州。十六年（1643 年）春，遂以襄阳为襄京，设官分职，建立了革命政权。有的史籍特地指出：李自成“东掠汝颍，西据陕洛，南跨荆襄，此贼破汴后所图之规模也”[⑤]，正道出了李自成要夺取开封建立政权的计划。

如果说以上还只限于推论，那么，我们还可以找到一则直接史料，即当时明按臣苏京《驰报汝宁失事揭》：“贼中有云：‘左镇尚在襄阳，先去杀尽，再来开封建城。’”[⑥] 这就完全无可怀疑了。可见起义军虽说在崇祯十六年（1643 年）春天，才在襄阳建立了政权，但他这个方略，早在十四年（1641 年）春天初围开封的时候，就已经决定下来了。从而，可以这样认为，围攻开封是李自成起义军从流动作战走上建立根据地和政权的关键，也是明末农民起义过程中值得重视的转折点。

因为围攻开封是以黄河溃决而结束，李自成在此建立政权的计划未能实现，所以有的封建史家就对李自成这个方略，进行贬抑：“予观于闯之三攻汴，而知其无能为也。夫霸王之资，必争形势要害之地。汴梁沃衍而

① 《明季北略》卷二三，《李岩说自成假行仁义》。

② 《绥寇纪略》卷八。

③ 《豫变纪略》卷三。

④ 《绥寇纪略》卷八。

⑤ 《豫变纪略》卷五。

⑥ 《枢垣初刻·汝宁失陷疏》。

平夷，无高山深险为之阻也，……其为策亦疎矣。”[①] 但这种批评是不正确的。

诚然，开封确是“沃衍而平夷，无高山深险为之阻”，但不能就说它不是“形势要害之地”。开封自古就被目为“咽喉九州，阃域中夏，水陆都会之地”[②]，“古帝子之神皋，冠盖之华壤”[③]。战国时的魏和以后北宋、金以及元末农民起义军龙凤政权，即都曾建都于此。

特别须要强调的是，当李自成第二次围攻开封之前，起义军已先后攻下洛阳和襄阳，河南州县，也大部攻破。从一方面说，开封已经成为“孤岛”，但另一方面，它却还起着反动堡垒的作用。因此，能够夺得开封，非但可以歼敌有生力量，而且还可以震慑和瓦解其余尚在拼死挣扎的残余反动力量。后来的事实也正是：起义军威势大振，明军望风溃逃，“（壬）午（癸）未之际（崇祯十五、十六年），宛雒间州县尽数破”[④]。应当说，起义军所以能取得这样辉煌的胜利，是和攻破洛阳、襄阳以及开封等巨城重镇，从精神和实力上沉重打击了敌人分不开的。

由此可见，从各方面来说，李自成夺取开封建立政权的方略，是正确的。如果不发生决河事件，起义军最终会攻占开封，并提前在此建立革命政权，那就不仅可以据此以号召四方，而且还可以“北渡黄河而窥赵魏，东克萧砀而掠淮阳，西扼阕灵而谋函谷，南渡宛汝而瞯湘汉”[⑤]，对于农民起义事业的发展，将会起到积极有益的作用。这决不是什么失策，相反，这正表明李自成对当时的形势有所认识。争夺开封的这个方略，是应当给以足够估价的。

三　关于决河事件

李自成起义军是从崇祯十五年（1642 年）五月初二日第三次围攻开封的。经过百余天的围困，当城内守敌援尽粮绝，行将崩溃的时候，九月

① 《平寇志》卷五。

② 《明季北略》卷十八，《李自成决河灌汴梁》。

③ 《汴围湿衿录》，周亮工序。

④ 《豫变纪略》卷五。

⑤ 《枢垣初刻·襄阳再陷疏》。

十七日，黄河溃决，酿成中国历史上少有的惨祸。

黄河溃决的原因是什么呢？绝大多数统治者都一口咬定是由于起义军决河所引起的，如周亮工说：起义军“攻围之无效，始逞志于一决”①。白愚也说：“贼久困汴，意为必克，不料坚持死拒，已及六（？）匝月，守志更坚。贼恨汴甚，见阴雨连绵，秋水大涨，……督贼数万，将河决开。”② 其他如《大梁守城记》、《石匮书后集》、《崇祯遗录》和《明季北略》等书均同。甚至解放以后出版的某些新史学著作，也有持这种说法的。如谢国桢的《南明史略》写道：河南巡抚高名衡“看到农民军扎营的地势低凹，就在朱家寨掘开黄河堤，想淹堵农民军。这时农民军只好在马家口掘开黄河”③。又如由翦伯赞主编的《中外历史年表》，更直接书为“九月，李自成决黄河灌开封，城圮，溺死无数。李自成无所获，遂西走”④。

我认为这种说法是不正确的。首先，如前所述，起义军夺取开封的目的，是要在此建立政权。那么，从道理上讲当大军围城百余日，守敌已经饥疲困惫、面临崩解之际，起义军却把即将攻克的理想的首府，一决付之洪流，是根本不符合情理的，此其一。即令如统治阶级所说，起义军攻取开封，只是“利其子女珍宝”，那么，同样，当长围之后城破在即的时候，起义军也决不会逞于一决的。这点，甚至统治阶级有的人也指出过：李自成“前后三攻汴，士马死者无算。贼积恨，矢必拔，久怀灌城之谋，顾以子女珍宝山积，不忍弃之水族”⑤。可见，他们尽管在夺城的目的上恶意诬蔑起义军，可是却无法歪曲显然于理不合的事实，此其二。其三，开封“城旁羊马墙，周王恭枵募民所筑，坚厚如高岸。而贼营直傅大堤，谓河决则贼可尽，而城中无虞”⑥。关于这些，不仅明守敌懂得，起义军也同样懂得。从而，决河的就只能是“无虞”的明守敌，而绝不能是起义军。

---

① 《汴围湿衿录》，周亮工序。

② 《汴围湿衿录》第三围，《全河入汴》。

③ 《南明史略》，第25页。

④ 《中外历史纪年》，第681页。

⑤ 《明史纪事本末》卷七八。

⑥ 《明纪》卷五六。

其次，更重要的是与实际不符。比如，同样是出自统治阶级之手的史籍，其中有的就是持完全相反的说法。例一，《国榷》："开封北十里枕黄河，巡抚高名衡、推官黄澍等议凿渠通运，且引河水环壕以自固，更决堤灌贼，立见其遁也。"① 例二，《烈皇小识》："时开封被围久，周王先后捐库金，金尽；再捐岁禄，岁禄亦尽。城北十里为黄河，巡抚高名衡、推官黄澍等，欲引河水环城以自固，更决堤灌贼，贼可鱼也。及决河，贼已先营高处，其移营不及者，亦死万人。"② 例三，《明史纪事本末》："开封城北十里枕黄河，巡抚高名衡、推官黄澍等城守且不支，恃引河水环壕以自固，更决堤灌贼，可溃也。……九月，河决开封，贼先营高处，然移营不及，亦沉其卒万人。"③ 其他如《平寇志》、《明纪》和《明史》等所记也大致相同，只是最后又增写了一句"贼亦反决马家口灌城"。不过，一眼就可看穿这是捏造，因为，如果起义军真的实行"反决"，结果却"亦沉其卒万人"，就是完全不可理解的了。

除上举一般的记述外，还可以找到当时一些人的直接材料。如赵士锦《甲申纪事》载："贼兵姚奇英为予言，……攻开封时，亲自扒城，城将破，时官城中者，恐以城破议罪，将河水灌城，而已逃避之。非真河决也。时巡按为王燮。"④ 又如《国榷》载："黄河秋时尝涨，开封推官黄澍凿渠导之，忽横溢，沦溺数十万人，无不切齿者。"为此，同年十一月初二日，崇祯特"召开封府推官黄澍，澍利口，诿凿渠事于李自成，授江西道御史"。同月初四日，"给事中陈燕贻劾黄澍决水灌城之失，不问"⑤。又《枢垣初刻》载李永茂于崇祯十六年（1643 年）正月十三日具题的《治河击奸疏》中云："谁致此十万金钱轻掷洪涛，则严云京实为祸首。……今复按其自供《狡贼坐困》一揭，及臣同官刘昌与总漕史可法各疏，始知周藩迁徙，汴民惨死，新漕梗塞，泗陵震撼，皆云京一决为之。"⑥ 这都是明朝官僚当时的记述或奏疏，真实性是无可怀疑的。至于

---

① 《国榷》卷九八。

② 《烈皇小识》卷七。

③ 《明史纪事本末》卷七八。

④ 《甲申纪事》，中华书局排印本，第 17 页。

⑤ 《国榷》卷九八。

⑥ 《枢垣初刻》第四，《治河击奸疏》。

陈燕贻和李永茂分别弹劾黄澍和严云京，则是因为这两人都是主张决河的祸首。如《明纪》卷五六："有献计于巡按御史严云京者，请决河以灌贼。云京以语高名衡、黄澍。名衡、澍以为然。……于是遂凿朱家寨口。"所以，尽管所劾的决河凶手有黄澍与严云京之不同，但却足以有力地证实一点，即决河的是明统治阶级，而不是农民起义军。

还有一个问题需要弄清楚，即《豫变纪略》的作者郑廉，一方面虽然承认"有谓贼决黄河灌之者，非也"；但同时又说"有谓官军决河灌贼营而误陷者，亦非也"。理由是："至于九月，兵民饥饿，不能出城门，乌能一至河干乎？"[①] 这倒是必须回答的质疑。就当时实际情况说，经过百多天围困，开封守敌，已经饥疲不堪，奄奄待毙。在这个时候，要突出重围、驰赴离城十里的河岸，不受到阻挠拦击，从容不迫地掘开大堤，是很少可能的。那么，决河的究竟是什么人呢？根据各方面史料的判断，我认为是当时明朝河北的援军。证据之一是《大梁守城记》载："先是，贼老营在阎家寨，适当黄河旧决故道。故河北诸公，议决之以解困城之急。"之二是《汴围湿衿录》载："围至七月终，望援无期，坐以待毙。汴人熟知河势，见往岁黑罡上游遇决，即自贼营一路而下，适当其要，密禀巡抚高名衡，随差谍者潜渡河北，书约巡按严云京举事，果使卜从善大营架舟南岸，掘一昼夜，贼觉之，领兵冲散。"[②] 之三是在《绥寇纪略》和《平寇志》诸书记九月决河事件时，更直接指明决河的是"援军"。如前者："援师方凿朱家寨口，贼已移营高阜。"[③] 后者："援兵掘朱家寨口，闯曹已觉，移营高阜。"[④] 这是既符合事实，也切近情理的。第一，在这以前，卜从善曾有决河之举，只是未能得逞，因而，再次抢渡决河，是完全可能的。第二，开封沉没后，虽然先有崇祯的直接追查责任，后有陈燕贻的弹劾，但高名衡和黄澍等都不仅未因此获咎，相反，高名衡以"慰劳养疾归"，而黄澍则因"功"迁升为御史。这也说明，尽管他们是"决河灌贼"的主谋者，但没有参与实际行动，没有给崇祯抓住把柄。第三，还可以对照一下起义军姚奇英所说："时官城中者，恐以城破议罪，将河

---

① 《豫变纪略》卷五。

② 《汴围湿衿录》第三围，《掘河淹贼》。

③ 《绥寇纪略》卷九。

④ 《平寇志》卷五。

水灌城，而已逃避之，非真河决也。时巡按为王燮”的话，实际上王燮当时不是巡按，而是明河北援兵的监军。明律“陷藩”是要议斩的。可是对于在开封城内拼死顽抗的明官僚如高名衡、黄澍等来说，一旦城破，他们或则“效忠以殉”或则俯首降顺，并不存在“城破议罪”的问题。相反，只是对于奉命驰援却在河北按兵观望的抚镇和监军们，才有这种威胁。因而，“将河水灌城，而已逃避之”的，也就只能是他们。关于这一点，有一段很重要的史料可为佐证，据《弘光实录钞》：甲申年（1644年）十一月丁亥（初三日），“参将张□上言黄澍决河事。有旨：‘黄澍倡决河之议，使汴百万生灵皆殒，罪在万世，俟楚事勘结再夺’”。接着下面有作者黄宗羲的一段说明云：“初，澍为汴理河，闯贼围之，上下固守。已而河决，官府人民具舟星散，开封化为泽国。先帝犹奖澍守汴之功，不知澍避逃□之名，使人私决之也。”① 据此，可以清楚看出，“倡决河之议”的是黄澍，而实际“决之”的则是他所使的“私人”。这个“私人”是谁呢？按照李永茂的奏疏来看，最大的可能就是“实为祸首”的严云京。

根据以上的分析，我对决河事件的初步看法是：阴谋，是开封城内的高名衡、黄澍和河北的严云京等共同策划，而由河北援兵具体执行的；目的，在于“河决则贼可尽，而城中无虞”，即妄图借黄河的洪流，侥幸解开封的重围；结果，因为适逢“大雨连旬，黄流骤涨”，不仅阴谋未能得逞，反使开封“尽没于水”。这是出乎他们意料之外的。于是，便恶意地“诿凿渠事于李自成”。一则蒙骗崇祯，以便逃避惩罚；同时，把决河灌城酿成百万生灵死于非命的滔天罪行，转嫁在农民起义军身上。

这就是事实的全部真相！

（原载《历史教学》，1964 年第 1 期）

---

① 《弘光实录钞》卷三。

李自成起义军在河南的胜利

明末李自成领导的农民起义军，在推翻明王朝之前，曾在河南地区取得一系列巨大的胜利。探究这些胜利的问题，主要有以下几点意义：其一，李自成起义军于崇祯十六年（1643 年）十月占领西安，次年二月初渡黄河东下，夺取北京。一路势如破竹，仅仅一个半月的时间，就于三月十九日攻占了明帝国的统治中心——北京，颠覆了明王朝二百七十六年的统治。猛然看来，这样巨大的胜利，似乎得来甚易，但这只是明末农民起义军反明斗争整个过程的一部分。在这以前，起义军曾同敌人先后进行了十六七年激烈的战斗，严重打击和削弱了敌人。特别是 1641—1643 年三年间在河南所取得的一连串胜利，实际上已经基本把敌人的主力歼灭，决定了双方的胜负。因此，通过阐述起义军在河南地区的胜利，就可以使起义军在尔后短短的时间内何以能够迅速推翻明王朝的问题，得到说明。其次，可以证明李自成不仅是一个杰出的农民领袖，而且是一个具有非凡的军事艺术才能和丰富武装斗争经验的卓越的古代革命军事家。

一　李自成起义军在河南再度崛起及其空前壮大

明末杰出的农民起义领袖李自成，陕西米脂（今县）李继迁寨人。崇祯初参加起义，曾先后做过起义领袖王左挂、不沾泥和闯王高迎祥等的部下。崇祯九年（1636 年）七月，高迎祥在陕西盩厔（今周至）被俘牺牲，李自成顽强不屈，继续斗争。这以后，由于明统治者的残酷镇压和敌我势力悬殊，李自成所领导的农民军，经常处于被动失利的地位。崇祯十三年（1640 年）九月，复遭明统治军围困在巴西鱼腹山中。

当李自成被因于鱼腹山中时，“众散略尽，部下俱降，秦兵蹙之于北，左兵扼之于南"[①]，情况是异常严重的。但这位杰出的农民领袖，并未被险恶的局势所吓倒，在部众的支持拥戴下，"以五十骑突围而南"，冲破了敌人的包围。这时正值"河南大饥，饥民所在为'盗'"。而从前的"降党未经解散，饥民复相煽聚，势若燎原"[②]。这种形势，给李自成起义军的再起，准备了雄厚的群众力量。再加上这时明军的精锐部队，大部被张献忠起义军吸引在四川。河南地区，明军兵力薄弱。又给了李自成起义军以顺利发展的时机。所以，他以五十骑自郧阳（今湖北郧县）、均州（今湖北均县）北上河南，饥民从者不下数万人。到同年（1640 年）十二月，更扩展成数十万众，攻克河南永宁（今洛宁）宜阳（今县），连破四十八寨，势复大振，成为明末农民起义军颠覆明王朝最强劲的力量。

李自成起义军的再起和发展，不是偶然的。从客观上说，是在社会矛盾进一步加深、明帝国经济、政治更濒临崩溃的情况下发生的。从崇祯十一年（1638 年）以来，河南、陕西、山西、山东等省灾荒严重，"人相食，草木俱尽"。而统治阶级为了镇压农民起义，又复变本加厉地征勒练饷、剿饷，使得"农怨于野，商叹于途"[③]。这就迫使更多的群众参加到起义队伍中去，壮大了农民军的力量。

另一方面，从主观上看，起义军在长期的战斗锻炼中，不断克服缺点和弱点，积累了丰富的斗争经验，日渐成熟起来。而崇祯十三年（1640 年）李岩、宋献策等士绅知识分子参加起义军后，提出了一系列的策略和建议，李自成接受并推行了一些好的政治主张，也起了一定的作用。据记载经采纳推行的大体有以下几方面：

第一，揭发明政权腐朽黑暗的统治。如崇祯十四年（1641 年）正月，攻破洛阳，向民众宣称："王侯贵人，剥穷民视其冻馁，吾故杀之，以为若曹"[④]。崇祯十六年（1643 年）正月，攻克承天（今湖北锺祥县），移檄黄州（今黄冈县）有云："明朝昏主不仁，宠宦官，重科第，贪税敛，重刑罚。……日倾师旅，掳掠民财，奸人妻女，吸髓剥肤，本营十世务农

① 《明季北略》卷十六，《自成败而复盛》。

② 同上。

③ 《明史》卷二七五，《左懋第传》。

④ 《绥寇纪略》卷八。

良善，急兴仁义之师，拯民涂炭”①。又如崇祯十七年（1644 年）正月初六日，进围太原，移檄远近，有“……贿通官府，朝廷之威福日移；利入戚绅，闾左之脂膏尽竭。……公侯皆食肉纨绔，而恃为复心；宦官悉龁糠犬豚，而借其耳目。狱囚累累，士无报礼之心；征敛重重，民有偕亡之恨”② 等语。这一类宣传，不但揭露了明王朝的黑暗统治，也向广大人民说明了起义军的任务。

第二，针对广大农民的痛苦和要求，提出正确的政治口号和措施。一是“均田”口号的提出。据载：“李岩教李自成以虚誉来群望，伪为均田免粮之说相煽诱”③。至于“均田”的详细办法，曾否实施甚至这个口号的真实性，限于材料，暂时存疑。另一是“免赋”口号的提出。据载起义军所至，“一应钱粮，比原额止征一半”。又崇祯十六年（1643 年）正月，攻克黄州（黄冈县），传檄布告：“三年免征”④，并及时采取了相应的措施。如破洛阳时，除“发王府中金及仓粟，大赈饥民”外，又“令饥者以远近就食。男子二十以上愿从军者，月食四十金，趫敢能为者倍之。……民奔走赴之者百万”⑤。这样，又扩大了起义军的队伍。

第三，严厉整饬军队的纪律，保护劳动人民生命财产的安全。如宣言：“闯王仁义之师，不杀不掠”⑥。又有“马腾入田苗者，斩之”⑦ 的军令。大军所向，首先“传牌各处，不淫妇女，不杀无辜，不掠资财，所过秋毫无犯”⑧。如崇祯十六年（1643 年）正月，“定承天德安，亲临黄州，遣牌知会士民，勿得惊慌，各安生理”，并告诫“各营，有擅杀良民者，全队皆斩”⑨。

起义军为了使广大人民了解自己的政策措施，除通过檄文布告周知外，又利用多种多样的方式，广泛宣传。如使士兵扮成商贩医卜，到各处

---

① 《平寇志》卷六。
② 《明季北略》卷二十，《李自成伪檄》。
③ 《罪惟录》传三一，《李自成传》。
④ 《明季北略》卷十九，《李自成屠黄陂》。
⑤ 《绥寇纪略》卷八。
⑥ 《明季北略》卷二三，《李岩说自成假行仁义》。
⑦ 《明史》卷三〇九，《李自成传》。
⑧ 《明季北略》卷二三，《李自成传牌》。
⑨ 《平寇志》卷六。

传布，并编成许多歌谣，如“吃他娘，穿他娘，开了大门迎闯王，闯王来时不纳粮”；又如，“朝求升，暮求合，近来贫汉难存活，早早开门拜闯王，管教大小都欢悦”[①]。教给“儿童歌以相煽”[②]。

这些符合人民愿望的政治措施和有力的宣传鼓动，在瓦解明军和密切农民起义军与广大人民群众的关系上，起了显著的作用，为起义军向明统治者发起大规模的进攻，创造了有利的条件。首先，它使广大人民更加认清了明统治者的残暴面目，更加深了对他们的仇恨。统治阶级诬蔑这种情况说：“闯贼又肆行阴间，煽动无知，使兵民自相水火，同舟疾若寇仇”[③]。如崇祯十四年（1641 年）十二月，明军左良玉部冒雪进抵裕州（今河南方城县），城中“士民皆潜伏女墙，浇水冻城，为‘贼’拒守。即粒粮寸草，呼之不应，与价亦拒”[④]。与此相反，广大人民，对于农民起义军，则给予了热情的拥戴和积极的支持。如崇祯十五年（1642 年）冬，李自成进攻襄阳，“襄民焚香牛酒以迎”[⑤]。复取荆州，“士民开门迎”[⑥]。十六年（1643 年）春，进军云梦、黄陂、德安、黄州等地，“民皆感之，……以故所至风靡”[⑦]，“望风投降，视‘贼’如归”[⑧]。连统治阶级也看出这主要是由于起义军“结我民心，以成燎原之势”[⑨] 所致。无怪乎左良玉慨叹“防贼犹易，防民更难”[⑩] 了。其次，各部起义军也都先后来附，或接受李自成的领导。其中较大的如崇祯十四年（1641 年）二月，河南起义军瓦罐子、一斗谷等，尽归于李自成。同年六月，罗汝才部亦来附。十五年（1642 年）秋，马守应和贺一龙、贺锦等五营也来合。同年十一月，袁时中亦率部来附。到十六年（1643 年）春，连雄踞湖广的张献忠，也表示愿意接受李自成的领导。这时，李自成统率的起义军空

① 《明季北略》卷二三，《李岩说自成假行仁义》。
② 《明史》卷三〇九，《李自成传》。
③ 《明末农民起义史料》，第 408 页。
④ 同上书，第 344 页。
⑤ 《明季北略》卷十八，《李自成陷襄阳》。
⑥ 同上书，《李自成入荆州》。
⑦ 《明季北略》卷十九，《李自成屠黄陂》。
⑧ 同上书，《马世奇入对》。
⑨ 《明末农民起义史料》，第 414 页。
⑩ 同上书，第 408 页。

前壮大，已经“众踰百万”了。

二　“五溃官军”

李自成起义军伴随着正确政治措施的推行和武装力量的逐渐强大，同时对明军展开了大规模的进攻。崇祯十四年（1641 年）正月十九日，李自成亲率起义大军围攻明福王藩邸所在地的洛阳（今市）。由于人心的归附，并“计通总兵王绍禹部卒”①。所以仅仅围攻了一天，到次日夜晚，即胜利攻克。与此同时，另一位农民起义领袖张献忠，也于二月初五日攻破明襄王藩邸所在地的襄阳（今襄樊市）。严重震撼了明朝统治。明总理杨嗣昌“以连失二郡，丧两亲藩，度不免，遂自尽”②。明廷改派陕督丁启睿以兵部尚书代杨嗣昌督师。五月，又起用下狱的原兵部尚书傅宗龙，统陕西兵四万，出潼关，与保定总督杨文岳会师，“专办李自成”，命贺人龙、李国奇和虎大威等，会攻李自成起义军。

李自成于攻克洛阳后不久，曾移师攻取开封。但因城防巩固，环攻七昼夜不克，遂解围而去，于四月间攻破归德（今商丘市）。其后复转战楚、豫各地，并进驻商雒山中，休整了队伍。这期间，罗汝才和“革左五营”先后来附。起义军士饱马腾，其锋益锐，所过无坚城，明统治的巨城重镇，相继被破。九月初四日，明军傅宗龙部与杨文岳部合兵自新蔡（今县）渡河，将趋项城（今县）。李自成、汝才侦知之，乃尽伏精锐骑兵于密林，然后伪使另部散卒，搭架浮桥，跨河西渡。明军侦骑还报，傅宗龙、杨文岳误以为起义军怯战，拟西走汝宁（今汝南县），遂率军进犯。初六日，傅、杨两军并进，至孟家庄，人马饥疲，诸将解鞍休憩，士卒不为备，散行村落搜掠粮草。起义军见时机已到，突起搏击，明军仓皇应战，贺人龙、虎大威和李国奇相继奔溃，杨文岳乘夜窜往项城。傅宗龙逃窜不及，陷于重围，据营顽抗，飞檄贺人龙和李国奇部还救。但贺、李心存畏怯，不敢前来，反而窜避陈州（今淮阳）。到十一日，傅军粮刍俱尽，杀马骡以食。十八日，火药子弹均竭，傅宗龙乃于

---

① 《国榷》卷九七。

② 《明史纪事本末》卷七七。

夜间二更，开营突围，十九日，为起义军追杀于项城。起义军乘胜连下商水、扶沟，并于二月十五日攻破叶县（均今县），击杀了起义军的叛徒、明副总兵刘国能（即“闯塌天”）。这是李自成起义军在河南第一次溃覆明军的情况。

明军惨败的消息传往北京，崇祯闻讯，万分惶急，又督令继任陕督的汪乔年，出关进犯农民起义军。由于孟家庄一战，“关中精锐尽没于项城”，所以明军的战斗力，大为削弱，且对起义军非常恇惧。汪乔年得知调他出关的时候说：“兵疲饷乏，当方张之寇，我出，如以肉餧虎耳”，但迫于崇祯的督责，“出以持中原心”①，汪乔年遂拼凑散亡及边军，共得马步兵三万，于崇祯十五年（1642 年）正月，率贺人龙、郑嘉栋、牛成虎等，出关东来。

还在汪乔年出关之前，李自成于崇祯十四年（1641 年）十一月初四日，攻破南阳，击毙明总兵猛如虎，乘胜分兵连破邓州、内乡、镇平、新野、泌阳、汝州、禹州、唐县、通许、鄢陵、洧川、长葛、尉氏、陈留等十余州县，于十二月二十三日，联合罗汝才部第二次围攻开封。正当起义军全力围攻开封的时候，狡猾的左良玉率军袭陷了起义军饷秣所在地的临颍（今县），劫走所有存储。李自成得报，乃解开封围转攻左军，围蹙左兵于郾城（今县）。这时，已经率师抵达洛阳的汪乔年，以为有机可乘，阴谋袭击起义军后方襄城，“盖襄去郾仅百里，而左又骁帅，故欲出不意前后夹击之也”②。乃留步卒于洛，以二万骑兼程而进，于二月初二日，袭陷襄城。李自成获讯，急令悉师还救，乘乔年立营未定，发起强大的进攻，明军大溃，贺人龙、郑嘉栋、牛成虎等狼狈逃窜；龟缩在郾城的左良玉不敢出战，使汪乔年“夹击”的诡计，遭到破灭。十七日，起义军光复襄城，执杀了汪乔年，全歼明兵。这是李自成起义军在河南第二次溃覆明军的情况。

李自成以“数月之间，再败秦师，获马二万，降秦兵又数万，威震河雒”③。于是分兵四出攻伐，三、四月间，连破西华、陈州、睢州、太

① 《明史》卷二六二，《汪乔年传》。

② 《豫变纪略》卷四。

③ 《明史》卷二六二，《汪乔年传》。

康、宁陵、归德、考城、杞县、柘城等州县，五月初二日，遂三围开封，作久困计，期以必拔。

崇祯在听到明军襄城之溃后，又调兵遣将，作垂死的挣扎。先是改以孙传庭总督陕西三边军务，为了振刷士气，授意孙传庭于五月初一日诛杀了屡次临阵脱逃的贺人龙，“专依左良玉办‘贼’”[①]。同时，切责丁启睿檄令各军驰援开封。同月十四日，丁启睿和杨文岳统率左良玉、虎大威、杨德政和方国安四镇兵，“军号四十万”，驰抵朱仙镇，要与李自成起义军进行一次拼死的决战。起义军为了防止陷于背腹受敌，乃争取主动，于十六日夜解围迎击明军。先占领城南朱仙镇高阜上流，已得地利。又“断上流之水，割在野之麦”，使“官兵水食俱绝”[②]，困惫万端，“杀马而食，接马溲以饮”[③]，军心动摇，溃势已成。所以当起义大军发起雷霆万钧之攻击时，明兵一触即败，先是左良玉军大噪，继之诸营悉奔。接着，丁启睿、杨文岳也相偕遁窜汝宁（今汝南县）。起义军乘胜追击四百余里，获马匹七千，降卒数万，第三次给予明军毁灭性的打击。崇祯闻报大惊，怒逮丁启睿下狱，将杨文岳革职听勘。

开封在被起义军包围三个月后，守敌在内乏粮饷、外无援兵的情势下，竟然勾结河北援军，于九月十七日掘开黄河大堤，淹灌起义军[④]。

开封淹没后不久，奉诏出关镇压起义军的陕西总督孙传庭，率军进驻南阳。李自成为了争取主动，即合罗汝才部，西上迎击。狡猾的孙传庭，鉴于起义军士马精悍，难以力敌，乃设“三伏以待”：命牛成虎将前军，左勷将左军，郑嘉栋将右军，高杰将中军。冬十月，两军接战，孙传庭命牛成虎“佯北，以诱之。‘贼’奔逐，成虎还斗。高杰突起翼之。左勷、郑嘉栋左右横击”，起义军不慎中伏受挫，回师北上。二十四日，明军尾追至郏县（今县）。这时，李自成表现了高度的镇静与机智，他一方面指挥部队沉着撤退，同时命令起义军委弃“羸马衣服金珠，被于野，以饵官军”。果然“官军见之，则皆争取，置怀中，或系诸马鞍，失伍离次，不复为战备”。恰好这时罗汝才已率援军赶来，从敌军背后突然发起猛

① 《明纪》卷五六。

② 《大梁守城记》。

③ 《汴围湿衿录》第三围，《援兵四溃》。

④ 参见前文，此处从略。

袭，李自成也紧抓住时机，反兵回击，明军“仓卒不知所为，且其胸腹率臃肿彭亨，不可俯仰，而马鞍如驼峰，亦不能驰骋，遂大败，死者不可胜计”[①]。这是李自成起义军第四次给予明军以沉重的打击。

李自成起义军在河南地区第五次溃覆明军，是在郏县之战以后不久的冬天。起义军击溃孙传庭军后，乘势再克南阳。闰十一月，会合在此以前先后来附的“革左五营”和袁时中诸部，连营数百里，进逼汝宁（今汝南县）。明督杨文岳以保定兵屯城西，监军佥事孔贞会以四川兵屯城东，妄图拼死顽抗。起义军分道进攻，持续一昼夜，明军不支，川兵先溃；起义军乃悉众以攻保兵，保兵势蹙，被迫退入城中拒守。尽管“城头矢炮雨集”，但起义军表现了高度的英勇战斗精神，仍然“四面环攻，戴扉障矢石，云梯如墙立”，仰攻不息。十四日，终于“一鼓百道并登”[②]，攻克汝宁，执杀杨文岳，全歼守敌，又一次取得了辉煌的胜利。

这以后，起义军的进展更为迅速。十二月十八日，至荆州（今湖北江陵）。荆州虽然“有兵有饷有坚城”，但却“人无固志”。闻知起义军来，道臣周凤岐和沅抚陈睿谟先后逃窜，“士民开门以迎”[③]，起义军遂克荆州。三十日，大军复向承天（今湖北锺祥），同时，分兵攻取郧阳（今郧县）。这时，豫南、鄂北的邓州（今河南邓县）、淅川（河南今县）、谷城、光化（均湖北今县）一带人民，都踊跃供应起义军粮饷，“寨民供其刍粮”[④]，支援自己的军队。崇祯十六年（1643 年）正月初二日，克承天，击毙巡抚宋一鹤。分军连下京山、潜江、云梦、孝感、黄陂（均湖北今县）、德安（今安陆县），进迫汉阳。守将左良玉不敢迎战，拔营浮江东逸九江（江西今市），走避芜湖（安徽今市）。到三月间，在各地起义军的配合下，李自成又攻占公安、石首、松滋、枝江（均湖北今县）和澧州（今湖南澧县）。于是，湖广、河南广大地区，大都置于李自成起义军控制之下了。

① 《豫变纪略》卷五。

② 《平寇志》卷五。

③ 《怀陵流寇始终录》卷十五。

④ 同上。

三 最后歼灭明王朝主力军——孙传庭部

当李自成起义军“五溃官军”在河南、湖广地区获得巨大发展的时候，最后推翻明王朝的任务，便被提到日程上来了。崇祯十六年（1643年）三月，李自成改襄阳为襄京，称新顺王，建立了政权，整顿了军制。六月，在襄京召开会议，商讨进攻北京、夺取明政权的大计。当时牛金星主张先取河北，直捣京师；杨永裕则主张先取金陵（今南京），截断漕运，坐困京师，然后乘敝北伐。顾君恩不同意上面两个意见，指出其缺点是：“先据留京（金陵），势居下流，难济大事，其策失之缓；直捣京师，万一不胜，退无所归，其策失之急”。他主张先取关中。因为关中是李自成、也是绝大多数起义军将士的“桑梓之邦”，且“秦都百二山河，已得天下三分之二；建国立业，然后旁掠三边，资其兵力，攻取山西，后向京师，进退有余，方为全策”[①]。这个卓越的战略计划，立即为李自成所接受。于是，起义军在荆襄大造舟舰，虚张顺江而下之势，以声东击西。这既可麻痹敌人的警觉，使陕晋不作准备，又可牵制明军东南的兵力，使其不敢西上驰援。

李自成起义军夺取北京的战略计划，是正确而周密的。但要加以实现，则还有许多困难。首先，关中地区，素称山河之险，关津险阻，攻取不易。其次，当时据守陕西的总督孙传庭，是一个“沉毅多筹略”的狡敌。如起义军初期重要领袖高迎祥，就是被他俘害的。这个老奸巨猾的刽子手，自崇祯十五年（1642年）十月郏县之战败回陕西后，他既看到起义军正在全盛，锐不可当：“‘贼’势重，不可敌”。同时，也估计到官军士卒新集，不利速战：“我军初集，迟久娴习以乘‘贼’敝，庶可用”[②]。所以他“益募勇士，开屯田，缮器械，积粟，……计守潼关，扼京师上游”[③]，以坐困起义军。他说“襄阳野如赭，（起义军）百万之众何以供？五月后必大乱，因其饥，我攻之，可不劳而定”[④]。中允刘理顺也贻书支

① 《明史纪事本末》卷七八。

② 《绥寇纪略》卷九。

③ 《明史》卷二六二，《孙传庭传》。

④ 《绥寇纪略》卷九。

持他“练兵屯田、坚守伺变”的计划，并警告说：“此举系天下安危，非直豫楚。譬如药之劫剂，博之孤注，断不可不动出万全而侥幸于不可知之两阵间也”[①]。不难看出，起义军如果不能打破面临的难关，非但进攻京师、夺取政权的计划，无法实现，而且必将面临严重的威胁。

就当时的情况看，狡猾的孙传庭，是不肯轻易出关决战的。但是，已经濒临溃灭的统治者，却无法克服内部的矛盾。据载，当时由于孙传庭“督工苛急，夜以继日，秦民不能堪。而关中频岁饥，驻大军乏饷。士大夫厌苦传庭所为用法严，不乐其在秦，相与哗于朝曰：‘秦督玩寇矣’。又相与危语恫胁之曰：‘秦督不出关，收者至矣。’”崇祯为了急于早日镇压起义军，挽救危局，巩固统治，也一方面升任孙传庭为兵部尚书，改称督师，兼督河南、四川、山西、湖广、贵州及江南军务，一方面催他火速出关收复河南：“趣战益急”[②]。孙传庭经不起士大夫的攻讦和崇祯的督责，顿足叹道：“吾固知战未必胜，然侥幸有万一功，大丈夫岂能复对狱吏乎！”[③] 于是被迫放弃了“持重万全”的策略。

孙传庭充分估计到他肩负责任的重大：“系四海之望”[④]，和出关与强大的农民起义军作战的危险性。所以，他几乎檄调了所能动员的全部兵力：“以总兵牛成虎、副将卢光祖为前锋，会河南总兵卜从善、陈永福，合兵洛阳之下池寨；檄左良玉以兵自九江赴汝宁夹击；……诏蓟辽总兵白广恩、四川总兵秦翼明、八卫土汉官兵、陕西三镇兵，俱随督师进讨；传庭以副总兵高杰将降丁为中军；命秦翼明出商雒为犄角；总兵王定、官抚民率绥夏二镇兵为后劲”[⑤]。孙传庭是要同起义军进行决死搏斗的。

李自成起义军也正确策划并组织了这次有决定性意义的战斗。他们看到：孙传庭倾师来战，势甚悍鸷。如果打硬仗，万一不胜，将遭到难以估计的损失。其次，起义军的目的，是消灭孙传庭的部队，扫清进军北京、夺取明政权的道路。因此，必须引诱他远离开“百二山河之险”的根据地，使其深入我区，陷于孤立无援、饥饿困惫和无路可退的地步，才能一

---

① 《豫变纪略》卷六。

② 《明史》卷二六二，《孙传庭传》。

③ 《绥寇纪略》卷九。

④ 同上。

⑤ 《明史纪事本末》卷七八。

举加以歼灭。所以，一开始便采用了战略退却的步骤："欲诱致之，每战辄匿精锐"[①]，又"悉出羸弱，以诱之深入"[②]。当八月间孙传庭率军进驻阌乡（河南今县）时，前往迎击的起义军部队，先佯败退走陕州（今陕县），再佯败退走洛阳（今市），复佯败退走汝州（今临汝）。"传庭不知其诈"，"志益骄"[③]。九月初八日，进占汝州。这时，起义军叛徒李养纯忽然叛降明军，泄露了起义军"老营在唐县，伪将吏屯宝丰，李自成精锐尽聚于襄城"[④]的机密。孙传庭遂以师袭破宝丰（今县），并分军陷唐县（今唐河县），残杀了起义军将士的亲眷，造成起义军意外的挫折。十三日，孙传庭进占郏县（今县），与起义军形成对峙的形势，并威胁襄城。孙传庭在多次给崇祯的奏疏中写着："贼闻臣名，即惊溃，誓肃清楚、豫，不以一贼遗君父忧"[⑤]。这时，这个刽子手已经被虚假的胜利冲昏了头脑。

当孙传庭所统率的官军尾随起义军的战略退却进入河南腹地的时候，就寸步难行，完全为起义军所控制了：时"河南所在皆荒，诸军深入，馈饷不继"[⑥]，再加大雨连旬，士马俱饥。起义军复"深沟高垒，不肯战，而使其别部由山北至白、汝诸道，以劫掠官军之粮运"[⑦]，切断了敌军的饷秣供应，敌军饥疲不堪，斗志瓦解。十七日，便发生"兵噪于汝州"的事件。这时，起义军在战略退却阶段中所造成的有利于我、不利于敌的形势，已经完全成熟了。于是，就集中强大兵力，展开进攻。大战是在郏县城郊进行的，战斗开始后，起义军"精骑大至"，明将白广恩惧战，率所部八千人先遁。起义军以"前锋名三堵墙，一红、一白、一黑，各七千二百人"向敌阵冲击，"官军大败，陷泥淖死者数千人"。高杰见势不可支，麾众西撤，其余诸军亦皆随之奔窜。起义军乘势"驱大队疾追，一日驰走四百里，至于孟津"。这次战役，"官军死亡四万余人，尽丧其

---

① 《明季北略》卷十九，《孙传庭汝州大败》。

② 《平寇志》卷七。

③ 《明史纪事本末》卷七八。

④ 《明史》卷二六二，《孙传庭传》。

⑤ 《绥寇纪略》卷九。

⑥ 同上。

⑦ 《豫变纪略》卷六。

军资数万"[1]，以起义军的大获全胜而结束，明统治者最后一支能够同起义军抗衡的武装力量，被基本歼灭了。起义军乘胜进军，十月初六日，破潼关，凶悍的刽子手孙传庭，为起义军击毙，受到应有的惩罚。诸将白广恩、高汝利、左光先、梁甫及陈永福等，先后势穷来降。至此，李自成起义军扫清了西取关中、并由此进军北京的道路，夺取政权斗争的第一步、也是最重要的战略计划，已经胜利实现，敌负我胜之局已决，甚至连统治阶级，也发出孙传庭"战败于郏县，而明事不可复为"[2] 的哀鸣，明统治政权全面崩溃的命运，已经在这时确定了。

（原载《历史教学》，1959 年第 4 期。署名孙逊）

① 《明史纪事本末》卷七八。

② 《豫变纪略》卷六。

有关李自成的军事思想

李自成是明末农民起义领袖，又是一位杰出的农民革命军事家。近年来，我国史学界对于他的起义活动及评价方面展开了广泛的讨论，但对于他的军事方面的研究，还没有引起足够的注意。本文拟将作者年来在读史中所接触到的有关李自成的建军思想，战术思想和战略思想三方面的史料札记作些介绍，聊供参考。

关于建军思想方面

李自成所领导的农民起义军，最盛时曾达百万人以上。对这样一支庞大的革命武装来说，严密的军队编制，就有着重要的意义。李自成正是以其卓越的组织能力，实现了起义军的严格编制化的。据载还在崇祯十六年（1643 年）李自成起义军在襄阳时的编制情况是：

在将领品级方面：置权将军、副权将军、制将军、果毅将军、威武将军、都尉、掌旅、部总、哨总，为一至九品[①]。

在军队编制方面：分全军为中、左、右、前、后五营，由正副权将军二人统辖。五营中又以中营（亦称“标营”或“中权营”）为主；五营复分别以各营制将军为最高指挥官。

军伍的编制，以小队为基础单位。每小队精兵（精壮男子十五至二十四者）二百人。精兵每人有马三、四匹，及军械伕、马伕、伙伕等十余人。中营领兵百队，左、右、前、后四营，各领兵四十余队[②]。

① 关于将领品级，各书所记，略有不同。此处从《甲申传信录》。

② 《明史》卷三〇九，《李自成传》。

为了区分营制和便于指挥，五营各设颜色不同的旗帜：中营白旗黑纛，左营白旗白纛，右营赤旗赤纛，前营黑旗黑纛，后营黄旗黄纛。李自成则独树白鬃大纛银浮屠，“行营望之而走”①。由于起义军具备了如上严密、健全的编制，使部队的管理、指挥、转移和战斗的行动井井有条。

李自成还极为重视军权的集中和领导的统一。崇祯八年（1635 年）农民起义军十三家七十二营的荥阳大会，由李自成所策划制订的粉碎敌人大围攻的战略计划，把各家农民起义军联合起来，统一调度，配合作战，就是这种思想最早的体现。崇祯九年（1636 年），高迎祥被俘牺牲，李自成顽强不屈，统帅起义军继续与敌人展开艰苦斗争。到后来，许多别部农民军先后汇合到李自成起义军中来。其中较大的有瓦罐子、一斗谷、罗汝才和以马守应、贺一龙、贺锦为首的“革左五营”，以及袁时中等。由于李自成能够统一指挥这些部队，做到同一步调，共同行动，从而比较充分地发挥了部队的战斗威力，不断给敌人以沉重打击。所以，连统治阶级也称许“李自成号令尤善，调度有方，诸军震肃”②。平时，李自成“脱粟粗粝，与其下共甘苦”③，与起义军将领及士兵的关系，都很融洽亲睦。但是，他对于破坏集中军权和企图分裂起义军的行为，则坚决反对，必要时并不惜采取断然的手段。崇祯十六年（1643 年）春，有一些起义领袖暗中勾结甚至公然提出了分裂起义军的要求，像罗汝才对于李自成“不为下”④；贺一龙不但“不相下”⑤，而且还向李自成要求“自为一军”⑥。李自成对这些“恶相属”的农民军将领，进行了断然的并杀。过去，有人不明瞭这次并杀事件的原因，曾指责李自成的狭隘和不能容人，这是不公允的⑦。事实证明，并杀事件，对起义事业起了积极的作用：“于是河

① 《明季北略》卷十九，《李自成擅号设官》。

② 《国榷》卷九七。

③ 《明史》卷三〇九，《李自成传》。

④ 《绥寇纪略》卷九。

⑤ 《烈皇小识》十六年五月条。

⑥ 《罪惟录》传三一，《李自成传》。

⑦ 关于并杀事件，请参阅拙作《关于李自成并杀罗汝才、革里眼和袁时中的问题》，载 1957 年 8 月 1 日《光明日报》。

南、湖广、江北诸‘贼’，莫不听命”[①]，“百万之众，惟李自成马首是瞻”[②]。军权的集中与领导的统一，使起义军战斗力空前加强，为其后不久进攻京师、夺取政权的斗争，准备了有利的条件。

李自成所领导的农民革命军，配备有较精良和充足的战斗装备。

首先，李自成的起义军大量畜养和充分使用了战马。据载李自成起义军每精兵一人，有马三到四匹，而“大头领有六七十骑或百骑，小头领亦二三十骑”。为了保持战马的精壮强悍，一方面注意加强饲养爱护，“大马日支料一斗，中马六升”，“严寒则掠茵荐布地，以藉马足”。同时，注意防止过分疲累马匹，平时“所乘止骡，其马不轻骑，留为战用”。在决战的时候，“一兵必二三马，更番驰骋而不疲敝。”[③]

其次，是精锐武器的配备和使用。就杀伤武器说，李自成起义军所配备的，主要还是冷兵器，如刀、矛、弓、箭等。但是，伴随着火药制作的发展，当时已经出现了早期的发射武器，而且已经配备有相当大的数量。“一切铳炮火药，动以巨万计”。因此，在战斗中，特别是在攻城战中，发挥了巨大威力。甚至连统治阶级也不得不承认，“‘贼’善攻城，无坚不破”[④]。

除了杀伤武器外，李自成起义军还配备坚固有效的防护武器。据载，李自成起义军战士都着用“绵甲”。这是用丝绵制成的一种软甲，“纫绽至百层，轻厚，矢炮不能入”[⑤]。据统治阶级说：“我甲以铁，重而难耐；‘贼’甲以绸，轻而最坚”[⑥]，正道出了这种软甲的优点。

起义军战士除平时一般着用软甲外，根据实际需要，也穿用“铁胄”和“铁衣”。此外，在攻城战中还使用一种叫作“洞车”的大型防护武器，是专门掩护战士接近并拆毁、爆破城墙用的。

李自成不仅极为注意武器装备，还非常重视对战士的战斗技术的训练工作。据载起义军每当驻地休整时，“则校骑射，谓之‘站队’，及夜方

---

① 《明史稿》列传一八三，《李自成传》。

② 《明史纪事本末》卷七八。

③ 《平寇志》卷六。

④ 同上。

⑤ 《绥寇纪略》卷九。

⑥ 《平寇志》卷六。

毕，习以为常"[①]。由于李自成所领导的起义斗争，是正义的、革命的事业，加上起义军既有精良充分的战斗装备，又有经常、严格的战斗技术训练，所以强悍雄健，骁勇善战，不断给予明军以沉重打击，以至像统治阶级所说："官兵畏'贼'如虎"[②]，望风溃逃。

李自成对于农民起义军的粮饷供应，一向给予足够的注意。他在军队中建立了专门管理供应军粮的机构，对于新参加起义军的人，除"善战有力者给马匹弓刀"外，"无手业者入打粮队，粗蠢者入打马草队"[③]，负责征集军队的粮饷和马匹的草料。

李自成起义军军饷的主要来源，在前期主要是夺取官府、豪绅和官军的供应。如崇祯十四年（1641 年）正月，起义军攻克洛阳，得"藩邸及巨室米数万石"，并以之"赈济饥民"。十六年（1643 年）冬，起义军占领西安，据载："秦藩府库，尽为'贼'有"，并"搒掠巨室助饷"。又如十六年九月，起义军在河南汝州大败孙传庭，杀伤明军四万余人，掳获其"军资数万"[④]。此外，也得到劳动人民一定数量的物质支援。如崇祯十五年（1642 年）冬，起义军克荆州，分兵取承天、郧阳，当时豫南、鄂北一带人民，都纷纷"供其刍粮"[⑤]。又如崇祯十六年春，李自成雄踞荆襄，"汉、黄以上与应、随接壤者，壁坞之人，多与'贼'通，而输之粮"[⑥]。到后期，据载起义军也是"募民垦田，收其籽粒以饷军"[⑦]，亦即组织过粮食的生产。因此，农民起义军就能有比较充分的粮饷供应，甚至连当时的统治阶级也不得不承认"'贼'善给养"，并对比了自己在粮饷问题上的困难后分析道："'贼'营百人，止抽二人作精兵，安坐以听给养。……我以一兵为一兵，'贼'以数十人养一兵，无怪乎'贼'之踊跃也"[⑧]。

再则，李自成对起义军的军事纪律，也给予了足够的重视，并采取了

① 《平寇志》卷六。
② 《烈皇小识》。
③ 《平寇志》卷六。
④ 《明史纪事本末》卷七八。
⑤ 《怀陵流寇始终录》卷十五。
⑥ 《绥寇纪略》卷十一。
⑦ 《石匮书后集》卷六三，《李自成传》。
⑧ 《平寇志》卷六。

相应的、有效的措施。如规定：军中“行囊勿藏白金。精兵许携妻子，戒旁渔”。“过城市不令处室庐，寝兴一单布幕”①。为了保护田稼，还下令：军马“腾入苗塍者，斩之”②。起义军尤其严禁淫掠和杀戮，大军所至，先行传牌各处，“称仁义之师，不淫妇女，不杀无辜，不掠资财，所过秋毫无犯”③。崇祯十六年（1643 年）春，移檄黄州内云：“各营有擅杀良民者，全队皆斩”④。十七年（1644 年）春，克西安，也曾“下令不得妄杀一人，误者将吏偿其命”⑤。因此，注意保持严整的纪律，成为李自成农民起义军一个突出的特点。早在崇祯十年（1637 年）时，明兵科给事中常自裕即曾推许李自成起义军“行兵有部伍，纪律肃然不乱，其悍不可当”⑥。而崇祯十七年（1644 年）春，农民起义军进入北京时，据统治阶级的史籍记载也说：起义军“整军入，军容甚肃”⑦。严整的军纪，是胜利地进行革命战争的重要保证，这也正是统治阶级指出李自成起义军“悍不可当”的重要原因之一。

关于战术思想方面

和古今中外卓越的军事家及将领一样，李自成也非常重视战术措施。他的战术思想，有如下特点。

第一，李自成极为重视侦察敌情和保守战斗行动的秘密。

李自成对于充分使用侦察人员，侦探与了解敌方情况，一贯给予足够的重视。据载起义军平时行军扎营，“每日以一营为外卫，值昼夜警堠”⑧，又“每队必派一人上屋角瞭高，如无屋必在高阜处。若见动静，高叫传塘马，顷刻至百里外，近边报马闻传疾去，远者渐次而来”。若

① 《绥寇纪略》卷九。

② 《罪惟录》传三一，《李自成传》。

③ 《明季北略》卷二三，《李自成传牌》。

④ 《平寇志》卷六。

⑤ 《绥寇纪略》卷九。

⑥ 《平寇志》卷二。

⑦ 《明季北略》卷二十，《李自成入北京内城》。

⑧ 《石匮书后集》卷六三，《李自成传》。

"住营日久，必有塘马于数百里外巡绰"[①]。尤其是当决定向敌人的城邑或重要战略目标发动进攻时，则更从多方面侦察、了解敌人的军事、政治等情况。比如崇祯十六年（1643 年）春，起义军准备进攻京师，夺取政权。在发起军事进攻之前，事先"潜遣其党载罽帛诸货为巨贾，列肆都门。更遣宁、绍、徽、衢诸降者，挟资入都，充各部寺掾吏，刺探机事，数千里飞递，纤悉必知"[②]。

李自成还充分认识到保守自己战斗行动秘密的重要。首先，是从内部封锁消息，严防泄露军事机密："行兵倏忽，虽左右不知所往"[③]。其次，是严防与破获敌方的侦察间谍活动，以确保军事机密。如崇祯十七年（1644 年）起义军攻取北京之前，明统治者企图探悉起义军的计划和动向，"日遣拨马探之"。但由于起义军的侦察人员"遍畿辅，每遇拨马出，即以告'贼'，悉掠入营中，厚贿结之"。所以"拨马多降'贼'，无一骑还报者"[④]。正因为起义军既掌握了敌方军政情况，又严密保守住自己战斗行动的秘密，就能把敌人陷入"摸瞎"的困境。正像明官僚马世奇所说："彼之情形，在我如浓雾；而我之情形，在彼如列炬。"[⑤]

第二，李自成善于创造性地运用快速的运动战。

李自成还利用一切可能条件，充分采用快速的运动战，出奇制胜地打击敌人。如崇祯八年（1635 年）正月起义军攻克明中都凤阳的胜利。这年正月初八，农民起义军十三家七十二营大会于荥阳，议决制订了粉碎敌人大围攻的战略计划。当明统治者还在调兵遣将、企图实现其"一举围歼"起义军的阴谋时，李自成和高迎祥、张献忠等已经于同月十五日攻占了凤阳。从荥阳大会到攻占凤阳，其间不过七八日；从荥阳到凤阳，路程遥距千余里。起义军在这样短的时间内成功地完成了攻占那样远距离的战略目标，其行军的迅疾，实达到了惊人的程度。又如崇祯十年（1637 年）冬起义军攻略四川的斗争。这年十月间，李自成看到四川空虚，便联合过天星、混天星等部起义军，分兵三道，进入四川，连破昭化、剑

---

① 《平寇志》卷六。

② 《平寇志》卷八。

③ 《平寇志》卷六。

④ 《平寇志》卷八。

⑤ 《明季北略》卷十九，《孙传庭汝州之败》。

州、梓潼，彰明、安县、罗江、德阳、汉州、盐亭、黎雅、青神、金堂等，一月之内，连克州县三十有六，并进逼成都，给明统治者以严重的震撼！以上两个例子，都有力地说明了李自成在快速运动战方面的卓异成就，和这种优越的战术在打击敌人上所发挥的巨大威力。连当时明统治阶级也承认："'贼'骑数万为一队，飘忽若风雨，过无坚城"①。

第三，李自成善于在战争过程中运用"反攻"与"追击"的战术。

李自成是以"长于攻"② 为明统治军所畏惧的。这点在有关明末农民起义的史料中，可以找到大量的例证。但是，对于李自成来说，更为擅长和有卓异成就的，则是"组织完善的反攻"，即通过有计划地造成敌人的错觉，诱之进入不利境地，然后给以出敌不意的攻击的那种反攻。如崇祯十四年（1641 年）九月间，起义军在河南项城歼灭傅宗龙、杨文岳的战斗，就是"尽伏精骑于林中，阳驱诸'贼'自浮桥西渡"，造成明军的错觉，误以为起义军已经渡河西走汝宁，解除了敌人的戒备。然后，"伏甲并出"，以猝然的反攻打击敌人，从而取得辉煌胜利的③。又如崇祯十五年（1642 年）七月朱仙镇之役，据载"李自成见左（良玉）营之移也，曰：'左健将，此来必死战，慎无与争，惟待其过而从背击之，蔑不济矣'。左步在前，骑在后，'贼'于步则听之行，于骑则斗而不鏖，锋才交即退。左兵喜于得逸，疾驰八十里"。可是，起义军"早已于其前穿巨堑二寻，广如其深之数，环而绕之者百里，李自成率百万之众遮于后追之"。结果，"左阵已乱无斗志，相率下马渡沟，负辎重，携刀槊，僵仆溪谷中，后人趾乘前人之巅以过。李自成从而蹂之，左大败，弃骡马万匹，器械无算"④，起义军取得了巨大的胜利。

这是一段有着很高价值的史料，它极为可贵地给我们留下了农民领袖李自成当时直接的指挥战斗的思想、语言和行动的记录，显示了农民领袖李自成那种"避敌之锐、懈敌之志、乘敌之敝"的卓越的战术思想；显示了农民领袖李自成那种指挥起义大军以雷霆万钧之势打击敌人的伟大气魄和力量。这些都充分体现了卓越的农民起义领袖李自成那种杰出的军事

---

① 《国榷》卷九八。
② 《绥寇纪略》卷九。
③ 《明纪》卷五六。
④ 《绥寇纪略》卷十一。

天才！

如果说和进攻比较起来，“反攻”能够取得相对大的歼灭性战果，那么，和“反攻”比较起来，“追击”就能够取得更大的歼灭性战果。李自成深刻认识这种作用，不放弃任何可能的机会在战斗中充分发挥它的威力。如崇祯十五年（1642 年）秋，李自成起义军大败明总督丁启睿、杨文岳的联军于朱仙镇，就是乘机追击：“追奔四百里”，掳获了明军“马骡七千，兵数万”① 的。又如崇祯十六年（1643 年）九月，在汝州击溃明总督孙传庭军后，李自成也是抓紧当时有利时机，“空壁追，一日夜逾四百里”。因而使“官军死者四万余人，失兵器辎重数十万”②。

第四，李自成很注意组织战斗过程中的协同动作。

李自成起义军平素是以骑兵为攻战主力的。但他在充分利用骑兵的同时，也非常注意组织骑兵与步兵的协同作战：“临阵列马三万，名三堵墙。战久不胜，马兵佯败，追之，则步卒之伉健者，长枪三万，击刺若飞，马兵回合，无孑遗矣”③。又如，在史料中还可以发现李自成组织水师和陆师相互配合的记载：崇祯十六年（1643 年）六月，李自成在襄阳议定攻取京师的战略计划，决定先取陕西，同时在荆襄“大造舟舰”，“欲止南兵不上，且使秦不戒也”④。显然，这除了是一种“声东击西”的策略外，还是一种水陆两军的协同作战。最典型的是起义军攻城的例子。据载，在攻城时，不仅“分昼夜为三番，更番不休”。而且“间用云梯、洞车，多以铁骑外围，步兵强弓、鸟枪连发，守者不可外瞰。人戴铁胄，蒙铁衣，携锥斧凿城”⑤。“步兵强弓、鸟枪连发，守者不可外瞰”，这是用猛烈的飞箭和火力，掩护战士攻城。在这里，我们看到了一幅骑兵、步兵、炮兵和工兵紧密配合协同作战的壮观的古代战争的画面。

第五，李自成很注意集中使用兵力。

明末农民起义军所面对的，是一个大一统的帝国。在统治者手中，掌握有能够统一指挥、调遣的强大武装力量。这对于分散的、各自为战的农

---

① 《平寇志》卷五。

② 《明史》卷三〇九，《李自成传》。

③ 《绥寇纪略》卷九。

④ 《明季北略》卷十九，《顾君恩议取关中》。

⑤ 《平寇志》卷六。

民起义军来说，乃是严重的压力。基于这个特点，集中使用兵力，就有着极为重要的意义。还在起义的早期，各部农民军就曾组成“三十六营”和“十三家七十二营”，但比较松弛，极不巩固。只有到起义后期正式形成以李自成和张献忠为首的两支统一的农民革命队伍后，其中李自成特别重视集中使用兵力，这一点也为当时明统治阶级所了解，如程源在疏文中曾说：“盖‘贼’之所忌者，分也；我之所恃者合也。闻楚郡伪官，请兵于‘贼’，不许，则‘贼’之所忌可知也”①。尤其李自成所统帅的部队，由于实现了军权的集中和统一指挥，所以更充分地发挥了集中使用兵力的作用。其结果：首先是战斗力大大增强，“其势益盛”，“众益炽”，从崇祯十三年（1640 年）冬起，到崇祯十六年（1643 年）春，先后攻克宜阳、洛阳、项城、陈州、襄阳、南阳、归德、开封和承天等巨城重镇，形成“无坚不破”的优势，甚至连镇压农民起义军的凶顽刽子手左良玉，也畏惧李自成，“不敢复与交锋，故恒避之”② 了。关于这点，正如山西巡抚蔡懋德所说：“今日之失，正在贼聚而攻，我散而守，故处处无坚城也。”③ 其次，是能够更大规模地歼灭敌人。从明末农民战争的全部过程来看，前期的农民起义军，就其兵力的总和说，是并不少于或仅略少于后期的。不过由于诸部起义军分散各地，各自为战，所以尽管有时也能取得一些胜利，但大多数是小规模的、局部的，而且绝大多数只限于击溃部分敌军。然而后期由李自成所领导的农民起义军，由于采取了集中使用兵力的原则，就完全改变了那种情况，不仅能够取得大规模的带全局性的胜利，而且能够大量地歼灭敌军。如前边列举的崇祯十四年（1641 年）九月在河南项城歼灭傅宗龙、杨文岳的战役，十五年（1642 年）七月在河南汝宁歼灭丁启睿的战役，和十六年（1643 年）九月在河南汝州歼灭孙传庭的战役，都是最明显的例证。

关于战略思想方面

农民起义领袖李自成，也有着卓越的战略思想。整个起义过程中，由

---

① 《明季北略》卷二三，《程源疏略》。

② 《明史纪事本末》卷七八。

③ 《荆驼逸史·明亡述略上》。

他所研究、制订和实现的战略计划，是不在少数的。下面想就现存史料中有较详细记载、能够比较完整地总结出来的两个例子，进行一些肤浅的分析。

第一个是崇祯八年（1635 年）正月农民起义军十三家七十二营为打破明军的围攻大会于荥阳时由李自成建议所制订的战略计划。

崇祯七年（1634 年）九月，陕西地区的农民起义军为争取主动，从陕南转进到河南北部。在崇祯的督责下，明督师洪承畴檄调四川、陕西、湖广、山东及开封、汝州、归德之兵，向河南集中，企图大举围攻起义军。这个阴谋，事先被起义军侦知，便采取紧急对策，“大会于荥阳，议拒敌”①。李自成当时还是次要领袖，隶属于高迎祥麾下。

大会在讨论作战对策时，各家起义领袖意见互不一致。李自成提出了一个卓越的战略计划，第一次显示了超人的军事才能。他首先鼓舞大家说：“一夫犹斗，况十万众乎，官军无能为也！宜分兵定所向”。于是决定：“革里眼（贺一龙）、左金王（贺锦）当川、湖兵；横天王、混十万（马进忠）当陕兵；罗汝才、过天星（惠登相）扼河上；迎祥、献忠及李自成等略东方；老回回（马守应）、九条龙往来策应。陕兵锐，益以射塌天（李万庆）、改世王（许可变）”②

这是一个非常出色的战略计划。首先，从计划分兵定向的安排，特别是从“陕兵锐，益以射塌天、改世王”的补充措施来看，策划者不仅事先侦知了敌军的动向，而且还精确地掌握了敌军的实力。因而可以证明，它是建立在可靠的根据之上的。其次，这个战略计划的任务是打破敌军的大包围，保存革命武装力量。也就是说，是属于防御性的。但是，策划者并没有采用消极防御的办法。相反，是采取了使“迎祥、献忠及李自成等略东方”的积极的办法。这种以积极进攻代替消极防御的正确措施，把敌人陷于不利，为起义军争得了极大的主动性。再次，计划不仅确定“略东方”，而且还把攻取凤阳作为决定性的突击方向③。大家知道，凤阳是明统治者祖先的陵寝所在，被尊为“中都”，“其严重视京兆”④。因

① 《明纪》卷五四。

② 同上。

③ 《明季北略》卷十一，《贼陷凤阳》。

④ 《绥寇纪略》卷三。

此，把凤阳作为打击的目标，就具有特大的威慑力量。最后，策划者还正确地组织了实现战略目的的武装力量——高迎祥、李自成和张献忠的联合部队。如所熟知，这支联军，是当时全部起义军中最精锐的部分，拥有强悍的骑兵。由他们担任主攻，不但对敌人实力取得压倒的优势，而且还能够出敌不意，快速猛袭，出色地胜利实现了计划所规定的预期目的①。

另一个是崇祯十六年（1643 年）在襄阳时所制订的攻取明统治中心、夺取政权的战略计划。如果说前一个战略计划还是一个较大的独立作战方面的计划，那么，这一个就是关系到一个全局的计划了。在这里，更表现了农民领袖李自成那种高瞻远瞩的军事才能。

崇祯十六年春，李自成在襄阳建成革命政权机构，遂于六月间召开会议，策划攻取明王朝统治中心北京，夺取政权。当时牛金星主张先取河北，直捣京师；杨永裕主张先取金陵截断漕运，然后乘敝北伐。顾君恩不同意上面两种意见，主张“先定关中，后向京师”②。李自成采纳了这个建议。应当说明，这个计划虽然是由顾君恩提出被李自成接受下来的，但仍可认为是李自成制订的。因为，第一，计划是由李自成决定下来的。据载李自成经常就是“每有谋画，集众谋士议之，每不言可否，阴用其长”③；听取群众意见正是李自成的一个优点。第二，完整的战略计划，应当是包括从制订到实现的全部过程的。事实证明，后来攻取明王朝统治中心北京、夺取政权的战略目标，是在李自成的直接领导、组织和指挥下胜利达到的。

这个战略计划的优越性，也在于它是建立在对当时形势精确了解基础之上的。一方面，指出先取金陵和先取河北两个计划的缺点：“金陵势居下游，无济大事，其策失之缓；直取京师，万一不胜，退无所归，其策失之急”；否定了这两个计划。然后才列举出充分的理由：关中为李自成和大部起义军战士的“桑梓之邦。秦都百二河山，得天下三分之二，建国立业，然后旁掠三边，资其兵力，攻取山西，后向京师，庶几进有可攻，退有所守，方为全策”④。无疑，这个分析是比较全面面精确的。以关中

① 参阅拙作《论明末农民起义军“荥阳大会”的卓越成就》。

② 《绥寇纪略》卷九。

③ 《平寇志》卷六。

④ 《绥寇纪略》卷九。

而论，是京师的屏藩，具有“唇齿”的重要意义。从群众条件上说，是李自成和大部战士的乡里，能得到他们的支持和拥护；从地理环境上说，有着“百二河山之险”，可以作为进攻和退守的基地；从战略意义上说，据守关中的孙传庭部，是当时明王朝仅存的最精锐的武装力量，歼灭了这一部敌军，就具有决定战争全局胜负的作用。至于北京，这是明统治的首都，政治、经济的中心，攻克了北京，就能取得颠覆明王朝的统治和夺取政权的决定性的胜利。

这个战略计划既经确定，李自成就以其超人的军事才能，组织和指挥了为全面实现这个计划的武装斗争。首先，是通过诱敌深入，陷之于劣势，一举歼灭了关中劲旅孙传庭部，占领关中，完成了战略计划的第一个步骤。其次，是以关中为根据地，进一步整顿和充实了政治和军事力量，如正式在西安“建国立业”，整编和补充了农民军部队，并“遣李过以精卒数万循三边”①，稳定了基地大后方。最后，“三边既下”，起义军“无后顾，长驱而东”②，把攻战行动，转向新的阶段——进攻明王朝统治中心北京，夺取政权。崇祯十七年（1644 年）二月，起义大军渡河进军山西，攻占太原。为了对敌取得绝对优势，确保万全，李自成一方面分遣别将入固关，自大名、真定北上。而自己则统率主力大军，北指大同，“乘瓦解之势，以尽收宣（化）大（同）之兵，然后进攻居庸以进”。③ 仅仅经过一个多月的战斗，就于三月十九日成功地攻克北京，准确地实现了预期的战略目的。

根据以上的分析，可以看出：由李自成所制订、并在他直接领导、组织、指挥下所实现的这两个战略计划，都是具有一定的科学性、准确性和全面性，是我国古代军事史和战争史中的范例。

农民革命领袖的李自成的军事思想，还是有着很大局限性的。比如他还不了解战争的政治实质，不了解或不明确了解经济因素和精神因素与战争的密切关系。他虽然一定程度地认识到人民群众在决定战争胜负中的重要意义，但还不能够更自觉地把人民群众当作影响战争结局决定性的和经

---

① 《明纪》卷五七。

② 《国榷》卷九九。

③ 《绥寇纪略》卷九。

常的因素。因此，他就忽视了作为军队人员补充的源泉、并在政治和精神上密切影响着军队的巩固的后方，相应的忽视了政权、特别是根据地的建设工作，表现了比较明显的“流寇主义”的倾向。

不过，这些缺陷，大多数都是受到历史条件的限制无法避免的，是不能、也不应该超出那个时代允许的范围去要求他的。必须承认，作为十七世纪初期中国封建社会的农民的革命军事家，李自成是已经达到了那个时代所能达到的高水平的。

（原载《学术月刊》，1962 年第 11 期）

张献忠智歼明督师杨嗣昌的斗争

杨嗣昌是明末镇压农民起义军最凶悍的刽子手之一。他是陕西总督杨鹤的儿子，出身于“将门世家”，有着丰富的政治、军事斗争经验，深得明统治者的器重和信任。崇祯十二年（1639 年）十月，他以兵部尚书受命督师，大誓三军，专责镇压张献忠部农民起义军，气势凶横，不可一世。但是，经过一年多，他不但没有“剿灭”张献忠，反而在张献忠所领导的农民起义军的沉重打击下，连遭挫败，终于走投无路，被迫以自杀结束了他可耻的生命。在反击杨嗣昌的斗争中，农民起义领袖张献忠，充分显示了超人的英勇机智和杰出的指挥才能，本文就是旨在通过史实证明，他不仅是一位卓越的农民起义领袖，而且是一位杰出的古代革命军事家。

一　序幕——“谷城之变”

杨嗣昌是在崇祯十二年十月受命督师镇压张献忠起义军的。但这里却要从崇祯十年（1637 年）讲起。因为这年三月间，杨嗣昌在兵部尚书任内，提出镇压农民起义军“四正六隅”的方案：“以陕西、河南、湖广、江北四巡抚为‘四正’，四巡抚分剿而专防；以延绥、山西、山东、江南、江西、四川为‘六隅’，六巡抚分防而协剿。是谓‘十面之网’。而总督总理二臣，随‘贼’所向，专征讨”[①]。议增兵十二万，增饷二百八十万，并推荐广东巡抚熊文灿以兵部尚书兼右副都御史，总理南畿、河南、山西、陕西、湖广、四川军务，大举镇压农民起义军。熊文灿是杨嗣

---

① 《明纪》卷五四。

昌的得力亲信，他出来督师，直接受杨嗣昌的指挥，执行杨嗣昌的旨意，实际上是杨嗣昌的代理人和替身。所以，从熊文灿到达驻地，发动对起义军的进犯，张献忠与杨嗣昌交锋的序幕，就已经揭开了。

杨嗣昌所信托的代理人——熊文灿，是一个善于自我吹嘘、外似精干、内实恇怯的庸才。在他受命镇压农民起义军以前，还在广东巡抚任上时，发生过这样一幕滑稽剧：崇祯派遣中使到广东查询有关“海盗”刘香事件，熊文灿“谋久镇岭南”，厚赠珍宝，结交中使，留饮十日。在一次酒酣之后，谈到“中原寇乱”，熊文灿得意忘形，发作了自我吹嘘的劣习，拍案嚎道：“诸臣误国耳，若文灿在，讵令鼠辈至是哉！”[①] 中使无知，相信了他的鬼话，说给了崇祯。熊文灿后来虽然自悔失言，但已无可挽回。再通过杨嗣昌的竭力推荐，就这样弄假成真，挑起了“荡平盗寇”为最高统治者“分忧”的重担。

对于自己的庸碌无能，熊文灿不是毫无自知的。加上明统治者交给他节制的左良玉，是明王朝的“宿将，专进止”。虽然“提空名奉节制”，但“实不为之用”[②]。这种矛盾，更增加了他军事调度上的困难。因此，他抵达驻地安庆以后，就“决计招降”：“刊招降檄，布通都”。“下令杀‘贼’者偿死。‘贼’不肯从，则赍金帛酒牢犒之，名曰‘求贼’”[③]。崇祯十一年（1638 年）正月，张献忠在南阳受到明军左良玉部的袭击挫败，转进谷城。当时，“其下饥困，多散去”[④]。在这以前，农民起义军罗汝才、惠登相等九营，因被左良玉、陈洪范等部明军所败，先后受“抚”于熊文灿，使当时的农民起义运动，进入低潮。在这样势孤无援的情况下，张献忠为了保存实力，待机而动，通过明总兵陈洪范，与熊文灿达成了临时的妥协。熊文灿为了邀功取赏，竟然欺骗崇祯说张献忠已经“受抚”，在奏议中大言不惭地炫耀：“臣兵威震慴，降者接踵”。天真的崇祯，居然信以为真，“优诏报之”[⑤]。而杨嗣昌也“扬扬德色，以荐文灿为

① 《明史》卷二六〇，《熊文灿传》。

② 《绥寇纪略》卷六。

③ 《明史》卷二六〇，《熊文灿传》。

④ 《明纪》卷五五。

⑤ 《明史》卷二六〇，《熊文灿传》。

知人”，“不复言四正六隅十面张网之策”①。并且，“一时公卿且谓天下无‘贼’”②。

但，所谓张献忠的“受抚”完全属于捏造：

第一，统治阶级虽然诬称张献忠“率所部降”，但实际上张献忠是“怙强窃邑，不肯收兵”；

第二，统治阶级虽然诬称张献忠“具军状备调遣”。但熊文灿具文来调时，张献忠是“檄之者三，不应”；

第三，熊文灿虽然令张献忠“简精卒二万给饷，余散遣之”。但张献忠却坚持“部曲皆壮士，愿举军从，请十万人饷”③；

第四，明统治者虽然伪装待起义军“甚厚”，“挽车输饷，络绎在途”，进行欺骗麻痹，但张献忠却“分割民租，据守要害”④；

第五，统治阶级虽然诬称张献忠愿受节制监视，但实际上张献忠拒绝了熊文灿向起义军派遣监使，甚至唯一留在谷城的原知县阮之钿，也被剥夺了一切权力，“名虽县令，实赘员尔”⑤；

第六，熊文灿虽然檄令罗汝才（绰号曹操）“解散诸众，简骁壮从征立功”。但张献忠“潜勾曹操等为犄角”⑥。

根据上列的史实，可以明显看出，张献忠除了从熊文灿那里取得大量军需给养和赢得了休整的时间外，并未受到什么约束，因而，当然也就说不上什么“受抚”的问题了。

其实，关于这种情况，连明统治阶级主剿派的某些成员，也有看出来的，如谷城知县阮之钿，就曾指出：“献忠虎踞邑城，其谋叵测”。楚抚余应桂曾贻书熊文灿说：“献忠必反，可先发图之”。又如郧抚戴东旻在上崇祯的奏议中也说：“张献忠据邑养兵，其人豺狼，难与之处，不过谋分居民东作，饱食休甲，以伺吾衅”。因此，他提出一个阴险的诡计说：“‘贼’散则难追，合则易殄。今犹槛羊阱兽，围聚于二三百里之中，幸

① 《明纪》卷五五。

② 《绥寇纪略》卷六。

③ 同上。

④ 《平寇志》卷三。

⑤ 《明纪》卷五五。

⑥ 《平寇志》卷三。

命理臣率郧郢之卒，督臣扫关陇之兵，乘其不意，衔枚疾至，打张燕于黑山，烧曹操于赤壁，岂不快哉！”①

当起义军还没经过充分的整顿补充，重新发动进攻的时机还没有成熟的时候，起义军的计划，却被敌人发觉了。这就给起义军造成了新的不利形势。而且，万一敌人竟然“先发图之”的话，起义军更可能遭到严重的损失。这样，通过斗争，保证原计划不受到破坏，就成为起义军面临的紧急任务。

张献忠是从两个方面与敌人展开斗争的。其一，充分利用并加深敌人主抚派和主剿派之间的矛盾，假敌人之手，打击主剿派。他先从主剿最力的楚抚余应桂下手。余应桂曾写信给熊文灿说：“献忠恶已有端，可先未发擒也”。这封信被张献忠的侦察兵所得。张献忠就“以余书为证”，移文给郧抚戴东旻说：“公等疑我”。戴东旻以告熊文灿，熊文灿以之再纠余应桂，且说：“南中人哗传献忠反，如应桂等倡流言挑构，奈国事何”②！崇祯览奏，下其书交刑部议。余应桂虽再三疏辩，但迄无效果，“帝卒遣应桂戍”③。张献忠这个反间计之获得成功，是和他洞察明统治阶级之间存在严重矛盾、并因利乘便予以扩大和加深分不开的。比如，熊文灿之所以要弹劾余应桂，是别有用心的：“知上将以安新附，余应桂必重论。而献忠桀黠，终虑反复。此书可以归狱，事成则已收其功，不成则彼开其衅”。张献忠摸透了熊文灿这个“陷人以自免”④ 的诡计，乘机利用，果然收到了卓效。

对另一个主剿派的郧抚戴东旻，则通过杨嗣昌向崇祯进谗，加以罢黜：“上召嗣昌，因进曰：‘知人实难。郧抚戴东旻，前在河南监左良玉军，为著节劳臣。今抚郧，功效不进’。上曰：‘苟知其不可，宜核之’”。结果，戴东旻不久就被“解任”⑤。

张献忠为了进一步确保无虞，又派使者持重贿去京师，“出入相公（薛国观）邸中。且以遍见诸权贵人”。于是朝廷之上，也“不复知献忠

① 《明纪》卷五五。

② 《绥寇纪略》卷六。

③ 《明纪》卷五五。

④ 《绥寇纪略》卷六。

⑤ 同上。

之为‘贼’矣”。这样，在“文灿主之于外，国观主之于内”的情况下，张献忠的缓兵之计，就得到了“万全”①。

其二，张献忠利用这一时机，加紧补充和训练部众，恢复并进一步壮大武装力量。他从诸生徐以显学习《孙子兵法》，“造三眼枪，狼牙棒，埋伏连弩，团营方阵，左右营诸法，在谷城操演”。并在谷城汉，沔所汇处，“立关梁征其税，月辜校数千金”②，以储充军用款项。

从崇祯十一年（1638年）正月到十二年（1639年）春，经过一年多的休整补充，张献忠起义军逐渐恢复壮大起来，重新向敌人发动进攻的时机，渐臻成熟了。不过，当时还有一个障碍，就是强敌龙在田。龙在田是云南副将，“将滇兵二千骑，马上鸟枪疾利，能取人于百步之外，人马俱洞穿。所部土司独牙象，‘贼’马不能当，献忠惮之”③。张献忠考虑到，要发动进攻，就必须提防龙在田的军队。而要摧毁这一支配备有象骑和火枪的云南劲兵，虽非完全无法致胜，但必然要付出巨大的代价。因此，为了减少无意义的牺牲，张献忠仍然采取了“以敌制敌”以达到“调虎离山”的策略：“因交欢在田。在田不疑也，数与往还，受其金宝”。于是张献忠“潜令人四布流言于荆襄，云龙（在田）兵扰害地方。楚绅不察也，奏请撤滇兵”。崇祯准予所请，下诏“撤龙在田兵还云南”。当龙在田率滇兵离开湖广时，张献忠还“厚赆在田，遣人送在田过贵州乃还”。张献忠用巧妙的办法，使明统治者撤走了这支对起义军具有严重威胁的力量以后，大喜拊掌说：“龙兵已去，我举事，即有急更调龙兵，往返一年，吾事济矣”④。崇祯十二年（1639年）春，江北亢旱，河南大饥，“两河饥民云集，新旧降丁，逼处其间”⑤，更给了张献忠以扩充部队，鼓动群众的好机会。同年五月间，张献忠杀谷城知县阮之钿，“劫库纵囚，毁其城”⑥，重新举起了武装斗争的大旗。与此同时，罗汝才、惠登相等九营，也都先后举义，纷起响应。

---

① 《绥寇纪略》卷十。

② 《绥寇纪略》卷六。

③ 《平寇志》卷十二。

④ 同上。

⑤ 《明史》卷二九二，《张克俭传》。

⑥ 《明纪》卷五五。

杰出的农民领袖张献忠，总是抓紧每一个可能的机会，利用并扩大敌人内部的矛盾，制造他们的分裂，从而乘隙给予更沉重的打击。在谷城重新发动起义时，他也没有放过熊文灿。离开谷城前，特地留书于壁，“言己之叛，总理（熊文灿）使然”，并且“列具上官姓名及取贿日月”[①]。崇祯闻知后，遂革熊文灿职，使其待罪视事。

张献忠起义军经过一年多的休整补充，锐气大盛。谷城举义后，旗开得胜，在罗猴山一战中，给了明军劲旅左良玉以歼灭性的打击。这次巨大胜利的获得，除了张献忠的正确指挥和起义军的英勇善战外，对统治阶级内部矛盾斗争的充分利用，也起了很大的作用。原来张献忠在谷城发动起义后，左良玉立即要发兵进犯。熊文灿因为与左良玉有矛盾，故意事先“张露其事，且强留左良玉饮饯，稽延旬日，俾献忠得预为备”。因此，张献忠才得一方面“从容运器甲资粮入房山”，同时作好充分的应战准备。等张献忠起义军“布署已定”，熊文灿始令左良玉进兵，左良玉这时已经由于失去战机而完全陷于被动。明知熊文灿在有意陷害他，但又不敢不去：“督台纵虎负嵎，使我撄之。不去，必以逗留罪我”。所以，只得“冒暑进兵”。这时，张献忠已经“设伏于罗猴山，良玉兵度险入伏中”，起义军“四合围之，良玉全军尽没，并失其符印。仅收残兵百人逃归”[②]。左良玉既怨且愤，列其事于朝。崇祯大怒，逮熊文灿（后于崇祯十三年十月间戮尸于西市）。至此，明统治者“招抚”起义军的阴谋，完全被粉碎了。农民起义军反明斗争的熊熊火焰，又一次更大规模地燃烧起来。

二　交锋——“以走致敌”

张献忠起义军谷城举兵和罗猴山大捷，严重震撼了明统治者。杨嗣昌与熊文灿“深相结纳”，本来，“欲文灿成功，以结上（崇祯）知”。熊文灿既败，他深深感到“内不自安”[③]，因此，乃被迫“请剿自效”[④]。

---

① 《明纪》卷五五。

② 《烈皇小识》。

③ 《明季北略》卷十五，《杨嗣昌代熊文灿》。

④ 《烈皇小识》。

崇祯同意了他的请求，“赐尚方剑以便宜诛赏，总督以下并听节制”①，拨给剿饷五十万，赏功牌千五百，蟒纻绯绢各五百。陛辞的时候，崇祯还赐宴饯劳，并赋诗以宠其行云：

“盐梅今暂作干城，上将威严细柳营；一扫‘寇’氛从此靖，还期教养随民生”②。

崇祯把杨嗣昌比作周朝的方叔和汉代名将周亚夫，可见对他是寄予了极大希望的。一些封建统治阶级也誉为：“一时军容之盛，地方迎送之恭，古未有也”③。这年（1639 年）十月，杨嗣昌进驻襄阳。于是，杨嗣昌与张献忠直接交锋，展开了镇压与反镇压的新的斗争。

杨嗣昌是下定最大决心，竭尽全力，企图扑灭张献忠起义军的。他首先在襄阳营建城防，作为军事指挥和饷械供应的核心基地：“以襄阳为军府，贮五省饷金及弓刀火药，仞深沟方洫而环之。造飞梁，设横桓，陈利兵而讥诃，非符要合者，不得渡。江汉间列城数十，倚襄阳为天险”④。其次，他檄集湖广总督方孔炤，督理中官刘元斌和总兵官左良玉、陈洪范等，共会师十万。同时，复檄令河南、四川、陕西、郧阳诸抚镇将领，分扼要冲，形成大包围圈。他亲自指挥众部，向张献忠农民起义军发动了大规模的进犯。

由于敌我力量悬殊，崇祯十三年（1640 年）正月，张献忠起义军为左良玉部大败于玛瑙山，“精锐俱尽”，损失惨重。张献忠仅以五百人突围出险。二月间，他收集余部千余骑，走避陕南的兴安、平利群山间。四月，左良玉蹑踪而至，连营百里，将张献忠围困于山中。

玛瑙山的挫败，农民起义军固然遭受了惨重的损失。但在明统治军内部，却也因之产生了更大的矛盾和裂痕。事情是这样：起初，杨嗣昌“以左良玉跋扈难制，而贺人龙所将关（中）兵，骁勇善战，屡杀‘贼’有功，请以人龙代良玉佩将军印”。但在这次玛瑙山战役之后，左良玉立下了很大的战功，杨嗣昌又“复奏留左良玉佩印如故。别加人龙总兵衔，须俟后命”，这种反复和变动，引起了左良玉和贺人龙的极大不满：“人

① 《明史》卷二五二，《杨嗣昌传》。

② 《烈皇小识》。

③ 《野史无文》卷十四。

④ 《明纪》卷五五。

龙骤闻大将之信，踊跃动三军。既而报寝，殊怏怏。良玉知其故，意亦怀恨”[①]。明军统帅与将领、将领与将领之间的矛盾，更加尖锐化了。

被围于兴安、平利山中的农民起义军不过千余，要突围转移是困难的。当时虽然由于“良玉以夺印怀惭，人龙复以归印觖望，遂相互推诿，不复深入”[②]，暂时得到喘息的时机，但仍然处于严重的威胁之下。万一敌人一旦四面合击，步步进逼，局势就非常危殆。因此，当时首要的任务，就是如何突破敌人的包围，摆脱这种危急的局面。张献忠洞悉杨嗣昌和左良玉之间存在着尖锐的矛盾，于是就采取了双管齐下的办法，一方面，设法挑拨和深化他们之间的矛盾：“左兵骄玩，久不之击，督师数移文责让于左。‘贼’窥知其故，于所过要路故署其壁曰：‘某日候战又不到’。欲挑二人衅而乘之”[③]。另一方面，对左良玉进行利诱和分化。派部将马元利携重资往贿左良玉，并乘机挑动说：“献忠在，故公见重。公独不之思乎？公听所部多杀掠，而阁部（指杨嗣昌）猜专，无献忠，即灭不久矣”。左良玉听了，为之“心动”。所以表面上虽然“顺旨极请战，然其中实不用命”。这时候，当地的人民给了农民起义军以热烈的支持：“其人有反为‘贼’耳目者”[④]。起义军又从山民那里“市盐刍米酪”以供军用。因此得以“收散亡，养痍伤，兵复振”[⑤]。由于杨嗣昌征调了四川精锐官兵万余人出川会攻，四川防务空虚，罗汝才、惠登相等部起义军，先后乘虚突入四川。当时张献忠的部众较弱，为了摆脱不利局面，也偃旗息鼓，含枚疾走，以快速行军，转进四川。

杨嗣昌侦知张献忠、罗汝才等部起义军入川后，以为“蜀险阻，‘贼’不得逞，诸军合而蹙之，可尽殄”[⑥]。遂“谋以蜀困‘贼’”[⑦]。乃督令贺人龙、左良玉、郑嘉栋、秦良玉等联军进犯。在优势敌人的压力下，罗汝才、惠登相、马进忠、小秦王、混世王等部起义军，曾被迫自蜀折出

---

① 《烈皇小识》。

② 同上。

③ 《绥寇纪略》卷七。

④ 同上。

⑤ 《国榷》卷九七。

⑥ 《明纪》卷五五。

⑦ 《绥寇纪略》卷七。

楚西兴山一带；而罗汝才部则于七月间，再入四川，走会献忠。

当六月间罗汝才、小秦王等部在兴山等处遭到明军严重威胁时，张献忠恰从兴、房脱围，走白羊山，入巫山间，也陷于孤立无援。杨嗣昌侦知，就督令都司曹进功、白显等入山搜索。张献忠闻官兵渐集，“益入深箐，掩旗息马，寂若无人”。二十一日，张献忠以二十骑测巴雾河浅深，遇到一批茶贩，为了防止泄露军情，“挟之去以灭口”，显示了高度的缜密和机警。杨嗣昌派遣轻骑两百人及小舟入山侦察，深入百子溪、铁义铺、小峰口、朝阳洞，“登极顶四望，寂无烟火”。山民也为起义军严守机密，自刈燕麦，“不言踪迹”①。结果，明统治军徒劳跋涉，一无所获而去。

到八月间，杨嗣昌见起义军“尽萃于蜀中”②，“楚地不足忧”③。乃决计入川，亲自督师镇压，以实现他“以蜀困‘贼’”的计划。他入川以后，就集中了较大兵力，企图包围和捕捉起义军主力。在敌我实力悬殊的情况下，张献忠考虑到如果以较弱兵力和敌人拼斗，将造成巨大牺牲和不可估计的损失，因此，他决定采用“以走致敌”的对策，即以大规模快速地流动以疲敝敌人的战术。从崇祯十三年（1640 年）八月，到十四年（1641 年）正月，他率领起义军与明军“驰逐山谷风雪中”④，长达半年多时间，先后往返驰经大昌、通江、万县、巴州、剑州、保宁、梓潼、昭化、绵州、罗江、汉州、什邡、绵竹、安县、德阳、金堂、简州、资阳、荣昌、永州、泸州、南溪、昭化、广元、巴州、达州等地，几乎驰遍大半个四川。明军左良玉、猛如虎、张应元等部，跟踪尾追，但由于起义军“倏东倏西，晨南暮北”⑤，所以疲于奔命，望尘莫及。军中互相流传“想杀我左镇，跑杀我猛镇”⑥ 之谣，反映了明军将领的狼狈和士卒的困顿。相反，起义军士马强悍，精神饱满，情绪高昂。他们也常编唱歌谣，讥讽尾追的明军。如：“前有邵（捷春）巡抚，常来团转舞；后有廖（大亨）

---

① 《怀陵流寇始终录》卷十三。

② 《明史》卷二五二，《杨嗣昌传》。

③ 《绥寇纪略》卷七。

④ 《绥寇纪略》卷七。

⑤ 《纪事略》。

⑥ 《绥寇纪略》卷七。

参军，不战随我行；好个杨（嗣昌）阁部，离我三天路”[①]！充分显示了农民起义军士气旺盛、满怀胜利信心的革命英雄气概！

在这期间，农民起义军还利用种种机会和策略，和明军进行了复杂、尖锐、勇敢、机智的斗争，粉碎了敌人无数次严重威胁，并给了敌人以沉重的打击。比如，崇祯十三年（1640年）秋，张献忠初入四川不久，进军达州。当时仅有骑兵三千，但遭到杨嗣昌所率数万明军的拦击，相持旬余，不能冲破敌人的封锁。最后，“献忠伪为阁部之旗帜，穿其营遁去”。等到杨嗣昌发觉后引兵追赶时，起义军早已“过蓬溪、绵州而攻成都”[②]。不但打破了敌人的阻击，反过来又严重威胁了敌人。又如，同年（1640年）十二月，杨嗣昌鉴于张献忠与罗汝才部相互配合支援，难于取胜，阴谋进行离间分化。他在重庆到处张榜告示：“赦汝才罪，降则授官。惟献忠不赦，擒斩者赏万金，侯爵”。对敌人这种险恶的阴谋，献忠立即给予有力的回击：“翌日，自堂皇至庖湢，遍题：有斩督师（杨嗣昌）献者，赍白金三钱”。杨嗣昌看了极为惊愕，“疑左右皆‘贼’”，被迫不得不“勒三日进兵”[③]。可见这次回击，从精神上给予敌人打击的严重程度！再如同年（1640年）十二月，农民起义军兵迫成都。成都明守军企图以夜袭猝击起义军，解除威胁。张献忠事先侦知，乃“预取土像数百置帐中，四面悬灯，而潜伏暗处”。敌军“望灯而趋，大呼直入，则所劫者诸土像也”。等到发觉中了埋伏而急退时，起义军骤起合击，明军被“歼僇无孑遗”。从此以后，“成都专意固守，不复言捣营矣”[④]。像这样机智勇敢、动人心魄的事例尚多，就不再赘举了。

明军经过半年多的奔驰流动和遭到起义军的不断打击，不但“诸军疲极”[⑤]，而且，各部之间的矛盾，也更为加深，甚至公然抗拒杨嗣昌的节制和调度：“（贺）人龙以秦师自开县噪而西归”；起义军“走绵竹，嗣昌至顺庆，诸将不会师”；起义军至汉州，明“守将方国安避之去”；起义军由水道下简州、资阳，杨嗣昌征诸将合击，“皆退缩，屡征左良玉

① 《滟滪囊》卷一。

② 《绥寇纪略》卷七。

③ 《明史》卷二五二，《杨嗣昌传》。

④ 《烈皇小识》。

⑤ 《明史》卷二五二，《杨嗣昌传》。

兵，又不至”；“三檄人龙，不奉令”[①]。这样，农民起义军已经从原来的劣势、被动，转为优势、主动；而敌人则从原来的优势、主动，转为劣势、被动了。这就是说，通过反攻，严重打击并歼灭敌人的时机，已经成熟了。

当起义军自剑州、绵阳南下时，明将万元吉曾向杨嗣昌建议，“从间道出梓潼，扼（起义军）归路”，防止起义军转返湖广。杨嗣昌没有采纳，并加紧督促“诸军蹑‘贼’追逐，不得距‘贼’远，令他逸”。张献忠抓住了敌人这个失策，故意引诱明军“诸将皆尽向泸州”。而后突然把敌人甩掉，折而东返，以快速行军，于崇祯十四年（1641 年）正月，抵达开州。由于“贺人龙噪而西归”，“屯兵广元不进”[②]，所以，当时只有猛如虎率孤军追及之于黄陵城。明军诸将因为士卒困惫，请翌晨再战，参将刘士杰急欲立功，表示反对说：“吾四旬追‘贼’，今乃及之，舍而不击，纵使佚去，吾不能也”[③]。猛如虎也乘机擂鼓而进。张献忠为了痛歼敌人，令起义军“屡却”以诱之，然后登高眺望，见明兵“后军不继”，而左良玉部也“迟回不前”[④]。遂密遣精锐骑兵暗中绕到敌人阵后，乘高大呼驰下，以排山倒海之势，突然向敌军发起强大的冲击。这种出敌不意的狙击，使明军陷于慌乱失措。左良玉部先溃，刘士杰和游击郭关以及猛如虎的儿子猛先捷等，都被起义军击毙。明军丧亡大半，马仗军符尽失，猛如虎仅率千余人突围窜逸。至此，杨嗣昌“以蜀困‘贼’”的阴谋，在张献忠所领导的农民起义军的反击下，被彻底粉碎了。

三　决胜——“借头杀人”

张献忠起义军在开州黄陵城的胜利，给了杨嗣昌一个极为沉重的打击。这时，杨嗣昌见到蜀局已经不可收拾，特别是他深知湖广空虚，记起了万元吉“从间道出梓潼，扼归路”的建议，担心农民起义军再返湖广。

---

① 《明史》卷二五二，《杨嗣昌传》。

② 《烈皇小识》。

③ 《绥寇纪略》卷七。

④ 《烈皇小识》。

所以他企图与起义军争夺时机，急于要“引兵归楚，顾根本，再破‘贼’”①。但是，他的这步棋却已经落后了一着。当他集合余部，准备顺流东下的时候，张献忠已经联合罗汝才军，抢先一步，“席卷出川”，并“焚断驿舍七百里”②，沿途截“杀塘卒”③，斩断四川与湖广明军之间的联络。因此，起义大军顺流东下，迅速逼近当阳，而襄阳的敌人还没有得到四川官军惨败的消息。张献忠“闻襄阳守御甚严”，于是将起义军“潜伏山谷”，遣部下“扮作客商乘夜过江，盗杨阁部告示，……将告示上印信刳下，照依大小字画，刊刻伪印，假发阁部调兵文书，内云：‘献忠已死，余党皆散。闯‘贼’猖獗日盛，调襄阳守将速领兵下河南援剿闯‘寇’等语。不数日而襄阳守兵果然尽撤北发，斥堠皆空”④。二月初二日，起义军大队到达当阳，遭到郧抚袁继咸的阻遮。张献忠一方面使罗汝才进攻当阳，把袁继咸的军队牵掣住，同时，自率大队骑兵，以暴风骤雨之势的急行军，指向襄阳。张献忠知道襄阳城防坚固，虽然守兵被调离一大部，但余部如果据险顽抗，一时仍然很难攻下。倘若旷日持久，等杨嗣昌率军赶来增援，将要遭到背腹受敌的危险。于是就采用了先派遣间谍入城以便里应外合的办法：“获猛镇关防，兼得嗣昌檄，先遣刘兴秀选骁骑二千，诈为官兵，持令箭文书赴襄阳”，又“劫蜀鞘银数万，杀送鞘者，袭其衣装，舁鞘伪为避‘寇’，先入襄阳城”⑤。而张献忠则自将大军后继。这一切实在太出乎敌人的意外，他们缺乏任何战斗和精神的准备，二月初五日，起义军就顺利地攻占了重镇襄阳，取得了巨大的胜利。

襄阳的攻克，起义军掳获了敌人“所积五省饷金、弓刀、火药数十万及守兵数千人”⑥，拔掉了杨嗣昌依为核心基地的军事重镇。但是镇压农民起义军的凶悍刽子手杨嗣昌，还没有被擒杀。为了除掉这个后患，张献忠采用了“借头杀人”的妙计：他把襄王朱翊铭捉来，斟满一杯酒，对他说：“吾欲断嗣昌头，远在蜀。今借王头，使嗣昌以陷藩伏法，王其

---

① 《绥寇纪略》卷七。

② 《怀陵流寇始终录》卷十四。

③ 《明史》卷二五二，《杨嗣昌传》。

④ 《纪事略》。

⑤ 《平寇志》卷四。

⑥ 《绥寇纪略》卷八。

努力饮此"[①]。遂杀之。并发银十五万两赈济饥民。就在这一年（1641年）正月，乘河南防务空虚，另一位杰出的农民起义领袖李自成，也督率起义大军，攻克洛阳，诛杀了残害人民的福王朱常洵。

杨嗣昌率领余部，栖惶出川东来，还做着"谋再举"[②] 的迷梦。可是，当他返抵夷陵时，就听到了洛阳、襄阳失守和福王、襄王被杀的消息。这个刽子手的迷梦被惊破了。三月初一日，他到达荆州，曾去谒见惠王。惠王派使者拒绝了他，说："先生愿见寡人者，请先朝襄王"[③]。受到这样苛刻的揶揄和谴责，更使他感到事态的严重，终于走投无路，绝望之下，被迫在沙市的徐家园畏罪自杀，结束了他可耻的生命。

襄阳是当时明王朝的军事重镇，杨嗣昌是当时明统治者依靠的"干城"。襄阳的攻占和杨嗣昌的毙命，对农民起义军的反抗事业来说，是具有重要意义的巨大胜利。明兵科给事中张缙彦曾说："襄洛再陷，南北咽喉，拱手资'贼'，中原腹心，千里流血"[④]。吴伟业曾说："洛阳国帑，而襄阳军资，两藩陷，闯（李自成）献（忠）遂不可复制"[⑤]。《平寇志》的作者彭孙贻甚至把"襄洛之陷"，视为"明室所由兴亡"[⑥]。后来的事实也证明：此后张献忠起义军除掉了一个凶悍的劲敌，减少了迅速发展的阻力。正像统治阶级所说：于是"伐蔡侵随，汉东大扰"[⑦]，兵势愈盛，不断沉重打击敌人，转入了反明斗争的新阶段。

杨嗣昌在明统治阶级当中，是一个具有较高政治、军事素养和威望的"能臣"[⑧]。当他受命督师镇压张献忠农民起义军的时候，不但从明统治者那里获得了充分的粮饷和军械，取得了种种便宜行事的特权，几乎集中了明王朝当时最精锐的军队，而且还有权调遣自总督以下的其他各部明军。这些与张献忠起义军对比起来，都占了绝对的优势。但是，正如本文所述，战争的结局，并不是劣势的农民起义军被"剿灭"，相反，却是优势

---

① 《怀陵流寇始终录》卷十四。

② 《绥寇纪略》卷七。

③ 《绥寇纪略》卷八。

④ 《平寇志》卷四。

⑤ 《绥寇纪略》卷八。

⑥ 《平寇志》卷四。

⑦ 《绥寇纪略》卷十一。

⑧ 《绥寇纪略》卷七。

的敌人被打击、削弱、终至全面崩溃，连这支明统治军的最高统帅——杨嗣昌，也被迫势穷自杀。通过这一事件，说明了正义的革命的战争，会得到广大人民的帮助和拥护；更生动地证明了这样一条真理，即："军事家不能超过物质条件许可的范围外企图战争的胜利，然而军事家可以而且必须在物质条件许可的范围内争取战争的胜利。军事家活动的舞台建筑在客观物质条件的上面，然而军事家凭着这个舞台，却可以导演出许多有声有色威武雄壮的活剧来"[①]。农民起义领袖张献忠，就是发挥了主观指挥的能力，充分利用了主观和客观的条件，从劣势、被动，转为优势、主动，并取得了辉煌胜利的。他的军事斗争实践也雄辩地证明，张献忠不仅是一位卓越的农民起义领袖，而且是一位杰出的古代革命军事家。

（原载《山东师院学报》，1979 年第 3 期）

---

① 《毛泽东选集》（合订本），第 166 页。

张献忠与《孙子兵法》

一 《孙子兵法》对张献忠的深刻影响

张献忠和李自成，是明末农民大起义后期两个杰出的农民领袖。他们领导农民起义军，以百折不挠的坚强意志，对明军进行了长期的英勇顽强的战斗，给予明统治政权以沉重的打击。这一点是共同的。但如果把他们加以比较的话，这两位农民领袖又各自具有突出的特点。按照封建统治阶级史家的说法，就是"莫崛强于闯"，而"莫狡于献忠"①。在旧史书中，几乎众口一词地说张献忠"性狡谲"②，"阴谋多智"③，"天性凶黠"④，"狡而多诈"⑤，"狡黠骁勍"⑥。《平寇志》的作者彭孙贻还特地把张献忠与李自成作了对比，说他"强不如李自成，而狡猾过之"⑦。上列这些字样，一方面固然是封建统治阶级对张献忠的恶毒诽谤，但同时却也从反面反映出这位杰出农民起义领袖在对敌斗争中那种独具的高度机智、深谋、剽捷和迅猛的特点。

农民领袖张献忠之所以具有上述特点，有许多原因，其中和我国古代伟大的军事宝典——《孙子兵法》（以下简称《兵法》）所给予他至深且巨的影响，也是分不开的。据载从崇祯十一年（1638 年）四月到十二年

① 《平寇志》卷二。

② 《明史》卷三〇九。

③ 《明史纪事本末》卷七七。

④ 《绥寇纪略》卷六。

⑤ 《平寇志》卷十一。

⑥ 《明纪》卷五五。

⑦ 《平寇志》卷十二。

(1639 年) 夏，张献忠在谷城“蓄锐”期间，曾经学习过《兵法》。如《平寇志》卷三：“谷城诸生徐以显，教以兵法”。《绥寇纪略》卷六：“诸生徐以显，阴谲无赖，进献忠以孙吴兵法，造三眼枪，狼牙棒，埋伏连弩，团营方阵左右营诸法，在谷城一年操演”。《明季北略》的作者计六奇还特地指出：“徐以显尝教献忠孙吴兵法，自是进不可御，退不可追”①。这些，正是道出了张献忠所受《兵法》的深刻的影响。

二　张献忠在掌握和运用《兵法》上的卓异成就

《孙子兵法》一书，据传为春秋时吴国孙武所著。目前流传下来的共有：《始计》、《作战》、《谋攻》、《军形》、《兵势》、《虚实》、《军争》、《九变》、《行军》、《地形》、《九地》、《火攻》和《民间》等十三篇。内容从战争观、战略、战术到军队的建设、士卒的教练以及将帅的修养等，相当全面和精辟。而其中对张献忠影响最深的，则是主动灵活的战术部分。现结合张献忠在抗明斗争过程中一些胜利的战例，分别陈述于下。

第一，侦察和间谍的使用。

要想取得战争的胜利，首先要了解敌人各方面的情况，并掌握其行动的规律。而为了达到这个目的，就必须使用一切可能的侦察手段，包括间谍活动。关于这个道理，《兵法》有一系列论述，说：“所以动而胜人，成功出于众者，先知也”(《孙子兵法》:《用间篇》。以下凡引用《兵法》文句，只注出篇名)。只有通过准确周密的侦察，做到“知己知彼”，才能“百战不殆”(《谋攻》)。

《兵法》还进一步提出了具体的要求。对敌来说，“凡军之所欲击，城之所欲攻，人之所欲杀，必先知其守将左右、谒者、门者、舍人之姓名，令吾间索知之”(《用间》)，即通过一切可能的办法，察明敌人的兵力部署、作战计划以及有关活动等。对己来说，则要“易其事，革其谋，使人无识；易其居，迂其途，使人不得虑”(《九地》)；“形兵之极，至于无形”，使敌人“深间不能窥，智者不能谋”(《虚实》)，即采取一切必要手段，防止敌间的活动，保护自己的军事秘密。做到了这两方面，就

---

①《明季北略》卷十七，《张献忠袭泌城等处》。

能够“形人而我无形”，“致人而不致于人”，“能为敌之司命”（《虚实》）。

张献忠非常重视侦察敌情的工作，几乎在每次决策攻取或转移之前，都要先派遣侦骑探明敌人的虚实和各方面的有关情况。“将攻袭城邑，必前遣间谍”①。如崇祯十五年（1642年）五月，张献忠屯兵舒城七里河、汪家滩，将进攻庐州，就曾先“遣骑觇庐州”②。又如崇祯十六年（1643年）秋，张献忠窥取湖广，即“令副将方子雄提塘兵二百屯江北，飞递军机，瞬息千里”③。值得指出的是，当时献忠已经使用专门“飞递军机”的塘兵。可见，当时农民起义军已经有了正规的侦察制度和侦察兵编制了。

农民起义军还经常通过各地人民群众来侦察敌情。如崇祯十三年（1640年）二月，张献忠被明军围困于兴安、平利诸山中，势甚危急，就曾“重贿山氓，市盐刍米酪，山中人安之，反为‘贼’耳目”。不仅如此，他们有时甚至收买敌方的官绅，探听敌情，使他们“阴输兵情于‘贼’”④。《兵法》中曾讲过“因其乡人而用之”，曰“因间”，“因其官人而用之”，曰“内间”。张献忠通过山民和敌人官绅来搜集敌情，正是对“因间”和“内间”的具体运用。

其次，是为了完成某种政治或军事意图，向敌方派遣间谍。如崇祯十一年（1638年）正月，张献忠为了保存革命力量，与明总理熊文灿暂谋妥协时，除了拒绝交出武装力量，“怙强窃邑，不肯放兵”⑤外，又派遣薛姓心腹将领入京为间谍，“出入相公邸中，且以遍见诸权贵人”。众权贵因受重贿，都替献忠关说，于是朝廷之上，也就“不复知献忠之为‘贼’矣”⑥。

如果说上例只是利用间谍消极地防御敌人阴谋破坏的话，那么，张献忠还曾经巧妙地使用间术，分化与离间敌人，加深他们之间的矛盾和冲

---

① 《怀陵流寇始终录》卷十四。

② 《平寇志》卷五。

③ 《平寇志》卷七。

④ 《平寇志》卷三。

⑤ 《绥寇纪略》卷六。

⑥ 《明史》卷二六〇，《余应桂传》。

突，从政治上向他们发起主动的进攻。仍然举张献忠据谷城“蓄锐”时发生的一个事件来说明：张献忠与熊文灿达成妥协之后不久，楚抚余应桂写信给熊文灿，说“献忠必反，可先发图之”。恰巧，这封信被张献忠的侦察兵所得，他就以此信为“证据”，移文给予余应桂有矛盾的郧抚戴东旻，揭露并指责“抚军欲杀我”。戴将此事转告熊文灿，熊文灿就以此弹劾了余应桂，并提出如果因此而引起意外，应由余应桂负完全责任。余应桂虽然向崇祯一再疏辩，也毫无效果，最后终于受到流放的处分[①]。这震慑了其他官僚，起了“杀鸡儆猴”的作用。

崇祯十三年（1640年）二月，张献忠自玛瑙山败走，损失惨重，明将左良玉倾师来追，情势危殆。张献忠乃遣部将马元利重贿左良玉，并对他进行挑拨说：“献忠在，故公见重。公独不之思乎？公听所部多杀掠，而阁部（指杨嗣昌）猜专，无献忠，即灭不久矣”。左良玉听了，“心动”，按兵不追，“实纵之去”[②]。显然，这是张献忠对《兵法》“亲而间之”的具体运用。

最后，是潜入敌人内部为内应，响应与配合起义军的进攻。关于这方面出色的战例很多，这里以崇祯十五年（1642年）五月张献忠攻克庐州之役为例。庐州（今安徽合肥）与东北方的凤阳和东南方的南京，形成一个相互犄角的三角地带。凤阳是明王朝的中都，南京是明王朝的留都。因此，庐州就成为明朝在东南的战略重镇。由于形势险要，明军在此设有重兵防守，又加城高池深，所以历来被称为“铁庐州”。农民起义军曾数次进攻，均未攻克。张献忠在发起进攻之前，不但首先通过明舒城材官李本高、张虎、王显明、张明志等“得悉庐州府属地利情形、攻战方略”[③]，并又先于崇祯十五年春“遣英、霍游民阳为贸易者，潜入庐州城”。其后，复利用“督师御史以校士至郡”的机会，遣士兵“数百，负书卷，衣青衿，杂诸生应试者旅寓城中”。一切部署停当，五月初六日夜，张献忠乃统帅精锐骑兵，“卷甲疾驰入郡城中”，潜伏的起义军“纵火应之”，一举攻占了庐州[④]。不难看出，被吹嘘为“铁庐州”的军事重镇，张献忠

① 《明史》卷二六〇，《余应桂传》。

② 《绥寇纪略》卷七。

③ 《纪事略》。

④ 《明史纪事本末》卷七七。

能于“一夕克之”，这是与他长于使用间谍为内应分不开的。除此之外，《平寇志》的作者彭孙贻还列举了许多例子，如除“诈为学使以陷庐”之外，还有“诈持公檄以陷襄，其陷唐、邓、舒、六，多袭官兵之旗以入城”。而“成都之陷”，同样也是“踵其故智耳”。并说他“巧于攻劫”，“长于袭取”[①]。这说明，张献忠在运用侦察与间谍方面的卓异成就，连封建统治阶级也被迫承认。

对于确保起义军的军事秘密和防范敌间的活动，张献忠同样也给予了足够的重视。首先是从内部封锁消息，防止泄密。据载他平日与人闲谈，“用兵之事，全不言及”。对于重要的战略计划，“即众‘贼’亦不知”[②]。这与《兵法》：“犯三军之众，若使一人；犯之以事，勿告以言”（《九地》）的精神，是完全吻合的。与此同时，张献忠又注意经常保持高度警觉，杜绝敌人间谍活动的可能。“每安营，即发拨马四路侦探，一里一拨，直至二百里外，有警即知”[③]。“凡一切撒塘、摆驳并踏看扎营地方，总在夜间进行，人不得而知”[④]。如崇祯十三年（1640年）七月，张献忠从兴安、平利山中突破明军的包围，从湖广转入四川，行抵巫巴深险的白羊山，探知明大批追军麕集，遂“益入深箐，掩旗息马，寂若无人”。中途，他们遇到一批茶贩，为了防止泄露军情，即“挟之去以灭口”。这些周密、机警而果决的措施，收到了良好的效果。杨嗣昌虽然派出轻骑二百人及小舟若干，入山搜索，深入百子溪、铁乂铺、小峰口、朝阳洞，但“登极顶四望，寂无烟火”。结果徒劳往返，却一无所获[⑤]。真正做到了“形人而我无形”，使敌人“深间不能窥，智者不能谋”的地步。无怪乎当时明官僚马世奇曾经慨叹：“彼之情形在我如浓雾，而我之情形在彼如列炬”[⑥]了。

第二，主动的进攻战。

战争的主动性，是军队的生命。《兵法》把它提到极为重要的地位，

---

① 《平寇志》卷十二。

② 《野史无文》卷十五，《流贼陷庐州府记》下。

③ 《怀陵流寇始终录》卷十四。

④ 《野史无文》卷十五，《流贼陷庐州府记》下。

⑤ 《怀陵流寇始终录》卷十三。

⑥ 《明季北略》卷十九，《孙传庭汝州大败》。

强调“莫难于军争”（《军争》），以较大的篇章，作了论述，并提出了发挥将帅的正确指导作用，来争取战争中的优势和主动。其具体的方法，从我方来讲，主要是消除自己的弱点。即“先为不可胜，以待敌之可敌”，“立于不败之地，而不失敌之败”，“先胜而后求战”（《军形》）。从敌方来讲，就是加深与制造敌人的弱点，使“不可胜在己，可胜在敌，……不能使敌之可胜”（《军形》）。具体的措施，如“佚而劳之”、“亲而间之”、“利而诱之”、“乱而取之”（《始计》）。“使人前后不相及，众寡不相恃，贵贱不相救，上下不相收，卒离而不集，兵合而不齐”（《九地》）。等到通过主观指导的努力，消除了自己的弱点，并加深与造成了敌人的弱点，我方就已经处于优势和主动，相反，敌方则处于劣势和被动的地位了。这时，就要充分利用这种优势和主动，迅速集中兵力，向敌人发起强大的进攻。所以要集中兵力，是因为“我专为一，敌分为十，是以十攻其一也，则我众而敌寡；能以众敌寡者，则吾之所与战者，约矣”（《虚实》）。因此，它得出结论说：“胜可为也，敌虽众，可使无斗”（《虚实》）。

与李自成比较，张献忠领导的农民起义军，实力是较弱的；和明军对比，张献忠开初也处于劣势和被动地位。但是，由于张献忠能够成功地运用《兵法》的理论，通过主观能动的斗争，人为地克服弱点，摆脱劣势和被动，并有计划、有步骤地造成敌人的错觉和困难，把敌人抛入劣势和被动，然后集中优势兵力，实行坚决的进攻战，就能够经常以少胜多、以弱胜强，不断取得辉煌的战绩。如崇祯十二年（1639 年）夏，张献忠在谷城重新发动武装斗争，向西挺进。明军左良玉和罗岱部随后尾击。张献忠行抵房县西八十里的罗猴山，“伏兵山徂中以待”。明军长途跋涉，既饥且疲，起义军突起狙击，大获全胜，左良玉“大败奔还，军符印信尽失，弃军资十余万，士卒死者万人”①。显然，这是张献忠对《兵法》“佚以劳之”的具体运用。

崇祯十六年（1643 年）十一月，张献忠攻取岳州，“沿山设伏，藏轻舟于汊港，以巨舰载重貲顺流下。官军邀击之，‘贼’佯走。官军争利，溯流上，尽夺其貲入舟。舟重不能速行。‘贼’轻舟四出，围之夹击，杀

---

① 《绥寇纪略》卷六。

溺无算。岳州军民空城走，‘贼’遂陷之”[1]。这次战斗，甚至连封建史家也看出了这是张献忠对《兵法》“利而诱之”、“乱而取之”的具体运用。如《明季北略》卷十九说：“献忠此计，所谓‘利而诱之，乱而取之’也，惜乎庸将不知”耳。

崇祯十三年（1640年）夏，张献忠从湖广转进四川。当时敌我力量对比悬殊。为了保存革命实力和疲敝敌人，张献忠采取了“以走致敌”的战术。从八月开始，他率领农民起义军“驰逐山谷风雪中”，半年多时间，几乎跑遍了大半个四川。明军被吸引住随后追赶，望尘莫及，困顿不堪，到崇祯十四年（1641年）正月，才在开县黄陵城追上了起义军。各部明军相互矛盾，张献忠抓紧这个有利时机，密遣骑兵暗中绕往敌军阵后，乘高大呼驰下，以雷霆万钧之势，冲击敌人。明军顿时陷于慌乱，左良玉军先溃，刘士杰和猛如虎的儿子猛先捷，都被起义军击毙。农民军获得了一次巨大的胜利。这次战斗，由于有着周密的计划和步骤，并经过长期的驰逐，把敌人抛入了劣势和被动，真正出色地做到了《兵法》“使人前后不相及，众寡不相恃，贵贱不相救，上下不相收，卒离而不集，兵合而不齐”的地步。

第三，快速的流动战。

如所熟知，张献忠是以善于进行快速流动作战而有名的。这一方面是由于主客观条件所决定：起义初期，敌我力量悬殊，必须迅速地摆脱强大的敌人，保存实力，在流动中给敌人以打击。另一方面同样也是受了《兵法》的影响。

《兵法》中关于快速流动战的论述，同主动的进攻战一样，都是最丰富、最精辟的部分。《兵法》写道：不要同强大于我的敌人硬拼，使军力遭受无谓的损失，而是要“少则能逃之，不若则避之”（《谋攻》）。在退却的流动中，应当以最高的速度，甩掉尾追的敌人，“退而不可追者，速而不可及也”（《虚实》）。并谆谆告诫不可违反这个原则，否则必然招致“小敌之坚，大敌之擒”（《谋攻》）的严重危害。

《兵法》强调了快速流动在进攻作战中的重要性：“兵之情主速，乘人之不及”（《九地》）。而其作用则在于能够在战争行动中争取先机之利，

---

① 《明季北略》卷十九，《张献忠陷岳州》。

“先处战地而待敌者佚”（《虚实》），“由不虞之道，攻其所不戒”（《九地》）。有时虽然“迂其途”或“后人发”，却可以“先人至”（《军争》）也。其次，《兵法》指出了对敌进攻，必须根据各方面情况，确定对策，并灵活运用：“夫兵形象水，水之形，避高而趋下；兵之形，避实而击虚。水因地面制流，兵因地而制胜。故兵无常势，水无常形”，要在“能因敌变化而取胜”（《虚实》）。总的精神要“出其所不趋，趋其所不意”，“冲其虚”，使“进而不可御”。只有这样，才能够“攻而必取”（《虚实》）。再次，怎样做到“出其不趋，趋其不意”和“冲其虚”呢？《兵法》指出，一方面，当决定战争行动时，应该先行“夷关折符，无通其使”（《九地》），以免泄露军机；另一方面，还要制造敌人的错觉：“能而示之不能，用而示之不用，近而示之远，远而示之近”，以“攻其无备，出其不意”（《始计》）。最后，《兵法》还指出了进攻时应当采取的方法：“激水之疾，至于漂石者，势也；鸷鸟之疾，至于毁折者，节也。是故善战者，其势险，其节短。势如彍弩，节如发机”（《兵势》）。这就是说，要使快速的进攻迅猛有力，必须人为地制造一种强大的气势，使“其疾如风，侵掠如火，动如雷霆”（《军争》），一举而摧毁敌人！

张献忠在运用《兵法》有关这方面的理论和方法上，成就是特别突出的。他经常以飘忽迅疾不可捉摸的快速进军，出敌不意地打击和歼灭敌人，创造了辉煌战绩。如崇祯十三年（1640年）二月，张献忠为左良玉败于玛瑙山，受到很重的损失。虽然当时杨嗣昌“统十三省办寇大军，网张四面，截御甚严”，妄图捕捉并全歼起义军，但由于张献忠“得向导指引”，以高速度的快速行军，“扳藤附葛，踰山越岭，乘夜潜奔”，不仅顺利地摆脱了尾追的明军，还在大宁县盐井地方，以突然的猛袭，击毙了明守将张令。等到敌军再次追至，并“画影图形移檄秦蜀关隘擒缉”的时候，“献忠又不知窜伏何山谷也”①。

快速流动战最成功的战例，是张献忠在四川对付杨嗣昌的“以走致敌”。原来，张献忠起义军进入四川后，逐渐向各地发展。杨嗣昌鉴于师久无功，怨诸将进犯不力。八月间，亲率大军入川督攻。当时，由于明军兵力集中，实力强大，难与抗衡，张献忠就采用了有名的以疲敝明军然后

---

①《纪事略》。

加以痛歼为目的的“以走致敌”的战术。从崇祯十三年（1640 年）八月，到十四年（1641 年）正月，张献忠率领起义军以日夜赶行。明军左良玉、猛如虎、廖大亨、张应元诸部，跟踪尾追，士兵被拖得久了，斗志衰退，暗中传出“想杀我猛镇，跑杀我左镇”[①]的怨言，反映了明军将领的狼狈和士兵的困顿。相反，起义军却斗志高昂。他们经常编造歌谣，讥讽明军，如“前有邵（捷春）巡抚，常来团转舞；后有廖（大亨）参军，不战随我行；好个杨（嗣昌）阁部，离我三天路”[②]！经过半年多的奔驰，明军已经被拖得疲惫不堪。于是，起义军就在开县黄陵城回师狙击，一战几乎全歼了敌人，从而改变了原来的不利地位。以上是属于或偏重于消极的、为保存军力而实行的退却性的快速流动战。

以开县黄陵城为转折点，张献忠起义军从劣势、被动转入了优势和主动，此后，除因个别战役失利而暂时实行退却性的流动战外，主要就是采用积极的、为打击与歼灭敌军而实行快速进攻性的流动战。而出川后的第一个战斗——攻克襄阳之役，就是创造了快速进攻流动战的出色的范例。原来，杨嗣昌在云阳听到明军于开县黄陵城被歼的消息以后，鉴于“以蜀困‘贼’”的计划已经破产，害怕起义军再返湖广，急于要“引兵归楚，顾根本，再破‘贼’”[③]。但是，这时张献忠却夺取了先机之利。他先率农民起义军南下，把尾追的明军引向庐州，“燃火筏上”，顺流而东，诳诱官兵随后追赶[④]。然后突然折而北上，于是“归路尽空，不可复遏”[⑤]。当杨嗣昌檄令猛如虎收集残部北上追击的时候，张献忠已经汇合罗汝才部起义军，抢先一步，“席卷出川”，并“焚断驿舍七百里”[⑥]，断绝蜀、鄂明军之间的联络。所以，当起义大军沿长江顺流东下逼近当阳时，襄阳还没有得到四川官军惨败的消息。二月初二日，起义大军抵达当阳，郧抚袁继咸出兵阻击，张献忠使罗汝才把这支明军牵掣住，自率大队骑兵，一昼夜急驰三百里，又“密知杨嗣昌檄至，邀于路，简十二骑伪

① 《绥寇纪略》卷七。

② 《滟滪囊》卷一。

③ 《绥寇纪略》卷七。

④ 《荒书》。

⑤ 《明季北略》卷十七，《张献忠毁驿道》。

⑥ 《怀陵流寇始终录》卷十四。

为公差"，"入襄阳城为内应"①。在里应外合下，二月初五日就攻占了襄阳。襄阳是当时明朝的军事重镇，军资械药，诸道饷银，都集中在这里，至此均为起义军所得。镇压农民起义军的大刽子手杨嗣昌，亦因陷藩之故而畏罪自杀。襄阳的攻克，是对明统治一个极端沉重的打击！

还可以再举张献忠攻占重庆的战役来说明。崇祯十七年（1644 年）春，张献忠从湖广入川，于五月间占领涪州，拟进军重庆。重庆下游四十里的铜锣峡，是进攻重庆所必须经由的门户。川抚陈士奇恃险设重兵防守。为了避免在攻坚中的伤亡，张献忠乃于六月初八日从涪州分舟溯流而上，虚张声势，进攻铜锣峡。他自己则亲率大军，"登山疾驰一百五十里，破江津县，掠其船顺流下，不三日而夺佛图关，……则铜锣峡反出其下，（明）兵惊扰不能支"②。起义军前后配合，发动猛攻，二十日，就一举攻占了四川的重镇重庆，再次给予了明统治者以极为严重的震慑！

仅从这两个战例中，就不难看出，攻占襄阳这个战役本身，就是以"出其所不趋，趋其所不意"为指导思想的。而"焚断驿舍七百里"，正是"夷关折符，无通其使"的具体化。攻占重庆战役中袭取佛图关的战斗，一方面是"由不虞之道，攻其所不戒"，"以迂为直"，"后人发"而"先人至"；同时，也体现了"近而示之远，远而示之近"以造成敌人错觉的要旨。而这两次战役，都集中使用兵力，形成夺人的声势，发动强大的进攻，也是很符合"其疾如风，侵掠如火，动如雷霆"的精神的。仅就上举例证，就可以充分证明，张献忠在掌握和运用《兵法》快速流动战理论方面，实在可说达到得心应手的境地了。这是张献忠取得一连串军事胜利的原因之一。

三　杰出的古代农民革命军事家

《兵法》是我国古代一部伟大的军事学宝典。它虽然传说为春秋时吴国孙武所著，其实乃是我国古代无数军事家多方面宝贵经验的总结。它的每一个原理，每一个结论，都是我国古代军事家们智慧和经验的结晶。长

① 《明季北略》卷十七，《张献忠陷襄阳》。

② 《绥寇纪略》卷十。

期以来，不但在我国古典兵书中，而且在世界古典兵书中，也一直闪烁着耀目的光芒。这部伟大的古代军事宝典，一旦被农民起义领袖张献忠所掌握和运用，就发挥了巨大的威力，对当时的农民革命事业，作出了重大的贡献。这个活生生的事实，使我们加倍地体会到伟大祖国文化遗产的丰富，从内心感到自豪；同时，也更深切地认识到运用马克思列宁主义的观点和方法，批判地继承与发扬祖国文化遗产的重大现实意义。

上文的分析说明，张献忠在认识、掌握和运用《兵法》上的成就，是极其卓异的。就是站在统治阶级立场的旧史家，尽管对张献忠极尽诬蔑之能事，但在张献忠辉煌的战绩面前，甚至也不得不承认。如《平寇志》的作者彭孙贻就曾评论张献忠“阴‘贼’多智，巧于攻劫，遇险善逃，去来如风，疾走数百里，官兵追之不能及”[①]。《纪事略》的作者（佚名）也写道：张献忠“倏东倏西，晨南暮北。官兵四面追击，转战数千里，……无处跟追”。《明季北略》的作者计六奇，更为张献忠的剽捷善战所折服。他说：农民军“马大肥捷，一昼夜行三百里。如欲破远城，则近城过而不攻；及远城既破，始旋兵以取近城。盖远者谓近‘贼’之城尚未报破，必不越之而来，往往不为备；近者又谓‘贼’众已过，可不严守。所以‘贼’每乘人不意而两取之，计亦狡矣。”[②] 这种战术，既是指“革左五营”，也是包括张献忠说的。在《张献忠围桐城》条后写道：“谈笑间数百里猝至，所谓‘行千里而不劳者，行于无人之地也’（按原句见《兵法·虚实篇》），献忠得之矣”。在《张献忠袭泌城等处》条后又说：“献之行兵，其来也，如风雨之骤至；其去也，若鬼蜮之难知。……即孙子所云：‘出其所不趋，趋其所不意’，‘避实击虚’之法，将帅堕其术中而不觉耳”。据此，我们完全有理由说，张献忠不但是明末农民起义的卓越领袖，而且也是我国历史上杰出的农民革命军事家。

如果认为张献忠之所以在军事上获得如此辉煌的成就，仅出于他个人的天才，或得到了一部《兵法》的影响和启发，这是很不全面的。黄摩西《小说小话》中，曾载有张献忠从《三国演义》里学习“攻城略地、伏险设防”的战案；清刘銮《五石瓠》卷五《水浒小说之为祸》条，也

---

① 《平寇志》卷十二。

② 《明季北略》卷十三，《贼陷六合》。

载有“献忠之狡也，日使人说《三国》、《水浒》诸书，其埋伏攻袭皆效之”。可见，张献忠是从更多方面来学习军事的。还应着重指出，他除了认真研习《兵法》及《三国》、《水浒》等而外，还经常刻苦操练。如在谷城时，“营于城外，将几案叠起，每日自下而上，循环不已，如教猱升木，无一息停。虽天性好动，亦借此自练”。与此同时，又“私练士卒”①，采用“团营方阵、左右营诸法，在谷城一年操演”②。从谷城再次发起武装斗争后，仍然坚持“平居无事，则练习士卒”③ 的刻苦作风。当然，更为重要的则是当时激烈的阶级斗争，使张献忠迫切地要求能够掌握与运用丰富的军事斗争知识；《兵法》恰好满足了他这个要求。特别是他在长时期的战斗中积累了丰富的经验和教训，从而就能够更深刻地理解和掌握《兵法》的理论和精神，用它来指导实践。这些就是张献忠在军事上不断获得巨大成就的原因。这里不妨举个例子来说明：崇祯九年（1636 年）十二月初六日，张献忠率军攻取应城，见明军据陴坚守，乃“引众自东驰西，绕城而过，竟不围攻”。明军认为起义军已走，“甚轻之，不设备”。张献忠离西门十里驻营休息士马。次日，仍寂然不动。明军“笑其无能，益骄且惰”。越三日，明军“率众千余，开城出战”。起义军“望其至，佯弃辎重走”，明军“嗜利，争取之。献忠度其离城数里，旋马突至，纵骑大杀”，应城立破④。据文献记载，崇祯九年时，张献忠还没有接触与研习《兵法》，但是，他亲历多次战斗而获得的那些经验和教训，已经使得他积累了一些战略、战术知识，因而这次战斗的指挥，就同《兵法》的“卑而骄之”、“利而诱之”和“乱而取之”（《始计》）的精神相符合了。

还须强调指出，张献忠取得的一系列辉煌战绩，还有另一个重要的因素，那就是他所领导的农民起义，乃是正义的战争，革命的战争。正如毛泽东同志说的：“战争的伟力之最深厚的根源，存在于民众之中”⑤，这一点，表现在大规模的流动战和运动战上，尤为显著。广大人民给张献忠起

---

① 《明季北略》卷十五，《张献忠复叛》。

② 《绥寇纪略》卷六。

③ 《明季北略》卷十六，《张献忠围桐城》。

④ 《明季北略》卷十二，《张献忠破应城》。

⑤ 《毛泽东选集》，第 478 页。

义军保守军事行动秘密。如崇祯十三年（1640 年）六月，张献忠败于左良玉军，自湖广转入四川。杨嗣昌大军追击，深入巫、巴丛山搜索，就是由于“山民”给起义军封锁消息，“不言踪迹”①，起义军才摆脱了敌人的。而崇祯十四年（1641 年）二月，张献忠之所以能够以快速地流动战攻克襄阳，也是由于“蜀人愤客兵之掠，不告‘贼’所在，纵献忠以出峡”② 的。广大人民还为起义军搜集敌情，传送情报。如崇祯十三年（1640 年）四月，张献忠被围于兴安、平利山中。当时左良玉“连营百里”，兵势强劲，起义军处于危急的境地。由于当地人民“为‘贼’耳目”，“阴输兵情于‘贼’”③，才使张献忠得以顺利突围而出。起义军在辗转作战过程中广大人民给以粮饷和马匹等物资相支援。关于这一点，有关史书上像“寨民刲羊豕迎‘贼’”④，“士民牛酒迎‘贼’，路相属”，以及起义军至，百姓“造册迎‘贼’”的记载，是异常之多的。崇祯十六年（1643 年）十月，张献忠起义军攻取袁州一带，峡江人民执明知县，以待起义军。明军“给以八大王（按即张献忠）兵至”，人民就“赍印开门出迎，献马二十五骑，刍粮无算”⑤。充分反映了广大人民对农民起义军热烈拥护和积极支援的历史事实。与此对照，人民对明统治军，则采取了完全相反的态度。如崇祯十四年（1641 年）十二月，左良玉冒风雪进抵裕州，城中“士民皆潜伏女墙，浇水冻城，为‘贼’拒守。即粒粮寸草，呼之不应，与价亦拒”⑥。此外，当起义军向敌人发动进攻时，人民还直接给了起义军以有力的援助。如崇祯十五年（1642 年）五月，张献忠联合贺一龙部起义军攻取无为州，由于人民“勾‘贼’夜至纵火入城”⑦而顺利攻占。崇祯十六年（1643 年）九月，张献忠从衡州分兵攻永州，也是由于人民“内应，开城迎‘贼’”而迅即占领的。同年十月，张献忠与明军在湖广展开争夺战，同样是得到“三郡民屯结山险，以拒官兵”⑧，

---

① 《怀陵流寇始终录》卷十三。

② 《平寇志》卷十一。

③ 《平寇志》卷三。

④ 《平寇志》卷五。

⑤ 《平寇志》卷七。

⑥ 《明末农民起义史料》，第 344 页。

⑦ 《平寇志》卷五。

⑧ 《平寇志》卷七。

牵制明军，起义军才得光复袁州和吉安的。正如马世奇在答崇祯问时所说："其实'贼'何能破各州县，各州县甘心从'贼'耳"[①]，不难推知，离开了广大人民的支持和援助，要想取得那样辉煌的战绩，是绝少可能的。

最后，还应说明，由于历史条件的局限，张献忠还不可能真正认识、掌握军事科学与战争规律。比如，他不了解战争的实质，不认识战争与经济的关系，缺乏全面、准确的战略思想。特别是具有比较严重的"流寇主义"作风。这具体表现在他不重视根据地的建设和组织生产等经济工作。因此，他虽然在连年战争中，取得了多次巨大的胜利，大量地歼灭了敌人，但并没有建立一个巩固的革命根据地。即使他独占四川的时候，表面上是"掩有两川"，而实际上"其威令所慑伏者，不过成都前后十余县耳"[②]。这固然由于四川地主阶级对起义军地方政权的疯狂破坏，但也是与张献忠不重视根据地与政权建设的"流寇主义"作风不无关系的。关于这点，《罪惟录》的作者查继佐也曾指出："张（献忠）之失，病于不知所为固；不知所为固，则防疏而后无余地可凭"[③]。这正是张献忠最突出的缺点之一，也是他后来为敌人所击败的一个重要的原因。

不过，尽管如此，张献忠能够认真研习与掌握《兵法》，并通过革命斗争实践，充实和丰富了前人的军事斗争经验，给我国古代军事史和战争史增添了新的内容，留下了珍贵的军事历史遗产，无愧为我国古代杰出的农民革命军事家。

（原载四川《社会科学研究丛刊》第2期，1981年2月出版）

---

① 《明季北略》卷十九，《马世奇人对》。

② 《明季南略》卷十二，《张献忠乱蜀始末》。

③ 《罪惟录》传三一，《张献忠孙可望传》。

明末大别山区“革左五营”农民起义军的抗明斗争

由朱元璋所建立的明王朝是元末农民大起义的产物。因为朱元璋出身于贫苦农民，在参加反元农民起义的过程中，他亲眼看到强大的元帝国被大起义的浪潮所摧毁，深刻认识到人民革命的巨大威力。因此，为了巩固新的政权，他被迫采取了向农民让步的政策，实施了一系列与农民休养生息的措施。在广大人民勤恳劳动的推动下，社会生产逐步恢复发展，并出现了繁荣的景象。

但是，封建政权是代表地主阶级利益的。因此，伴随着社会生产的恢复与发展，封建官僚地主阶级的势力也逐渐膨胀起来。他们一方面以高额的田租，剥削其耕地上的农民；同时，当农民因遭受残酷剥削而陷于贫困破产时，他们又乘机疯狂地兼并土地。所以，到明朝中后期，就出现了土地高度集中的情况。农民被迫离乡流亡，生产遭到严重的破坏。

农民不但遭到地主阶级贪婪的剥削，还受着明中央政权繁重的赋税和劳役的压榨。从洪武元年（1368 年）到正统元年（1436 年），六七十年间，田赋就增加了三倍以至数十倍。尤其到明末时候，田赋之外，又增添了所谓“辽饷”、“练饷”和“剿饷”等名目。广大农民遭到更残酷的掠夺，陷于“衣不蔽体、食不果腹”的绝境。加上如狼似虎的官府，还加紧向在饥饿线上挣扎的破产农民催勒捐税，动辄鞭打和囚禁。农民实在已经被逼得走投无路，他们为了反抗残暴的统治和沉重的剥削，争取生存的权利，终于首先在灾荒严重和阶级矛盾特别尖锐的陕北地区，发动了武装起义，并发展成为全国性的农民战争。在卓越的农民领袖李自成和张献忠的领导下，经过十余年英勇顽强的战斗，沉重地打击了敌人，并最后颠覆了明帝国的统治。

这次起义过程中，在今安徽省西部英山、霍山、潜山、太湖之间的山岳地带（即今大别山区），曾经有过一支被称为“革左五营”的农民起义军部队，他们以大别山区为根据地，和明军作了持久的勇猛的斗争。这支农民起义军有着许多独具的特点和优点，如相对重视根据地的生产建设，快速流动作战和充分休整相结合，配合与支援友军共同对敌作战等，都是在明末农民大起义中较为罕见的。可惜有关这支农民起义军的战斗和活动，过去很少为大家所注意，起码是未引起足够的重视，所以未得流传和总结。兹就个人搜集到的有关史料，把他们在大别山区抗明斗争的事迹，加以整理，并试着作一些肤浅的分析，希望能对进一步全面深入地研究明末农民大起义，起到一些参考的作用。

一　大别山区农民起义军根据地的形成

在阐明大别山区农民起义军根据地的形成以前，有必要先来弄清楚“革左五营”农民领袖名称的由来。

从“革左五营”的字面上来看，“五营”应是指五部农民起义军的联合组织或集团而言。这五个农民领袖都是些什么人，各书所记有着很大的出入：有的指为张大受、马守应、罗汝才、贺一龙和贺锦；有的指为张献忠、马守应、贺一龙、贺锦和一斗粟（《全桐纪略》）；还有的指为贺一龙、贺锦、马守应、刘希尧和蔺养成（《明史》）。究竟哪一种说法正确，限于材料，还很难作出可靠的结论。不过，以上各种说法中有一个共同点，就是在五位农民领袖中，都包括了贺一龙、贺锦和马守应三人；在大别山区农民起义军抗明斗争的史料中，这三位农民领袖的活动，也都是记载较多的。按贺一龙绰号“革里眼”，贺锦绰号“左金王”，“革左”的称号，也就是贺一龙、贺锦二人绰号各头一个字的连缀。因此，可以初步说“革左五营”，是以贺一龙、贺锦、马守应（绰号老回回）及其他另外两部农民起义军部队所组成的一个农民起义集团军。至于另外两部农民起义军领袖的名号，则还难于断定。理由是大别山区农民起义军抗明根据地从形成到坚持斗争，过程是相当长的。整个期间，参加到以“革左”和马守应为首的这个集团军中的农民起义部队，不但前后期不断有所更迭——退出或新加入，甚至马守应也曾分出去单独行动；而且在这个集团军中保持的起义军部队数目，也经常有所增减。如崇祯十年（1637年）闰四月，据《明史纪事本末》卷七五载："群'盗'盘踞江北，老回回等八营谋避暑深山"。而崇祯十二年（1639年）春，据《明纪》卷五五载："……东则贺一龙、左金王等四营"。因此，我以为以上各种说法，可能都是指在一定时期内参加到这个农民起义集团军中以贺一龙、贺锦、马守应为基干的最强大的五支农民起义部队而言。后来，"革左五营"逐渐成为人们对贺一龙、贺锦、马守应为首的这个农民起义集团军的一般称号，就不一定绝对是由五支农民起义军联合编制起来的军事单位了。

现在，再来阐明大别山区农民起义军抗明根据地形成的过程。

大别山区之所以能够形成为农民起义军的根据地，是和该地的优越条件分不开的。首先，就是地形的险要。据载英霍山区深邃八百里，群山环峙，崖谷幽深，山径陡绝，箐林深密，"一夫当险，万旅却步"①。如所周知，明王朝是大一统的帝国，军权集中于中央，能够以较大的兵力，集中投放在某一个战区，发挥其军力的优势。而农民起义军的实力和明军相比，则处于劣势地位。特别在早期，这种实力对比悬殊情况，尤为突出。因此，势难与强大的敌人，正面对抗。而像大别山区这样险要的地势，则可以弥补农民起义军在兵力不足上的弱点，凭险以抗击敌人；其次，是山区物资丰饶："山险僻，足五谷"②。又"可耕可居，蕨芋遍地"③。毛泽东同志教导说："如果不进行经济建设，革命战争的物质条件就不能有保障，人民在长期的战争中就会感觉疲惫"④。这话虽然是针对中国第二次国内革命战争时期敌人的围攻和经济封锁而言，但对一切革命战争都有着普遍的指导意义。特别像明末农民起义前期，敌我力量对比，起义军还处于相对劣势情况下，经济建设工作就尤其显得重要。因为，大别山区虽然地势险要，但如果遭到敌人的围困和封锁，起义军缺乏充足的粮秣，同样也就难以长期支持。而山区物资丰饶这一条件，则恰是给农民起义军长期固守提供了充足的物质条件；再次，大别山区周遭又有四通八达的通路：

① 《怀陵流寇始终录》卷八。

② 《怀陵流寇始终录》卷十。

③ 《怀陵流寇始终录》卷八。

④ 《毛泽东选集》，第105—106页。

“出山南则安庆，北则光山、固始，东则舒城、庐州，西则蕲州、黄州”[①]。有了这种便利的通路，即使万一遭到强大敌人入山搜索，也可以趁虚走避，不致为敌人坐困而蒙受严重的损失。最后，还可以从大别山区在全国所处的政治、经济地位来看，从政治上说，大别山区南端正是今安徽、湖北、江西三省交界地带，临控南京上游，便于窥伺安庆、九江。不但随时可以大兵夺取安、九，而且也使明王朝的留都——南京，经常处在严重的威胁之下。从经济上说，一方面，除如上所举大别山区本身物产丰饶外，自蕲、黄以下的长江沿岸，也是稻麦丰产的地域，据熊文灿所说：“沿江饶给，‘盗’之招也”[②] 的话来看，那里的群众条件较好，人民曾经给与起义军以物质上的支援。而另一方面，则由于农民起义军经常主动出击敌人，使“安、庐州县残破者半，官吏咸携印篆舣舟理事”[③]。也就是说，在起义军沉重的打击下，明朝地方官僚机构，已经陷于麻痹和瘫痪状态，因此，它们从这些“饶给”的地方掠取赋税米麦的可能，大大削减，以至断绝了明统治者在这一地带的经济收入。

总起来说，大别山区不仅地势险要，物产丰实和有着通路便畅的优越条件，而且从全国政治经济地位上看，也有着重要的意义。正是由于这些，“革左五营”农民起义军才选择了它作为持久抗明的革命根据地。

关于“革左五营”在大别山区建立抗明斗争根据地的时间，有的史学家认为是在崇祯八年（1635 年）农民起义军十三家七十二营荥阳大会之后不久。根据是：当时十三家七十二营农民起义军为了抵御和打破敌军的围攻，议定分兵迎击，贺一龙和贺锦正是率部从荥阳南下，拦击四川、湖广明军的，这种说法缺乏充分的史实依据，因而是值得商榷的。原来大别山区农民起义军抗明根据地的形成，是经过一个相当长的过程的，据现有可查史料，至晚在崇祯四年（1631 年），大别山区就已有“凭险以抗官军”的农民起义军部队了。如《怀陵流寇始终录》卷四载：崇祯四年（1631 年）时“流‘寇’有三大窟：在陕西之北境则有东川、西川；在陕西、河南、湖广、四川省之交界则有商南、雒南、庐氏、永宁、内乡、

① 《怀陵流寇始终录》卷八。

② 《绥寇纪略》卷六。

③ 《明史纪事本末》卷七五。

淅川、南召、郧阳连绵山谷；在江北则有英山、霍山”。此外，《平寇志》记有崇祯七年（1634 年）十月“河南‘贼’至霍山、英山，分掠潜山、太湖、宿松”，和同年十一月“江北‘贼’陷英山、焚霍山”① 的记载。可见在崇祯八年（1635 年）农民起义军荥阳大会以前，已有农民起义部队进入英、霍山区了。

十三家七十二营农民起义军荥阳大会以后，据记载最早“以英山霍山为巢穴”② 的农民起义军，是绰号扫地王的张大受部。不过，当时由于农民起义军对英霍山区的地理条件还不够熟悉，也还未被当地的山民所深切了解，还没有和他们建立起亲密无间的关系。因而这时还没有建成持久的、巩固的革命根据地。崇祯十年（1637 年）四月，漕抚朱大典就曾上疏崇祯，请筑城英山设兵以守说：“‘贼’自潜山西遁，已入蕲黄境，为楚兵所扼，势必更入英宿诸山。英山西距罗田数十里，东距霍山三百六十里，俱悬崖绝谷，若为‘贼’有，则官兵进退无据，安可不筑城以置兵”③。这段材料，一方面说明英霍山区的险要及其成为农民起义军根据地对敌人的严重威胁；同时也说明在当时英霍山区还是在起义军与明军相互争夺的情况之下，起义军有时在此休整补充，如“老回回等八营谋避暑六安，乃散入潜山、太湖诸岭，荫林樾以息马”④，但还未形成为持久的巩固的根据地。这情况几乎一直延续到崇祯十二年（1639 年）的秋天。如《平寇志》卷三：崇祯十年（1637 年）十月，“曹操（罗汝才）、革里眼南北分窜豫楚”；十一年（1638 年）九月，“老回回等东奔枣阳”；又十二年（1639 年）二月，“老回回自襄阳东奔请降于盟军孔贞会，未决。革里眼，射塌天东走合混十万诸‘贼’，掠信阳、光山”。这说明在崇祯十二年（1639 年）二月以前，贺一龙和马守应所率农民起义军，还是没有入据大别山区的。

以贺一龙、贺锦为首的“革左五营”起义军较早在大别山区开辟根据地，是在崇祯十二年（1939 年）夏天。据《全桐纪略》载：己卯（崇祯十二年）“革里眼、左金王、老回回、一斗粟、满天星五营，盘踞太湖

---

① 《平寇志》卷一。

② 同上。

③ 《怀陵流寇始终录》卷十。

④ 《明史纪事本末》卷七五。

深山，自夏至秋，焚杀飘忽”。但当时还只是在局部地区（太湖深山）而且也未作到持久与巩固（焚杀飘忽）；至于正式建立抗明根据地，据可考的史料是在崇祯十二年（1639 年）冬天。《明史纪事本末》卷七五：崇祯十二年（1639 年）十月，“老回回、革里眼、左金王、南营四股合二万人，分屯英、霍、潜、太诸山寨”。又《平寇志》卷三亦载：崇祯十二年（1639 年）十月，“老回回、革里眼、左金王、南营四股，合马贼万骑自蕲黄走江北，分屯英、霍、潜、太诸山，胁从者众至二万人”。而且，此后虽然明军不断入山进犯，但农民起义军除在绝对优势敌人压力下曾经暂时流动走避外，始终凭险据守，同敌人展开了顽强的斗争：“兵多则窜，少则迎敌。官兵搜山清野，则突出郊关；及列阵平原，又负险深箐”。并经常是“相持逾年”[①]，使明军无计可施。一直到崇祯十五年（1642 年）九月贺一龙、贺锦等率部北上河南与李自成起义军会合为止，前后共达三年之久。在这期间，“革左五营”起义军不仅坚持顽强斗争，粉碎了敌人屡次的进犯和围攻，并且不断以轻骑快马主动出击，给予明统治者以严重的威胁和沉重的打击。

二 “革左五营”农民起义军的抗明斗争及其特点

以“革左五营”为首的农民起义军，在抗明斗争的过程中，鲜明地表现了独具的特色。这首先就反映在这支农民起义军组织上“兵农紧密结合”的特点。起义军一方面在春夏时期，经常从事农业生产，所以本身就是农民；但每当秋高马肥的时候，就出山打击敌人，成为剽悍强健的劲兵。而且这支农民起义军，虽由马步兵混合组成，但又特别重视骑兵。如崇祯十二年（1639 年）十月间，马守应、贺一龙、贺锦和南营四股农民起义军进驻英、霍、潜、太诸山时，据载当时即有“马‘贼’万骑”而“胁从者众至二万人”。“胁从者”当中，是否也有骑兵，限于材料，不可得知，即使都以步兵计，则骑兵也为一与一之比。又据黄梅贡士吴卿奏议云：“昼则‘贼’骑相顾，夜则‘贼’营远哨”，“日驰二百里”[②]。

---

① 《平寇志》卷三。

② 同上。

也说明了农民起义军中骑兵占有重要的地位和较大的比重。虽然因为史料缺乏，我们对“革左五营”起义军群众成分和组织，只能做出如上简略的叙述，但这个特点却说明，“革左五营”农民起义军在抗明斗争中所以能巩固与保卫根据地，并不断沉重地打击敌人，正是和这支农民起义军既能从事农业生产，又能进行英勇顽强的战斗分不开的。

由于“革左五营”农民起义军具备如上的特点，所以在对敌斗争中，它既不同于李老柴、神一元、谭雄等农民领袖的据地固守，不肯流动；也不同于高迎祥、李自成和张献忠等农民领袖的弃地不守，专事大流动作战（李自成在崇祯十四年后，曾一度克服了流动作战的倾向），而是采取了以凭险固守为主与机动出击为辅相互配合的机动灵活的作战方法，为了适应这种作战方法，起义军实行了一套相应有效的办法和措施：其一，大别山区险要的地理条件，是适合于凭险固守的。它在战略上是“以逸待劳”，有利于我而不利于敌的。但是，要保证长期凭险固守，必须有充足的粮饷草秣。大别山区虽然万岭重叠，但中间也分布有小块的平地和丘陵，“可耕可居”。农民起义军充分利用了这种优越的自然条件，组织了农民起义军部队，进行生产：“阻险种田为持久”①。这样，就解决了重要的粮秣问题，为长期固守，创造了物质的前提。

其二，大别山区虽然山深林密，地势险要，但明统治者一直在处心积虑地进行明剿和暗袭。如果单纯依靠地理条件的险要，麻痹大意，疏于防守，则仍然不免有遭受敌人突然进袭或围攻而蒙受惨重损失的危险。对此，农民起义军是具有高度警惕性的。为了保障根据地的安全，他们建立了“侦察制度”：“多购麻黄蕲水人为间谍，或为医卜星相，或缁衣黄冠（假扮僧道）或卖械乞食，分布江、皖诸境，以觇虚实”。② 使用这种办法，起义军能够及时探明官军的动向及实力，掌握了战斗行动的主动权，根据情况，“兵多则窜，少则迎敌”。而明军则完全处于盲目被动的地位，如统治阶级所谓“贼主我客”③，从而不但可以避免敌人的主力打击，而且可以运用优势兵力，歼灭敌人有生力量，削弱敌人，壮大自己，有力地

① 《绥寇纪略》卷五。

② 《怀陵流寇始终录》卷十。

③ 《平寇志》卷三。

保卫和不断扩大根据地。

此外，值得指出的是“革左五营”农民起义军在保卫与巩固根据地的斗争上，还不只限于消极的防御，而是经常采取积极的防御，即以乘虚出击敌人、牵制敌人、威胁敌人、分散敌人围攻根据地的兵力，来打破敌人的进攻。“官兵搜山清野，则突出郊关”正是这种积极反围攻战术的具体运用。因为敌人集中兵力入山进犯时，城守必然空虚，起义军乘机“突出郊关”，就能够严重威胁敌人，迫使其不得不撤返“搜山”的兵力，因而打破其对根据地的围攻。在另一种情况下，即当起义军侦知敌军将入山进犯的情报，并且敌我双方兵力的对比，又不是相差悬殊，则往往采取集中优势兵力、以逸待劳、诱敌深入、加以歼灭的办法。如崇祯十四年（1641 年）六月，“革左五营”起义军攻克宿松、英山，屯兵白沙岭休整。这时明将卢九德、刘元斌分统禁军“大阅州县乡兵合官军万人，刻期入山搜剿”。“革左”农民起义军侦知后，即“尽撤回，合营屯潜山”[①]以逸待劳。结果给与来犯明军以沉重打击，并一举攻克了潜山城。

其三，“革左五营”农民起义军还经常主动出击，打击敌人，以削弱明统治者和扩大农民起义军的政治影响。在对敌的军事斗争中，他们一方面和李自成、张献忠一样都是运用了快速地流动战术；但同时却又和李自成、张献忠不完全相同，即他们比较重视把流动作战和充分休整恰当地结合起来。关于“革左五营”农民起义军擅长流动作战，各书的记载是很多的。如《明季北略》：起义军“马大肥捷，一昼夜行三百里。如欲破远城，则近城过而不攻，及远城破，始旋兵以取近城。盖远者谓近‘贼’之城尚未报破，必不越之而来，往往不为备。近者又谓‘贼’众已过，可不严守，所以‘贼’每乘人不意而两取之”[②]。又《怀陵流寇始终录》载崇祯十三年（1640 年）举人吴卿奏云：“革左诸‘贼’最善侦走，官军在颍襄，彼则奔凤淮，一日夜行数百里”[③]。由于农民起义军这种迅疾飘忽的快速行军，不仅使敌人无法捕捉农民军的主力所在，避免和敌人主力遭遇战的损失。而且，还易于出敌不意，攻敌不备，“伺机歼灭敌人和

---

① 《平寇志》卷四。

② 《明季北略》卷十三，《贼陷六合》。

③ 《怀陵流寇始终录》卷十三。

攻占敌人的城镇或战略要地。如据明直隶巡抚倪思辉奏，崇祯九年（1636年）二月，起义军就是运用“阳去以疎我之防，倏来以乘我之忽”① 从六安快速进军、越过庐州、出奇制胜而接连攻克含山、和州的。此外，起义军还经常同时分兵出击敌城，以分散和牵制敌军兵力，在各个战场上同时打击敌人。如崇祯十五年（1642年）八月，贺一龙、贺锦、马守应起义军屯光山、罗田，就曾分兵进攻信阳和麻城；同年九月，马守应就曾“分营犯芜湖，掠桐城，安庆”②。这种分兵出击的战术，使敌人摸不清起义军的实际兵力，不敢集中兵力组织反击，从而被迫陷于分区防守的被动局势，正如明户部主事张缙彦所说：“……江北无处不被‘贼’，岂真有数十百万，盖分股以牵制我师，故见多也”③。

“革左五营”农民起义军经常是把快速的流动作战和充分的休整补充恰当地结合起来。有关记载起义军及时驻军休整的史料极多。如《明史纪事本末》卷七五：“老回回等息马郧襄”，又同书“老回回等八营谋避暑六安，乃散入潜山、太湖诸岭，荫林樾以息马”，《平寇志》卷三：老回回革里眼等部“入六安息马茶山避暑”，又同书：“革里眼诸‘贼’入六安英霍诸山中倚林樾度夏，秋爽复出，岽（岁）以为常”。正由于起义军能够得到充分的休整和补充，所以农民军的体魄强悍，精力充沛，士气高昂，战斗力特强，从而在对敌作战中就显示了强大的冲击力量。如崇祯九年老回回部起义军经过一个夏季的较长时期休整补充，到九月间乘“秋高粮足，遂以全营屯蕲、黄，合曹操、闯塌天诸兵二十万，沿江而下，六合、怀宁、望江、江浦，所在告警，烽火及于仪真”④，严重打击了敌人。

“革左五营”农民起义军除上述以流动作战为主打击敌人外，有时也进行攻城战。如崇祯八年（1635年）正月二十七日，贺一龙、马守应、过天星、邢红狼、一根葱会师进攻桐城，明守将潘可大据城顽抗，起义军就发动了猛烈的攻城战。为了遮御敌人城头的矢石和炮火，起义军“用屠户肉案，每五张将索缠为一张，以草荐絮被用水湿之，复其上。‘贼’

① 《平寇志》卷一。

② 《平寇志》卷五。

③ 《平寇志》卷三。

④ 同上。

藏其下，推至城边，以大斧利凿砍城砖……环列奋攻”。与此同时，“又用长梯数十张，扛抬近城，期一拥而上”。并“又乱发鸟铳，向城飞击”[①]以作掩护，表现了无比的果敢、机智和英勇！后来经过长时期作战的锻炼，除攻城战术有所提高外，攻城武器也有了显著的改进。如崇祯十四年（1641 年）六月间，马守应、贺一龙自随州进攻应州时，就是“冒皮帐攻城”[②]的。“皮帐”当是在攻城时专门用以遮御敌人炮火矢石的武器。说明这时起义军在战斗装备上，并未停留在简单的“屠户肉案”上，而是在不断改进与提高，显示了广大农民起义军的高度智慧和创造性。

最后，“革左五营”农民起义军在抗明斗争过程中，不但具备如上所述的许多特点和优点，更值得指出的是他们还善于主动配合与支援友军，共同作战，改变敌我力量的对比，以更有力地打击敌人。如崇祯十三年（1640 年）二月，贺一龙、射塌天等“东走合于混十万，分掠信阳光山”。崇祯十五年（1642 年）三月，“革、左、老回回五股合步骑数万，趋寿州，复以兵合献忠，攻六安”[③]。为了增强兵力，张献忠和贺一龙二人还曾经在三月间“以百骑走小袁营”，去联合袁时中部农民起义军，“期共攻六安”。起义军联合了起来，在兵力和敌人对比上占了压倒的优势，所以四月间“献忠合革、左、回、袁诸‘贼’陷六安”[④]，取得了重大的胜利。

“革左五营”农民起义军不仅重视与友军的配合，有时还甚至主动去瓦解和争取敌军。如崇祯十四年（1641 年）七月，革左攻克潜山，明将“黄得功戏下，兵叛，焚劫桐城，得功逐捕之，奔麻城”。贺一龙侦知以后，即曾“以银千两，马骡千骑聘之”[⑤]，以瓦解和削弱敌军。

农民阶级由于受其小农生产方式的限制，除了具有勤劳勇敢和坚强的革命性（这是主要方面）以外，也还有其消极的一面。如分散、保守和狭隘。后者表现在起义斗争过程中，就是组织分散，各自为战，缺乏集中统一的领导，不能紧密地配合，甚至还会发生相互猜忌和彼此倾轧的情

① 《全桐纪略》。

② 《平寇志》卷四。

③ 《明史纪事本末》卷七五。

④ 《平寇志》卷五。

⑤ 《平寇志》卷四。

况。这在我国历史上历次农民起义中都不乏实例可举，而在明末农民大起义重要领袖李自成和张献忠之间，表现得尤为突出。比如崇祯八年（1635 年）荥阳大会后，高迎祥统率张献忠、李自成部以快速进军攻下明中都凤阳，本来可以集中优势兵力，乘敌人慌乱失措的机会，发动更大规模进攻。但结果由于张、李二人不合而分兵；崇祯十一年（1638 年）六月，李自成为洪承畴大败于梓潼，仅率亲信百余人，走依张献忠。张献忠不仅拒绝留纳，并谋在竹溪将李自成加以袭杀。李自成独骑自行六百里乃免[①]。崇祯十四年（1641 年）八月，张献忠为左良玉大败于信阳，众散略尽，仅率数十骑往投李自成。同样，李自成不仅“以部曲待之”，而且也要加以并杀。幸得罗汝才的劝说，献忠才得乘夜逃走；直到崇祯十七年（1644 年）七月，农民起义事业已经受到清兵的严重威胁，时四川“保宁（今阆中）顺庆（今南充）先已降李自成，置官吏”。而张献忠入川以后，还“悉逐去之”[②]。总之，这两位农民起义领袖几乎自始至终都在相互矛盾和倾轧着。而这种情况，就必然削弱了起义军的力量，给共同打击明统治者和反抗清统治者的斗争事业，造成不可估计的损失。

但是，以“革左五营”、老回回为首的农民起义军（特别是在合并于李自成起义军以前），则表现了显然不同的作风。他们非但善于及时配合友军共同对敌作战，而且经常主动热情地去支援友军，帮助在对敌作战中遭受惨重失败的友军恢复、休整和补充，使其重新发展壮大，再度投入抗敌的斗争。比如崇祯十一年（1638 年）六月间，李自成大败于梓潼，因往依献忠几乎被杀而出走后，就是“至淅川老回回营卧病数月”，后来还是“老回回授以数百人”[③]，才以此为基本部众而重新恢复发展起来的；崇祯十四年（1641 年）八月，张献忠兵败往依李自成，同样几为李自成所杀。当他走英霍山往投革左时，却受到贺一龙和贺锦等热烈和真挚的款待：“与革左二贺相见，皆大喜”[④]。并且，后来也是在“革左五营”的大力支援下，张献忠重新补充了部队才“势复大振”的。以“革左五营”为首的农民起义军这种为了共同对敌斗争而主动真诚支援友军的作风，就

① 《明史》卷三〇九，《张献忠传》。

② 同上。

③ 《平寇志》卷三。

④ 《明纪》卷五六。

当时说，对于李自成、张献忠起义军的恢复与再起，起了很大的作用。而从整个中国农民战争史来说，这种作风，也是如凤毛麟角不可多见的。

正由于以“革左五营”为首的农民起义军，具备着如上所述的许多特点和优点，所以他们不仅能够在相当长时期内（1640—1642 年）牢固地保存了大别山根据地；而且因为他们经常组织主动的出击，不断打击敌人，所以严重地威胁和震撼了明帝国的统治。如由于起义军以大别山为根据地，常以流动战术袭击敌人，所以使附近安庆、庐州一带州县“官吏咸携印篆舣舟理事”[①]，不敢入城。又如崇祯九年（1636 年）秋，“革左五营”起义军联合罗汝才、闯塌天诸部农民起义军二十万人，从郧阳、襄阳沿江东下，使“六合、怀宁、望江、江浦所在告警，烽火及于仪真”，连明统治者的留都——南京，也受到严重的威胁！

三　关于“革左五营”农民起义军的纪律和投降的问题

和历史上所有的农民起义运动一样，以“革左五营”为首的农民起义军，同样遭到了反动统治阶级恶毒的诽谤和诬蔑。因此，在论述了“革左五营”农民起义军的特点及其优良传统后，还有对反动统治阶级的诽谤和诬蔑，进一步加以澄清的必要。

首先，关于“革左五营”农民起义军的纪律。在《平寇志》、《明季北略》、《明史纪事本末》、《明纪》和有关各书中，诬蔑起义军“公行肆掠”、“时出抄掠”、“突出焚掠”，从而造成“流毒四境”[②] 的记载，是相当多的。但就是从上述史书的字里行间，略微仔细推敲，也完全能够发现实际情况和统治阶级的恶毒诬蔑相反，以“革左五营”为首的农民起义军，自始至终是一直保持了良好的纪律的。比如当“革左五营”起义军进入大别山区建立革命根据地的初期，当地的地主绅官，还曾诳惑与组织山民攻击起义军。但不久以后，山民看到起义军纪律严明，有了较深切的了解，就都“懈于敌忾”[③]，也就是不肯与起义军为敌了。后来，广大人

① 《明史纪事本末》卷七五。

② 同上。

③ 《怀陵流寇始终录》卷十三。

民不但越来越爱戴与拥护起义军，而且还直接对起义军进行了积极的援助。如据载麻、黄、蕲一带的人民，纷纷自动给农民起义军“为间（谍）”，“分布江、皖诸境”以探测明军的“虚实”[①]，而崇祯十五年（1642 年）五月间贺一龙率部进攻无为州，也是在统治阶级所谓“奸人勾‘贼’夜至纵火入城”[②]，亦即在人民的支援内应情况下，才顺利攻克的。各地人民对农民起义军的爱戴和积极的支援，正反映了以“革左五营”为首的农民起义军和广大人民之间亲密无间的关系！

正由于农民起义军始终保持了良好的纪律，所以尽管在同敌人进行激烈战斗的年月里，也很少扰及人民的生产和生活，在农民起义军的势力范围内，大都保持了安定的社会秩序和正常的生产，甚至连屠杀农民起义军的大刽子手明总理熊文灿，在向崇祯汇报军情时都不得不承认：“臣至蕲、黄，见被‘贼’近一宋（岁），而野有鸡鹜，仓有稻粱，沿江饶给”[③]的丰稔景象。

至于真正“公行肆掠”、“流毒四境”的，恰恰不是农民起义军，而是明军。如太监刘元斌统率的三千禁军，在英、霍山区进犯农民起义军，据载就是“久戍，不无驿骚”，“为害不减于‘贼’”，“民间苦之”[④]。而对于最残暴的明将左良玉部，连统治阶级的史书也无法为其隐讳：“所至排墙屋，污妇女，掠鸡豚，村集为墟”[⑤]了。这些自我招供，最有力地证实了统治阶级对农民起义军纪律的诬蔑，实质上是一种企图把统治者军队肆行焚掠的罪责转嫁给农民起义军的诡计！

关于“革左五营”农民起义军曾经投降的事，据《平寇志》卷三载：“楚豫皖兵大集，回革惧而乞抚，杨卓然入二‘贼’营议，安抚于潜山霍太间”。其他有关各书亦有类似的记载，惟亦均甚简略。但在《全桐纪略》中则有较详细的记述，兹摘引于下，以资分析：

安湖道杨卓然，驻太湖料理，见“贼”隔里烟（革里眼）、左京

---

① 《明史纪事本末》卷七五。

② 《平寇志》卷五。

③ 《怀陵流寇始终录》卷十。

④ 《平寇志》卷三。

⑤ 同上。

王（左金王）老狏狏（老回回）、一斗粟、满天星五营，盘踞太湖深山，自夏至秋，焚杀飘忽。己卯（崇祯十二年、1639年）八月，熟思无策，慨然曰：不入虎穴焉得虎子。乃决意带十余骑深入"贼"营，与商招抚事。五营首领，相与握手谈心，款洽甚欢。"贼"曰：侬（我）们俱有为国为民之心，能治能乱之才，因朝廷用侬们不着，故响马营生，若处置得宜，焉知宋江天罡地煞，不即宋朝忠臣义士乎！且闯塌天、飞天师、混十万、一丈青等十余营前后投诚，各效死力，已是榜样。但侬们众十余万，安插何地；节制何人？给何官爵与钱粮？须候旨定夺。杨出山往谒郑抚，移文豫楚官兵并各处援剿禁营，止议防守，不必搜杀，"贼"亦禁止掳掠。

这一段记述，对农民起义军领袖作了极端恶毒的歪曲，起了非常恶劣的作用；而《平寇志》及其他各书有关"革左五营"农民起义军"投降"的记述，也大多根源于此。

按明末农民起义过程中，在敌我力量悬殊因致惨重失败，并有遭到歼灭危险的特殊情况下，为了保存实力以谋再起，因而个别农民起义部队向明军暂时伪降的情况，是有过的。如高迎祥在车厢峡和张献忠在谷城的伪降。此外，除个别农民起义领袖如刘国能（闯塌天）惠登相（过天星）等曾中途变节，死心塌地投降了明军外，其余绝大部分都表现了对革命事业忠贞不屈坚定顽强的精神。而在这点上贺一龙和贺锦表现得尤为突出。如崇祯十一年（1638年）春，张献忠败走谷城因势危暂时伪降于明军。据载其他部分的农民起义军反对伪降，"大噪而去"，其中就有贺一龙和贺锦[①]。又崇祯十二年（1639年）春，左良玉破马进忠部起义军于镇平关。当时"顺天王已死，马光玉等皆大败"，马进忠被迫降于左良玉。但贺一龙等仍坚决反对投降，走"伏深山"[②]坚持与明军顽强斗争。到崇祯十二年（1639年）夏，由于敌人的疯狂镇压，不少农民起义军被明军个别击破，起义运动进入低潮和极端困难的局面，但"革左五营"农民起义军仍然毫未动摇，继续坚持战斗。统治者的史书所载："十三家之

① 《明纪》卷五五。

② 同上。

'贼'，惟革左及马光玉三部，尚稽天诛"[①]，正是指当时大起义低潮时期，"革左五营"农民起义军孤军奋战的情况。

不但从"革左五营"农民起义军一贯坚定顽强的表现来分析，证明统治阶级诬蔑起义军的投降，是完全不足信的。而且，从统治阶级记述的史料中，还可以发现许多他们进行歪曲和捏造的破绽。首先，据前引《全桐纪略》载：明安湖道杨卓然因"革左五营"起义军"盘踞太湖深山，自夏至秋"，成为严重威胁，而对起义军的军事进攻，又难以取胜，在"熟思无策"的情况下，才"深入'贼'营与商招抚事"的。这段史料说明，尽管明统治者纠集了楚、豫、皖大批兵力，但由于大别山根据地的险要巩固和农民起义军的英勇善战，所以起义军并未遭受挫败，而始终处于有利的地位；是明统治者"熟思无策"，而并不是农民起义军"势穷乞降"。因此，像《平寇志》以及有关各书所记农民起义军"惧而乞抚"的歪曲，就不攻自破了。其次，各书所记洽降的经过，都一致说明不是农民起义军去明营"乞抚"，而是杨卓然入起义军根据地"协议"。这说明所谓"革左五营"起义军投降一事，至多也仅只是明安湖道杨卓然在"熟思无策"的窘况下一次诱降活动而已。最后，还必须指出，杨卓然的这次诱降活动，又是遭到起义军义正词严的驳斥而失败了的。我们这一个判断的根据是：（一）据载杨卓然在"招抚"了起义军后，把他们安"插之潜、太间"[②]。大家知道，"革左五营"起义军当时原即以太湖地区的山地为根据地，根本就谈不到什么"安插"；倒是经过杨卓然这次所谓的"招抚"，起义军反而把根据地从太湖扩展到了潜山地区。（二）还有记载说："（革左）实无降意，借款以缓师，而公行肆掠，卓然每左右之以塞人责。及闯献陷襄洛，革左遂乘机复炽，依山攻剿"[③]。这段话一则正面说明"革左五营"农民起义军本来就是"实无降意"；同时，更有力地揭穿了《全桐纪略》所说农民起义军受"招抚"后"亦禁止掳掠"，完全是骗人的鬼话！（三）尤其有力的证明是在《绥寇纪略》一书中更有着"监军道杨卓然以说降受侮"的记载[④]。"说降受侮"，就是诱降活动遭到

---

① 《明纪》卷五五。

② 《明史纪事本末》卷七五。

③ 同上。

④ 《绥寇纪略》卷十。

起义军的严词拒绝，并把诱降者加以驱逐！

根据以上的分析，关于“革左五营”，农民起义军投降明军的“疑案”即可真相大白。它不仅不同于高迎祥之于车厢峡和张献忠之于谷城，是为了保存实力、避免遭到更严重损失的权宜之计的伪降，而且根本就不曾存在过这样一件事。其所以有此讹传，仅只是出于杨卓然一人之口的捏造，以借此来推卸其镇压农民起义失败的责任，并企图侥倖骗取明统治者的嘉奖和升赏而已！

四　简论“革左五营”农民起义军在明末农民大起义中的地位和作用

“革左五营”农民起义军，是明末我国农民反抗朱明王朝反动统治的一支农民革命队伍。它虽然有着相对的独立性，特别是从崇祯十二年（1639 年）冬他们在大别山区正式建成巩固的根据地，一直到崇祯十五年（1642 年）秋北上河南走合于李自成起义军这一期间，其独立性表现得尤为明显。但由于明末农民大起义的极端广泛性，事实上已经形成全国规模的农民革命运动。因此，这支相对带有独立性的农民起义队伍，也仍然是当时全国整个农民革命运动中的一个组成部分。就“革左五营”的由来和归结说，据《绥寇纪略》和《明史》的记载，它本是属于十三家七十二营的。崇祯八年（1635 年）荥阳大会时，他们就是受着农民领袖高迎祥的统帅和指挥的。荥阳大会以后，他们离开高迎祥，转战河南和湖广各地，虽已不再直接受高迎祥的领导，但仍旧保持着一种名义上的隶属关系。这情况直到高迎祥被俘牺牲，特别是崇祯十二年（1639 年）冬他们在大别山区建立了根据地，才起了变化。不过，即使在这期间，他们依然和各部农民起义军坚持着相当密切的联系。如崇祯十四年（1641 年）十月，他们就曾一度“自霍、太北行，会闯‘贼’于河南”①；十五年（1642 年）三月，又曾“以兵合献忠攻六安，袁时中亦会之”②；同年四

① 《明史纪事本末》卷七五。

② 同上。

月，张献忠复再次“合革左诸部攻舒城”[①]。到十五年九月，“革左五营”起义军更直接北上走合于李自成起义军，“咸受节度”[②]。崇祯十六年（1643 年）三月，由于矛盾的尖锐化李自成并杀了革、左和蔺养成（关于并杀的原因及经过，请参阅 1957 年 8 月 1 日《光明日报·史学》第 113 期拙作《关于李自成并杀罗汝才、革里眼和袁时中的问题》一文，此处不再赘述），这样，“革左五营”农民起义军，除少部叛降明军外，都直接编入了李自成起义军。马守应也直隶李自成部下，屯守荆州。从“革左五营”的由来、归结及其与其他农民起义军的联合来看，都足以说明，这支农民起义的部队虽然有着相对的独立性，但一直是作为明末整个农民大起义的一个部分而进行活动的。

按照“革左五营”农民起义军这种既作为明末全国农民起义军的一部分而又具有相对独立性这一特点，在估价这支农民起义军在抗明斗争中的地位和作用时，就必须从两方面来看。首先，就“革左五营”农民起义军本身讲，特别是它在以大别山为根据地进行反明斗争的期间来讲，一方面，大别山区东北方雄伺凤阳，东南方则临控南京。大家知道，凤阳是明王朝的皇陵所在，称为“中都”，“其严重视京兆”，驻军“无虑六千人”，并“护以一巡抚，一太监”[③]。而南京则为明王朝始建国时的首都。虽然从成祖时移都北京，但仍以南京为“留都”，同样设有内阁六部中央机构，分掌军政大事。两处都是仅次于北京的政治和经济中心。因为“革左五营”农民起义军以大别山区为根据地，不断主动出击，因此，不仅沉重打击了敌人，予明统治者以严重的震撼，而且使凤阳和南京处于经常的直接威胁之下，在客观上牵制了敌人的大批兵力。另一方面，由于大别山革命根据地形势险要，利于凭险据守。所以，“革左五营”农民起义军一直坚持了同敌人的斗争，而绝少蒙受严重的挫折。从而，不仅保存和发展了自己的力量，并且在崇祯十一年（1638 年）和十四年（1641 年）李自成和张献忠先后因遭到惨重失败而来奔时，还曾给了他们以积极的援助，对李自成和张献忠农民起义军的恢复和再起，以便继续抗明的革命战

---

① 《明纪》卷五六。

② 《平寇志》卷六。

③ 《绥寇纪略》卷三。

争，起了很大的作用。特别在崇祯十二年（1639年）春夏间，由于明军的残酷镇压，如统治者所说：各部农民起义军“降者接踵”，革命运动，暂时走入低潮，十三家农民起义军，只有“革左及马光玉之部未伏”①。这时，以“革左五营”为首的大别山区农民起义军根据地，实际上成了当时全国瞻望的革命中心，给了全国人民以革命胜利的希望，使他们在革命的低潮时期，仍然得到鼓舞力量，从而在不久以后再次推动起新的革命的高潮。

其次，就明末这次全国性农民革命运动对历史发展的作用来讲，虽说由于各种主、客观条件，李自成所领导的农民起义军，完成了摧毁明王朝反动统治的历史使命。但却不能认为这一历史使命的完成，仅只是出于李自成农民起义军的力量。应当说：所有参与了反明斗争的农民起义军，在完成颠覆明王朝反动统治这个伟大的历史使命上，都有着不可抹杀的贡献和作用。对于“革左五营”农民起义军来说，自然也不例外。而且，因为就实力、声威和实际上给予敌人的打击说，“革左五营”农民起义军也仅只次于李自成和张献忠所领导的农民起义军。所以，我们有理由肯定，在明末全国性农民革命运动中，“革左五营”除稍逊于李自成和张献忠所领导的起义军外，和其他农民起义军相较，是起了更为显著的巨大作用的。

1959.2. 初稿
1959.8. 重新修订

（原载《安徽史学通讯》，1959年第4、5期合刊号）

① 《绥寇纪略》卷六。

论明末农民起义军回族领袖马守应

出身于回族的明末农民起义领袖马守应，是明末农民战争中重要领袖之一。他很早就参加和领导了并且始终坚持了反明斗争，直至因病逝世。他的斗争事迹，已经引起史学界和民族史工作者的注意，但至今还没有见到有关这方面的专论。本文是根据我在研究明末农民战争史过程中积累的一些史料写成的。限于涉猎的文献不多，还很粗略；有些肤浅的分析，也不一定正确，甚至会存在不妥或错误。仅供给有志于进行这方面研究的同志参考，并请大家不吝指教。

一　从马守应的绰号“老回回”说起

在明末农民战争过程中，包括马守应在内，共有三位农民起义首领以“老回回”为绰号。其他两人是孙昂和马光玉。因此对于他们之间的关系，有必要先作一些简要的探究。

关于孙昂，只在《明季北略》卷二三《群贼推自成为王》中一见。仅有以下几句简略的话：“李自成结九十八寨响马，内有二十四人为首，各有诨名：第一名老回回孙昂，……（李自成）谋劫郡县，……于是命孙昂、史定往山西，……俱率众数万”。其他就再也没有记明他活动的年月时间，已经无法进一步考察。据同书所记为首的二十四人中，孙昂之外，还有“第二名洪太太洪用光，第三名翻江龙吕佐，第四名曹操王林汉，……第七名格子眼盛永正，第八名冲天鹏方也仁，第九名梅铁块梅遇春，第十名水底龙刘伯清，第十一名双珠豹史定”等，都不仅未见于其他有关史籍，抑且未再见于《明季北略》。因此，“老回回孙昂”很可能出于讹传，起码说其可靠性是不大的。

问题在于马守应和马光玉身上。这两位农民起义领袖，各书都明确记有他们的绰号称“老回回”。如《绥寇纪略》卷六和《怀陵流寇始终录》卷四，在马光玉名下，都注有“老回回”字样；而《国榷》卷九三，《石匮书后集》卷六二，《甲申传信录》卷六，《鹿樵纪闻》卷下《闯献发难》，《罪惟录》列传第三一《王嘉胤、高迎祥传》，《明史》卷三〇九和《延绥镇志·李自成传》等，则均有明文记载“马守应即老回回”。这就不能不引起一系列的疑问，如马守应和马光玉，是一个人，还是各有其人？他们是前后袭用一个绰号，还是同时使用同一个绰号？过去，曾有人认为先是马光玉以“老回回”为绰号，马守应则是承袭马光玉的。根据是《国榷》卷九二：崇祯六年（1633 年）“老回回七月射死”，和《明纪》卷五三：崇祯六年七月“曹文诏追斩老回回于济源”的记载。但经过查对史料，证明这个说法是不能成立的。其一是在崇祯六年七月被“射死”或“追斩”的老回回，并没有直接史料能够证实就是马光玉。相反，却有史料说那次被“射”或“追”的乃是马守应，只是没有因之而致命罢了。如《国榷》：崇祯七年（1634 年）正月“‘贼’党供称马守应老回回已死。既而侦之，仍在东山”[①]。其二是在《国榷》、《烈皇小识》、《明季北略》和《延绥镇志》等书里，马守应在崇祯六年七月以前，就已经以“老回回”为绰号了。其三是据《明季北略》卷八《贼首名号》载：崇祯五年（1632 年）“‘贼’首之有名号者，在秦二十四家，在晋豫三十二营”。而其中都有“老回回”的名号。这就是说，在同一年里，在秦和晋豫不同地区，曾经有两个称“老回回”的农民起义领袖同时活动。当然，还有一种可能，即同是一个称“老回回”的农民领袖，在一年中曾经转战过秦和晋豫不同地区。但是在另外的书里，却还有：崇祯九年（1636 年）“大、小老回回、整齐王等六营，纠汉中新到八大王渡江，合势突走邓、唐入楚”[②] 的记载。这就足以证明，马守应和马光玉不是一个人，而是各有其人；他们不是谁承袭谁的绰号，而是同时使用同一个绰号，只是到后来其中一个人牺牲了。如《绥寇纪略》卷五载：崇祯十年（1637 年）四月，“时老回回已死，众推其妻掌营”。这个死者是谁呢？

---

① 《国榷》卷九二。

② 《绥寇纪略》卷五。

《怀陵流寇始终录》的“考异”认为是马光玉。我以为这个说法是可信的。因为自崇祯十年（1637年）以后，除个别史籍如《明纪》和《绥寇纪略》还载有马光玉的活动外，其他如《国榷》、《怀陵流寇始终录》、《罪惟录》、《石匮书后集》、《甲申传信录》、《鹿樵纪闻》以及《延绥镇志》等，所记都一致是马守应。而且值得注意的是，《明纪》成书较晚，其中《崇祯纪》更晚。《绥寇纪略》虽然成书较早，史料的真实性也较高，但在这个问题上，则有明显的错误。如既记有崇祯十年（1637年）“时老回回已死”，可是其后又记有马守应和马光玉活动的事迹，显然是自相矛盾的。参照其他各书所记，不难看出，它是把实际上马守应的活动，错记到马光玉身上了。至于后面列举各书，不仅叙述一致，且成书也较早，比起《明纪》来，可靠性就更大一些。据此，大致可以认为，凡崇祯十年（1637年）四月以后，所有记述老回回的活动事迹，应该都是指马守应的。

二　马守应领导农民起义军反明斗争述略

马守应，绥德人①，家世不详。据《明季北略》卷四《流“贼”初起》载：崇祯初，镇守省城总兵官王兴国部士兵，因被当地富豪钱文俊逼勒哗变，“时叛兵数百人，而饥民及无赖附之者，即有万计。出城结营东山，推才勇十人为头目：第一名闯王高迎祥，第二名混天王，第三名扫地王，第四名整世王，第五名塌天王刘国能，第六名混世王，第七名过天晓张五，第八名满天星，第九名曹操王罗汝才，第十名老回回马守应”。按照以上史料来看，马守应大致出身于被压迫的劳动阶级，并且同高迎祥、罗汝才等一样，是充当过边兵的。上引史料虽只提到“崇祯初”，没有写明具体年月，但根据它被安插在崇祯元年（1628年）七月和十月之间来推断，马守应起义，最晚不会迟于崇祯元年十月，是属于较早起义的农民领袖。

马守应起义之初，隶闯王高迎祥麾下，在甘肃东部活动。但当时规模还很小，只“聚党百余”。崇祯二年（1629年）冬十一月，清军入侵，

---

① 《延绥镇志·李自成传》。

兵临北京。至次年（1630年）正月，始退出山海关。京师解围后，明统治者“将推督下剿”。为了反击明军的镇压，保存和发展自己的力量，起义军“共议乘兵未至，掠平民充阵（按，即号召民众参加起义，扩充革命武装）。于是各统所部往渭原、河州、金县、甘州等处‘劫掠’”。由于广大群众热烈参加，起义军迅速壮大，“众至数万”[①]。此后，更不断在斗争中发展，到崇祯四年（1631年）转进到山西时，已经形成了以王自用为首的“三十六营”，“众二十万”[②]。其中包括了高迎祥、张献忠、李自成、刘国能、蔺养成、破甲锥、混天王和邢红狼等。而马守应是仅次于王自用、高迎祥的重要领袖之一[③]。

从崇祯三年（1630年）到七年（1634年）末，马守应和诸部农民起义军，先后转战于陕西、山西、河南、河北、四川和湖广等地。有记载可查的大致有：崇祯三年（1630年）三月，“老回回、八金刚、王子顺、上天猴等，自神木造舟渡河，掠襄陵、吉州、曲沃。寻破襄陵、吉州、太平”[④]。四年（1631年）六月，在山西阳城以王自用为首，结成三十六营。四年（1631年）九月，点灯子（赵胜）于万安监牺牲，敌人凶焰益炽，而“王自用、马守应、惠登相、张献忠等复肆”[⑤]。五年（1632年）八月，在山西的起义军紫金梁等以三万人“围窦张庄，老回回亦至”。九月，“紫金梁、老回回、蝎子块、八爪龙等以党二万掠清化。己酉，攻修武城，居二日。……入太行山”[⑥]。六年（1633年）正月，曹文诏于榆社连续两次进犯起义军，紫金梁老回回北上。四月，进军武乡。五月，“老回回、混天王等数万，……逼邯郸、沙河诸县”[⑦]。七年（1634年）三月，马守应曾联合各部起义军入四川。但只停留了很短时间，到同年四月，即同“过天星、闯塌天、混世王等有党三万，自四川回郧县”[⑧]，然

---

① 以上均见《明季北略》卷五，《李自成起》。

② 《绥寇纪略》卷二。

③ 《平寇志》卷一。

④ 《怀陵流寇始终录》卷三。

⑤ 《国榷》卷九一。

⑥ 《怀陵流寇始终录》卷五。

⑦ 《怀陵流寇始终录》卷六。

⑧ 《怀陵流寇始终录》卷七。

后分兵三路，复转归陕西。十月，“马守应在武功”[①]。到十一月间，陕西农民起义军大部转进河南，分为三支：“过天星、闯王自商州至渑池；老回回从雒南趋河南府及汝州；横天王从雒南、上津逾郧阳，至邓州，结七十二营”[②]。

崇祯八年（1635年）正月，农民起义军为了粉碎明统治者大围攻的阴谋，在河南荥阳召开大会，商讨对策。马守应以十三家领袖之一，参加了这次会议。经过商讨决定，由高迎祥、李自成和张献忠组成联军，进攻凤阳，以积极出击粉碎明统治军的围攻。在战斗行动中，马守应和九条龙“为游徼，往来策应”[③]，配合其他各部起义军，共同反击来自陕西、湖广、四川、河南等地的明军，发挥了积极的作用。

高迎祥、李自成和张献忠的联军，以迅雷不及掩耳之势，攻破明中都凤阳。崇祯闻报，万分震恐，赶忙改调军队驰救，大围攻的阴谋，遭到可耻的失败。农民起义军看到各路明军陆续向庐州、凤阳集结，为了使敌人扑空，并乘势避实捣虚，也立即分头转移：高迎祥、李自成西趋归德；张献忠南下庐州；马守应则进军英、霍、蕲、黄。三月间，复联合张献忠等各营数万，“又过商州”。四月，再入陕西。五月初，以马守应为首的农民起义军“连营五十里，直薄西安”，严重威胁了明军。与此同时，高迎祥、李自成、过天星、蝎子块等部起义军，也都先后集中陕西。六月间，再次粉碎了明军大规模的围攻，痛歼敌军，并击毙明悍将柳国镇、田应龙、张应春、和艾万年与曹文诏，使镇压起义军的大刽子手洪承畴，“仰天恸哭”，“关外豫楚诸军闻之，皆为夺气”[④]！

当洪承畴正以全力“与闯王、闯将相持关中，未遑南讨”，而郢中诸部起义军，也与当时总理直隶、河南、山东、四川、湖广军务的卢象升“相持”时，马守应即抓紧有利时机，偕整齐王、扫地王、蝎子块等，复“出潼关，下河南颍、凤”，乘敌人防务空虚，攻占了许多州县：“河南则陷光、陕；江北则陷潜、太、宿松、含、和诸州县”[⑤]。同年秋，又折而

① 《国榷》卷九三。

② 《怀陵流寇始终录》卷七。

③ 《绥寇纪略》卷二。

④ 《绥寇纪略》卷三。

⑤ 《平寇志》卷二。

西返，十月，克陕州。十一月，略南阳、邓州。九年（1636 年）三月，复进克卢氏、永宁和灵宝。此后一个时期，曾“久屯永宁、渑、陕”①，进行休息和整补，以便储蓄力量，向敌人发起更强大的进攻。

崇祯九年（1636 年）七月，早期卓越的农民起义领袖高迎祥，在陕西盩厔（今改为周至县）被俘牺牲。李自成虽然继续战斗，但因他当时在起义军中的威望所限，并不曾把各部起义军联合起来，统一领导。因而，失掉联络核心的各部农民军，趋于分散，不断遭到敌人个别击破，蒙受了严重的损失。但是，正当陕西地区的敌人耀武扬威、凶横不可一世的时候，在江淮地带由马守应所领导的农民起义军，经过充分的休整，乘秋高粮足，士马精强，发起了进攻；八月，进攻开封，“焚西关”；九月间，更发起大规模的进击，“以全营屯蕲、黄，合曹操、闯塌天诸兵二十万，沿江而下，六合、怀宁、望江、江浦，所在告警，烽火达于仪真，南都为震”②，沉重打击了明统治者。

从崇祯十年（1637 年）到十三年（1640 年）秋，是明末农民起义运动的低潮时期。在这期间，明统治者责成洪承畴和孙传庭，联合镇压李自成；又先后责成熊文灿和杨嗣昌，全力镇压张献忠。两部农民军在敌我力量悬殊的情况下，顽强反抗，与敌人进行了艰苦卓绝的战斗。而马守应则在这时，联合革里眼贺一龙、左金王贺锦、治世王刘希尧和乱世王蔺养成等四部，在英、霍、潜、太山区建成革命根据地。这个联军以马守应为首领，如各书除多以“回、革、左”的顺序相称外，在《甲申传信录》里，还特地注明“老回回总掌盘子马守应”③。这就是通称的“回革五营”。也有称作“革左五营”的。他们利用根据地险阻的地形，坚持固守，并不时伺机出山，出其不意地打击敌人。如崇祯十年（1637 年）正月，“老回回等九营，闯塌天等十营共二十万，尽入楚地”。同月，“老回回等自蕲、黄趋桐城”。四月，“散入潜山、太湖诸山，时出抄掠”。其后，曾一度西进，转战于淅川、枣阳和襄阳等地。到崇祯十二年（1639 年）十月，复偕“革里眼、左金王、南营四股，合马‘贼’万骑，自蕲、黄驰江北，

① 《平寇志》卷二。

② 同上。

③ 《甲申传信录》卷六。

分屯英、霍、潜、太诸山，胁从者众至二万人，突犯安庆桐城”。此后，较长时期即“负险深箐”，间亦乘机出击，如十三年（1640 年）八月，克麻城、黄梅；九月，并再次进“逼凤阳”①。

崇祯十三年（1640 年）夏，被围于兴安、平利山中的张献忠部起义军，经过休整，逐渐恢复，乘敌人防务空虚，突入四川。先通过“以走致敌”的战术，疲敝明军，于开县黄陵城加以痛歼。然后于十四年（1641 年）二月，顺江东下出川，攻克明襄王藩邸所在地的襄阳。崇祯十三年（1640 年）九月，李自成也自巴西鱼腹山突出重围，经郧阳、均州，北上河南，乘河南大饥，扩充了起义军队伍，向明军发起强大进攻。十四年（1641 年）冬，李成功地攻占明福王藩邸所在地的洛阳。这时，“久屯潜山霍太”的马守应等五营起义军，听到“襄洛继陷”，两部起义军获得大胜，也立即起而配合，“乘机攻剽”。从崇祯十四年（1641 年）二月到十五年（1642 年）十月，他们先后攻固镇、逼亳州，略麻城，围应山，进军德安、随州，攻占宿松、英山和潜山。这期间，张献忠和李自成起义军，都得到迅速发展，力量空前壮大。但由于张献忠“屡胜而骄”②，结果，在南阳遭到左良玉的袭击大败，实力大为削弱，从而形成李自成“独劲”的局面。其时，起义军瓦罐子、一斗谷和罗汝才等部，已于十四年（1641 年）上半年，先后归附李自成。到十五年（1642 年）九月，马守应等五营也北上来合。李自成起义军进一步壮大，“众逾百万”，成为反明斗争最强大的中坚力量。

马守应率部归附李自成起义军之后，不论在配合李自成起义军共同作战，或者接受李自成的作战任务单独出击上，都发挥了显著的作用。前者如崇祯十五年（1642 年）十月间在南阳击溃孙传庭的战役，同年闰十月在汝宁歼灭杨文岳的战役。后者如崇祯十五年（1642 年）十二月马守应攻克夷陵、澧州和常德，十六年（1643 年）二月为李自成镇守承天，以及同年十二月为李自成攻镇荆州等。

不幸的是这时起义军内部发生了并杀事件：由于罗汝才、贺一龙等企图分裂起义军，崇祯十六年（1643 年）三月间，李自成断然并杀了上述这

---

① 《平寇志》卷三。

② 《平寇志》卷四。

两个起义领袖[①]。因为马守应与罗汝才、贺一龙的关系比较密切，这个事件，也造成了他同李自成之间的某些隔阂和矛盾，如马守应“在澧州，闻汝才、一龙死，惧甚，屡征不至”[②]。但应当指出，即马守应并没有因此而动摇接受李自成对他的统一领导。他既未与李自成公开决裂，更没有像罗汝才的部将杨承祖一样，叛降明军，反噬起义军，充当了明统治者的鹰犬。据《平寇志》卷七载：崇祯十六年（1643年）十二月，当时李自成起义军已经进军陕西，马守应还“为闯据荆州”，直到次年春因病死去[③]。

三　马守应农民起义军反明斗争的特点

由马守应领导的农民起义军，在反明斗争中，有着独具的、鲜明的特点。

第一，比较重视建立和巩固革命根据地。

在明末农民战争过程中，流寇主义是明显的倾向之一。其中最主要的一个表现，就是单纯地进行大规模的流动作战，而不注意建设政权和巩固的革命根据地。如李自成起义前期，“在中州，所略城，辄烧夷之，无意守”[④]。张献忠克“重庆，本不置兵”。所以孙可望曾说过：“王转战三十（?）年，无尺寸之地以守”[⑤]。罗汝才则更直截了当的宣称：“吾等横行天下为快耳，何专土为!”[⑥] 这都是很典型的例子。

和上述农民起义领袖相反，马守应对于建立巩固的革命根据地，则给予了相当的重视，并采取了有效的措施。还在起义的早期，崇祯五年（1632年）九月，他就曾“倚太行山为窟”[⑦]。六年（1633年）五月，为邓玘、左良玉所败，在畿南也曾“倚山自保”[⑧]。八年（1635年）四月，

① 参阅拙作《关于李自成并杀罗汝才、革里眼和袁时中的问题》。载《光明日报》，1957年8月1日。

② 《平寇志》卷七。

③ 《鹿樵纪闻》卷下，《闯献发难》。

④ 《绥寇纪略》卷九。

⑤ 《绥寇纪略》卷十。

⑥ 《绥寇纪略》卷九。

⑦ 《怀陵流寇始终录》卷五。

⑧ 《怀陵流寇始终录》卷六。

复“以商州、雒南为巢穴”[①]。九年（1636 年）六月，在秦楚之间，“依山据水，自东西闹峪至郧阳，亘百里”[②]。以上还只是临时性的。到崇祯十年（1637 年），农民起义运动暂时转入低潮，明统治军气焰嚣张，猖狂进犯，企图消灭起义军力量。为了不与实力悬殊的敌人打硬仗，避免无谓的牺牲，保存实力，马守应与贺一龙、贺锦、刘希尧、蔺养成等五营联合，在英、霍、潜、太之间的连绵山区，建成了巩固的革命根据地。由于这个地区到处是深山巨壑，悬崖绝谷，林木茂密，险峻非常，“一夫当险，万旅却步”[③]。所以起义军得以“恃为负嵎”，而明军则“莫敢探穴”[④]。他们从开始营建这个根据地，到崇祯十五年（1642 年）九月北上河南与李自成会师，前后与敌人坚持斗争达六年之久。

第二，相应地注意农牧业生产。

要巩固革命根据地，长期凭险抗击敌人，必须有充足的粮饷和草秣。为了解决这个问题，马守应相应地注意组织起义军战士，从事农牧业生产。原来英、霍山区虽然丛山绵亘，岗峦重叠，但其中也“有数十处，可耕可居”[⑤]。他们就利用这些地方，“阻险种田”[⑥]，“久驻耕牧”[⑦]，收获“米粟甚多”[⑧]，“足五谷”[⑨]。这便一定程度地解决了粮秣供应，为长期凭险固守，创造了有利的物质条件。

第三，主动出击与充分休整。

英、霍山区革命根据地虽然形势险要，又有相应的粮秣供应，可以据之以抗明军。但农民起义军并没有消极的凭险固守，而是“兵至则匿山谷，兵去则攻城堡”[⑩]。即采取了凭险固守与主动出击结合起来的办法。他们对敌人防务空虚或薄弱的城邑，不断发起主动的进攻。如崇祯十二年

---

① 《怀陵流寇始终录》卷八。

② 《怀陵流寇始终录》卷九。

③ 《怀陵流寇始终录》卷八。

④ 《平寇志》卷二。

⑤ 《怀陵流寇始终录》卷八。

⑥ 《绥寇纪略》卷五。

⑦ 《怀陵流寇始终录》卷十。

⑧ 《怀陵流寇始终录》卷十三。

⑨ 《怀陵流寇始终录》卷十。

⑩ 同上。

（1639年）十月，从英、霍“突犯安庆、桐城”。十三年（1640年）五月，侦知明军主力在汝、颍、襄、德，即以快速进军，“夺凤阳、临淮，日夜兼程数百里”。同年九月，“回、革、左诸‘贼’，走英、霍，逼凤阳”①。十四年（1641年）三月，“犯固镇，进逼亳州”②。同年六月，“愈逞，攻掠含山、巢县、潜山，杀其令，鼓行于光山、罗田之间”③。像上面这样的记述，在各种有关史籍里，还可找到许多，不必一一列举。正如当时的安庐巡抚史可法在奏议中所说：起义军是“居则以英、霍为巢，出则广掠四境”④。由于起义军不断主动出击，乘虚狙袭敌人，不但变被动为主动，有效地巩固了革命根据地；而且还在斗争中壮大了自己，沉重打击了敌人。据载，在起义军的打击下，当时明政权的“山城长吏，絜印视事于濒江洲渚。城邑裂落，荒梗已久”⑤。明王朝的地方政权，已经几乎陷于瘫痪的状态了。

以马守应为领导的农民起义军，在不断主动出击敌人的同时，还注意充分的休息和整补。他们除了通过侦察，了解敌方虚实，伺机攻歼敌人外，在一般情况下，则是“盛暑休息，三时出击”⑥。即在炎夏进行休整，而春、秋、冬三季，出兵攻伐。史籍里有关这方面的记载是很多的。如《石匮书后集》卷六二：崇祯九年（1636年），“老回回等盘踞郧、襄间，休粮息马。秋高足食，乃以全军合曹操、闯塌天诸‘贼’，共二十万，沿江长驱而下”。十年（1637年）闰四月，“老回回等八营，谋避暑六安，乃数入潜山、太湖诸寨，荫林樾以息马”。十二年（1639年）三月，马守应等部“乃趋六安，息马茶山以避夏”。又如《怀陵流寇始终录》卷十：崇祯十年（1637年）五月，老回回等“皆潜伏（桐城、大湖）山谷，俟秋而动”。在《平寇志》卷五中，还记明他们这样“倚林樾度夏、秋凉复出”的做法，是“岁以为常”的。正是由于起义军能够得到充分的休整补充，所以经常是士气高昂，战马肥壮，能够发挥快速流动作战的威力，

① 《平寇志》卷三。

② 《平寇志》卷四。

③ 《怀陵流寇始终录》卷十四。

④ 《怀陵流寇始终录》卷十。

⑤ 《怀陵流寇始终录》卷十四。

⑥ 《怀陵流寇始终录》卷十五。

不断挫败和歼灭明军，深为敌人所畏惮。如据载崇祯十一年（1638 年）七月间，“老回回、混十万、八大王等，人马强盛，以其众箕踞而西，关吏以报，将吏失色”[①]。有的明军将领甚至不敢接战，闭城自保，坐视起义军“自来自往，绝不相闻”[②]。

第四，积极配合与支援友军。

农民阶级是劳动者和被剥削者，同时又是私有者和小生产者。这种经济地位的两重性，决定了他们在具有反抗性、革命性主要一面的同时，还不能不带有分散、保守和狭隘等消极的因素。反映在起义斗争中，就表现为各自为战，不能紧密配合支援，甚至彼此猜忌，相互倾轧。即以明末两位杰出的农民领袖李自成和张献忠而论，也未能例外。如崇祯十一年（1638 年）六月，李自成为洪承畴所败，走依张献忠，险遭袭杀。同样，十四年（1641 年）九月，张献忠为左良玉所败，往投李自成，也几为所并[③]。此外，李自成与张献忠两部农民军矛盾摩擦的事例还很多，无庸赘举。值得注意的是，起义领袖马守应在这方面，却表现了与此不同的作风。就目前接触到的史料，还极少见到他与其他农民起义军牴牾的情况。相反，他能够一定程度地主动配合友军作战，并在必要时给友军以积极的支援。如崇祯十一年（1638 年）三月，罗汝才、混十万、过天星等部起义军进攻息县和光州时，马守应起义军即曾“于黄安之大雾山，张旗呼噪，声震原野”[④]。又如十五年（1642 年）四月，张献忠部起义军进攻六安，就是由于得到了马守应等部的配合而顺利攻克的[⑤]。以上是主动配合友军作战的例子。

崇祯十一年（1638 年）六月，李自成于梓潼为明军所败，走依张献忠。遇险走脱之后，“独乘骡日行六百里（?），走商雒，至淅川老回回营，卧疾半年。老回回援以数百人，仍出剽掠”[⑥]。又如十四年（1641 年）八月，张献忠连败于南阳、郧阳，“兵散略尽”，走投李自成，几为

① 《怀陵流寇始终录》卷十一。

② 《怀陵流寇始终录》卷九。

③ 《明史》卷三〇九，《李自成、张献忠传》。

④ 《怀陵流寇始终录》卷十一。

⑤ 《平寇志》卷五。

⑥ 《明史纪事本末》卷七八。

所并。后来也是“奔命于回、革、左诸军，同入霍山扼险拒守”[①] 的。据载，张献忠当时去英霍山区回革五营，还是“就约”（受到了马守应等的邀约）而往[②]，相见后，“皆大喜”[③]。这说明，张献忠得到了马守应等真挚热情的接待和欢迎。以上是积极支援友军的例子。

马守应主动配合与积极支援友军的行动，产生了良好的效果。前者壮大了友军的声势和力量，使其在对敌斗争中，能够更沉重的打击敌人，取得更多更大的胜利；后者直接支援和帮助了遭受惨重损失的友军，使其得以恢复和发展，以便重新投入反抗明统治的斗争。这种作风，不仅在明末农民战争中，即使在整个中国农民战争史中，也如凤毛麟角，不可多见，是很值得重视并给以充分估价的。

四　马守应在明末农民起义中的地位和作用

马守应在明末农民战争过程中，是有着重要地位的领袖之一。他的故乡绥德，是一个“地连边镇，俗娴弓马，民多犷悍”[④] 的地方。他出身于边兵，“久历行间”，熟悉战阵生活。参加起义以后，以“才勇”被推为十个首领之一，后又经过残酷斗争的锻炼。所以，就具有了卓越的军事才能和丰富的斗争经验。这可以通过几件典型的事例得到说明。比如，崇祯八年（1635 年）十月，马守应率军攻取陕州。此处屏障潼关要塞，控扼黄河渡口，形势险要，防卫巩固。但仅只经过短短一天战斗，就被胜利地攻占了。原因是他没有采取围城攻坚的办法；而是先“令其党饰为公徒捧檄者，换马于陕州，突入南关”[⑤]，出敌不意，里应外合而一举攻克的。又如崇祯九年（1636 年）八月间，起义军与左良玉部会战于鄢陵。为了挫败并打击这个凶悍狡猾的敌人，马守应拟先用“以走致敌”的战术，疲弊敌人，并诱之深入，然后加以痛歼。但这个计谋却被狡猾的左良玉所觉察，追至郑州，就迟回不前。马守应乃又“遣人詈而诱之”。果然，

① 《明史纪事本末》卷七五。

② 《绥寇纪略》卷十。

③ 《明纪》卷五六。

④ 《明史纪事本末》卷七八。

⑤ 《平寇志》卷六。

"良玉怒，追入夹山，误为'贼'围。久之，粮尽援绝"[①]，陷于困境。后来，左良玉虽然拼死挣扎，突围窜逃，但他的部队则几乎全部被歼。类似上举的战例还很多。正如《平寇志》所说：他"败奔之余（其实是伪败诱敌），必设伏以拒其后，诸将陷其伏者，非一矣"[②]。正因如此，所以马守应深得各部起义军的依赖和信任："群寇奉为谋主"。甚至明军将领，也慑于"老回回多权谲"[③]，把对他作战视为畏途。

由于马守应具有卓越的军事才能和丰富的斗争经验，早期就参加了反明斗争，不断沉重打击敌人，取得一连串的胜利。因而，在农民起义军中，就建立起很高的威望，成为整个明末农民战争过程中重要领袖之一。比如，早期阶段，连后期重要起义领袖张献忠，都曾隶属在他的部下：张献忠"闻老回回马守应等起兵，遂往投军，守应一见奇之。初为小卒，号为黄虎"[④]。在"三十六营"农民起义军中，他的地位仅次于王自用。在"十三家七十二营"中，仅次于闯王高迎祥。后期阶段，则仅次于李自成和张献忠。而在中期阶段，即崇祯九年（1636 年）高迎祥牺牲后，到十三年（1640 年）冬季李自成再起于河南之前，则以马守应为首的"回革五营"实力最为强大。如崇祯九年（1636 年）七月，高迎祥在盩厔遇伏牺牲后，八月，李自成被洪承畴败于陇州，"走庆阳、凤翔，渡渭河"[⑤]。九月间，马守应却在河南统率诸部起义军，"连营七十里，所在焚掠，其势张甚"[⑥]。其后又曾"合曹操、闯塌天诸兵二十万，沿江而下"。又崇祯十年（1637 年）正月，"灵陕'贼'老回回等九营，闯塌天等十营共二十万，尽入楚地"。这九营之中，就包括了张献忠部。从"老回回所部整齐王、八大王即张献忠九营……"[⑦] 的记述来看，在这时候，张献忠又曾一度隶属于马守应的部下。由于李自成和张献忠起义军遭到严重失利和削弱，所以，在中期阶段，马守应实际上成为当时农民起义军的主要

① 《明季北略》卷十二，《左良玉鄢陵之捷》。

② 《平寇志》卷二。

③ 《绥寇纪略》卷四。

④ 《明季北略》卷七，《张献忠起》。

⑤ 《明纪》卷五四。

⑥ 《明季北略》卷十二，《左良玉鄢陵之捷》。

⑦ 《平寇志》卷三。

领袖。

由马守应领导的农民起义军，在反抗明王朝统治的斗争中，起了显著的作用。一方面，他曾经主动地配合和积极地支援友军，共同打击敌人。尤其如前所述，他不仅于崇祯十年（1637 年）以后农民起义运动进入低潮时，在英霍山区建成革命根据地，坚持反明斗争，成为当时抗明运动的中坚，鼓舞了全国各地的农民起义军。而且还曾经慷慨地伸出友谊之手，给予当时遭受惨重损失的李自成和张献忠以积极的援助，对其后李自成、张献忠起义军的恢复和再起，继续进行抗明斗争的事业，起了极为重要的作用。另一方面，以马守应为首的回革五营起义军，也同样直接沉重打击了敌人。还在起义早期，崇祯五年（1632 年）秋，他就领导起义军，“倚太行为窟，掠沿山州县，凡潞、泽、济源、河内、修武、陟、辉、淇县、汲县、汤阴、安阳、林县、涉县、武安、磁州，无得免者。……沿山州县，南北及千里”。使敌人“孤军奔救，士马疲困”①。中期阶段，则是“居则以英霍为巢，出则广掠四境”②。甚至“出没豫、楚”③，“乘机攻剽”④，使明统治的“州县半残破”⑤，地方政权，几乎陷于瘫痪。到后期阶段，于崇祯十五年（1642 年）九月会合于李自成起义军后，更壮大了李自成的部队，成为当时最强大的雄师，开始了对敌人的大进攻，使农民大起义转入了最后颠覆明王朝统治的新阶段。

和历史上所有大规模的农民战争一样，明末农民大起义，也“打击了当时的封建统治”，因而也起了“推动了社会生产力的发展”⑥ 的作用。尽管由于各种客观和主观原因，摧毁明王朝黑暗统治的历史使命，由李自成所领导的起义军完成了。但是，却不能把这个历史使命的完成，仅仅归结为李自成起义军的力量。更不能把“推动社会生产力的发展”的作用，完全归功于李自成。明代封建史家张岱在谈到“甲申之变”时曾说：“论者咸谓李自成之罪，上通于天。而予未尝不叹息痛恨于群‘盗’也。譬

---

① 《怀陵流寇始终录》卷五。

② 《怀陵流寇始终录》卷十。

③ 《平寇志》卷二。

④ 《平寇志》卷四。

⑤ 《平寇志》卷五。

⑥ 《毛泽东选集》（合订本），第 588 页。

犹蠹木，献忠啄之，李自成殊之，实群‘盗’钻穴之；譬犹逐鹿，献忠犄之，李自成攫之，实群‘盗’聚踣之。则群‘盗，之罪，可末减李自成也哉！”[1] 这是他站在封建地主阶级立场上，对农民起义军进行的诬蔑。其所谓“罪”，正是指农民军在打击封建统治上所起的作用。这清楚地说明，在摧毁明王朝残暴统治这场“蠹木”和“逐鹿”的斗争中，最主要的力量，当然是李自成和张献忠。但也不能忽视了其他诸部农民起义军所起“钻穴”和“聚踣”的作用。在这一点上，由于马守应所部的实力、威望以及对明统治的打击，都仅次于李自成和张献忠，特别在农民革命低潮时期，他曾独撑起义大旗，坚持抗明斗争，实际上成为当时全国瞩目的中坚力量，鼓舞了广大起义军的斗志，坚定了他们的信心，使革命斗争得以延续下来，并在以后进一步发展，在新形势下再次形成高潮。所以，同其他诸部农民起义军比较，对于农民领袖马守应，尤应给以足够的估价。

（原载《齐鲁学刊》，1980 年第 1 期）

① 《石匮书后集》卷六十二，《中原群盗列传》。

试论明末李自成大起义的失败

在封建社会里，单纯的农民起义和战争，由于历史的和阶级的条件的限制，为争取本阶级的彻底解放和根本变革社会制度的斗争，是不可能获得成功的。从这个角度来说，这样的农民革命，总是难免陷于失败的。但是，从其打击与推翻旧的封建王朝来说，则是能够取得胜利，获得成功的。朱元璋起义军推翻元王朝，李自成起义军推翻明王朝，就是明显的例证。可是，李自成起义军在推翻明王朝之后，为什么没有像朱元璋那样，建成一个新的巩固的王朝，而是遭到统治阶级的镇压，迅即失败了呢？我认为，造成这一个悲剧结局的原因很多，如起义军取得颠覆明王朝巨大胜利后产生了骄傲麻痹的情绪，以及敌我力量对比发生了变化等，但最根本的则是起义军内在的严重的“流寇主义”。下面就试着从李自成起义军的阶级、阶层成分，“流寇主义”的表现和起义军失败的过程等方面，进行一些剖析，请同志们讨论指正。

一　明末农民起义群众的阶级、阶层成分

《明季北略》卷四《流贼初起》条有这样一段记述：“流‘贼’初起，大约有六：叛卒、逃卒、驿卒、饥民、响马、难民也”。它极为明确地指出了参加明末农民大起义群众的成分。

明末农民大起义，是从天启七年（1627 年）陕西白水（今县）农民王二杀澄城（今县）知县张斗耀而爆发的。次年十一月，王嘉允继起于府谷（今县）。后来，王二率众北上，与王嘉允部汇合。当时的群众，基本上是由于灾荒和苛捐而破产的农民，即属于“饥民”和“难民”阶层，众约五六千人。这是起义早期的情况。

崇祯二年（1629 年）以后，起义的规模逐渐大起来，参加起义的群众成分，也随之趋于复杂化，包括了“逃卒”、“叛卒”、“驿卒”和“响马”。其中前二者占较大比重，后二者人数较少。

“逃卒”就是迫于缺饷而逃亡的兵丁。明后期，由于屯政破坏，军饷完全靠政府支付。而当时国库空虚，无力担负庞大的军费，所以形成长期缺饷，甚至有积欠到三十多个月的情形。政府为应付财政困难而又有裁饷之议，加以将官的冒领和克扣，以及将吏虐待士卒，迫使士兵无偿服劳役，士兵们“衣不蔽体，日不再食”，甚至“鬻妻卖子，质盔当甲”。于是便纷纷逃亡，“带甲鸣锣，驮驰控弦者，千百成群”①。这些“逃卒”，多属西北的“边兵”。所以统治阶级又诬之为“边贼”。如崇祯二年（1629 年）四月，巡按陕西御史吴焕曾说：“‘盗’发于白水之七月，则边‘贼’少而土‘贼’（饥民）多。今年报‘盗’皆骑锐，动至七八千人”②，正是指大量“边军”、“逃卒”参加了起义的队伍。

“叛卒”是指崇祯二年（1629 年）冬季“勤王”的变兵。这是推动初期农民起义发展的重要力量。当时，满洲贵族统治者率师入侵，“山西巡抚耿如杞率兵五千入援，皆劲卒也。至日，兵部调守通州（今通县）。次日，调守昌平（今县）。又次日，调守良乡（今县）。功令初到之日，不准开粮，次日列营汛地，乃准开粮。西兵连调三日，皆不得粮，既饥且愤，随路劫掠。东兵（满兵）既退，如杞以不辑军士逮问。如杞既逮，五千人哄然奔散，溃归山西，而晋中流‘贼’从此起矣”③。这是山西“勤王”兵哗变的情形。

又“去（崇祯二年）冬甘肃援兵鼓噪，溃兵千余，逃回陕西。（三年）二月，王子顺，苗美勾连逃兵掠米脂、绥德、清涧，遂南围韩城（均陕西今县）。四月，抢渡黄河，克蒲县（山西今县）。适山西逃兵亦至，遂与合，其势颇炽”④。这是甘肃“勤王”兵哗变与山西“叛卒”汇合的情形。

“逃卒”、“叛卒”而外，便是大量失业的“驿卒”参加起义。如

① 《明季北略》卷五，《南居益请发军饷》。

② 《明史纪事本末》卷七五，《中原群盗》。

③ 《烈皇小识》。

④ 同上。

《明季北略》卷五《刘懋请裁驿递》说："给事中刘懋，上疏请裁驿递，上喜，著为令。顾秦晋土瘠，无田可耕。其民饶膂力，贫无赖者，借水陆舟车奔走自给。至是，遂无所得食。……溃兵煽之，遂相聚为'盗'"。

"响马"虽然在起义群众中比重不大，但却是一个很重要的阶层。他们平日"飞矢走马，俱惯骑射"，具有一定的军事知识和战斗经验，所以很多成为起义军的重要首领。如高迎祥就是其中最著者。《明季北略》卷五《李自成起》：崇祯二年（1629年），李自成投军，"居甘肃总兵杨肇基麾下。边地多'盗'，……李自成心谓，'响马'颇有英雄，可结一二。有高如岳（迎祥）者，膂力绝人，善骑射。自称闯王，时行出劫。李自成引兵搜三日，如岳以八骑至。李自成迎战，良久，艺勇悉敌，……同至土山，结为兄弟"。又："高麾下勇士有罗汝才、刘国能、贺一龙、马守应、刘希尧等数人，劫掠郡县，官兵屡败"。这段材料足以说明，除高迎祥外，罗汝才、贺一龙、马守应、刘希尧等重要农民起义首领，也是出身于"响马"的。

此外，参加农民起义军的群众中间，还有一小部分城市贫民。《明季北略》卷五《南居益请发军饷》："延绥宁固三镇，……去岁荒旱，室若罄悬，野无青草，军民交困，嚣然丧其乐生之心，穷极思乱，大'盗'蜂起。……城中亡命之徒，揭竿相向"。当然，城市贫民在全部起义群众中的比重，是微不足道的。但它却反映了明后期商品经济和高利贷发展的状况。

上面分析的几种起义群众，不论其为"逃卒"、"叛卒"、"驿卒"、"响马"以及广大的"饥民"和"难民"，就其群众成分说，都是属于"游民"阶层的。这些人们因为长期或较长时期脱离田亩生活，又没有一定的职业和固定的住所，经常随处流荡。虽然他们大多数出身于农民，但为农民所固有的那种留恋乡里、安土重迁的性格，已经随着他们生活环境的改变，随着他们对土地依附性的减弱而消失或冲淡。这便具有了较大的流动性。此外，这些人们都属于社会的最下层，生活极端贫困痛苦，对压迫者具有深刻的仇恨。他们尚未找到争取彻底解放的正确道路，自发的反抗，就带有一定程度的"破坏性"。毛泽东同志曾经指出："由于红军中游民成分占了很大的数量和全国特别是南方各省有广大游民群众的存在，就在红军中产生了流寇主义的政治思想”[①]。又说：游民“是动摇的阶层”，“他们缺乏建设性，破坏有余而建设不足，在参加革命以后，就又成为革命队伍中流寇主义和无政府思想的来源”[②]。这虽是分析第二次国内革命战争时期红军的“流寇主义”，但我认为对于理解我国历史上农民起义的“流寇主义”，同样也是适用的。游民阶层相当大比重的存在，是明末农民大起义“流寇主义”产生的阶级基础，同时也是李自成大起义最后陷于失败的带有决定性的原因。

二　李自成起义军的“流寇主义”

明末农民大起义从最初爆发，到颠覆明王朝的统治，中间共经历了十七年。根据起义过程的演进和变化，可以把它划分为三个阶段：从天启七年（1627 年）农民王二在陕西白水发动起义，到崇祯七年（1634 年）起义军东厢峡之败止，前后八年，为第一阶段；从崇祯八年（1635 年）农民起义军十三家七十二营“荥阳大会”起，到崇祯十三年（1640 年）李自成被围于巴西鱼腹山中为止，前后六年，为第二阶段；第三阶段则开始于崇祯十三年冬李自成再起于河南，而终止于崇祯十七年（1644 年）起义军颠覆明王朝的统治，前后四年。农民起义军的“流寇主义”倾向，在第一和第二阶段，表现得最为突出。第一阶段的特点，是起义军组织分散，缺乏集中统一领导，各自为战。在这一阶段后期，如果单从起义军人数上看，已经远远超过了秦晋地区的明统治武装力量。但因为分散各地，缺乏严密组织，所以软弱无力，经常为不及起义军总人数十分之一的明军所击败，使敌人处于优势、主动的有利地位。

在第二阶段中，崇祯八年（1635 年）十三家七十二营的“荥阳大会”，使农民起义军的“流寇主义”得到初步的克服，开始走上比较有计划、统一领导、联合作战的新阶段，取得了凤阳之役和河南、陕西两次反围攻的胜利。可惜这种统一领导和联合作战局面，并未坚持与巩固下去，而是时而联合，时而分裂，终至在高迎祥于盩厔遇难后，趋于瓦解。此

① 《毛泽东选集》，第 91—92 页。

② 同上书，第 609 页。

后，起义军不断遭到个别击破，不少农民军首领或死或降，反革命凶焰高涨，农民革命运动进入低潮。直到崇祯十三年（1640 年）冬李自成再起于河南，亦即进入了第三阶段，形势才发生了新的变化。

李自成领导的农民起义军，从崇祯十三年冬于河南再起以来，提出了“均田免赋”、“平买平卖”等明确的政治号召，扩充与整饬了军队，制定并执行了正确的攻战策略，在崇祯十四、十五、十六三年（1641 年、1642 年、1643 年）中，数溃官军，所向克捷。十七年（1644 年）三月间，终于攻占北京，摧毁了明王朝的统治。事实上已经在西安和北京建成了革命政权。那么，是什么原因使得起义军没能够巩固胜利果实，在北京只停留了四十天，就遭到统治阶级的反扑而退走，并且此后形势急遽逆转，仅仅支持了一年多，就遭到扼杀，连卓越的起义领袖李自成，也兵败牺牲了呢？

旧的史家认为这是由于农民起义领袖刘宗敏掳去明山海关守将吴三桂的爱妾陈圆圆，激怒了吴三桂，因而吴三桂勾结清军造成的惨祸，即所谓“冲冠一怒为红颜”的事件。这种说法，既是一种偶然论，又掩盖了吴三桂叛降罪行的阶级实质，是十分谬误的。新的史学家中，不少同志认为这是由于吴三桂叛降后，联合满洲贵族武装，共同镇压起义军，使阶级力量对比发生了变化，反革命武装力量超过了革命武装力量，因而扼杀了李自成起义的伟大革命事业。这种提法，虽然揭示了吴三桂叛降的阶级实质，但同前者一样，仍然认为清、吴联军的形成使阶级力量对比发生变化，是起义军失败的主要原因。而实际上这与当时的情况，是并不相符的。首先，从农民军和清、吴联军的数量上看，农民起义军在襄阳时，即已“号称百万”，据《豫变纪略》记载，起义军北上进攻北京的部队，也有四十多万人。而清兵“共十四万骑”①。加上吴三桂的四五万人，也不足二十万。双方的实力对比，农民起义军仍然占着明显的优势。当然，由于李自成的麻痹轻敌，只派出了五六万人东征山海关，在武装力量对比上，处于不利地位，遭到惨败。尽管说这次战役极其重要，但无论如何也不能说成是导致农民起义军最后失败的决定性的一战。其次，从农民起义军和清、吴联军所处的形势上看。农民军控制着北中国的大部，而清兵则还僻

---

①《明季南略》卷二十，《吴三桂请清兵始末》。

处关外。即以农民军撤离北京后说，他们仍然据有湖广、鲁、豫和“百二河山之险”的秦、晋地区，在“地利”上同样占有绝对的优势。最后，再从农民起义军和清、吴联军的士气上看。农民军正当全胜之余，兵强马悍，斗志极为昂扬。连清摄政王多尔衮也对之心怀恇怯，认为“流‘寇，劲敌，不可轻”[①]。并私下对英、裕二王说：“吾尝三围彼（明）都，不能遽克。李自成一举破之，其智勇必有大过人者。今统大兵亲至，志不在小，得勿乘战胜精甲，有窥辽之意乎？不如分兵固守，以觇动静”[②]。总之，不论从双方的武装力量、所处形势和军队士气来看，都难以说明占着明显优势的农民起义军，何以会遭到连连挫败以至最终被扼杀的后果。应当承认，清、吴联军的形成，无疑是李自成起义失败的重要原因之一，因为它是直接扼杀农民起义军的凶手。但这只是一个外部的原因，是一个并不起决定作用的条件。真正决定起义军失败的，还是起义军自身的因素——“流寇主义”。正如毛泽东同志所说：“两军相争，一胜一败，所以胜败，皆决于内因。胜者或因其强，或因其指挥无误，败者或因其弱，或因其指挥失宜，外因通过内因而引起作用”[③]。

李自成起义军是在一定程度上注意克服“流寇主义”的基础上取得反明斗争的巨大胜利的。这表现在从崇祯十三年（1640 年）于河南再起后，提出正确的政治纲领和口号，整饬了军队纪律，初步建立了根据地和政权，博得广大人民的支持，经过有计划的军事进攻，歼灭了明军主力，最后攻克明王朝统治的心脏——北京。可是，农民起义军“流寇主义”的克服，是极有限度的。尤其是在河南歼灭了明主力军以后那种“传檄而千里定”的“凯歌行进式”的胜利，更使他们产生了骄傲轻敌的情绪，原已一定程度克服了的“流寇主义”，又更加滋长和严重化起来。毛泽东同志曾指出“流寇主义”思想作风的主要表现是：“一，不愿意做艰苦工作建立根据地，建立人民群众的政权，并由此去扩大政治影响，而只想用流动游击的方法，去扩大政治影响。二，扩大红军，不是走由扩大地方赤卫队、地方红军到扩大主力红军的路线，而要走‘招兵买马’‘招降纳

① 《圣武记》卷一，《开国龙兴记》四。

② 《明季南略》卷二十，《吴三桂请清兵始末》。

③ 《毛泽东选集》，第 278 页。

叛’的路线。三，不耐烦和群众在一块作艰苦的斗争，只希望跑到大城市去大吃大喝”①。李自成起义军所处的历史时代，自然不同于第二次国内革命战争时期；农民起义军的性质，也与在共产党领导下的红军迥然不同。但是，农民起义军在当时却表现了与上述分析相类似的思想和作风。第一，他们不再重视根据地工作了。如李自成的再起，是从河南、湖广发展起来的。这就意味着，河南和湖广是农民军老根据地之一。可是他们是怎样对待用鲜血头颅夺取的根据地呢？《明季北略》卷十九《李自成入潼关》载：“初，李自成席卷楚、豫，虽有大志，然地四通皆战场，所得郡县，官军旋复之”。同书又在《沈万登复汝宁》记：“（崇祯）十六年十月，官兵进剿汝宁，一路伪官土‘寇’俱尽，河南稍宁。时以李自成方入潼关故也”。李自成起义军是在崇祯十六年（1643 年）九月间歼灭明主力军孙传庭部于南阳（河南今市）而占领河南和湖广的。但在起义军入陕后，“荆襄之为‘贼’守者，闻李自成西入关，亦尽懈”。致使明将左良玉得以“犄‘贼’后，收其空虚之地”②。一些巨府重镇，旋即重陷敌手。可见李自成是丝毫没有重视巩固根据地的。这是多么严重的“流寇主义”！

第二，他们极端忽视政权、特别是地方政权的建设。如崇祯十七年（1644 年）正月，起义军建国于西安，挥师东进，“山西郡县，闻‘贼’至，望风迎降。‘贼’遣伪牌遍行山西”。攻克北京后，复“移檄河南山东郡县”。这就是说，山西、河南、山东等地的占领，并没有经过什么激烈的战斗，“所至虚声胁下，未尝经大敌”③。对于这些“传檄而定”的广大地区，起义军又是采用了什么样的措施呢？还是用史实来说明吧：

> “伪选淮阳知府巩克祯，遣牌至淮。牌书永昌元年十二月。直达察院。御史王燮怒，命立碎之，捆打捧牌人四十，释去。其人尚口出大言，不日兵到”④。

① 《毛泽东选集》，第 92 页。

② 《绥寇纪略》卷十一。

③ 《明史纪事本末》卷七八，《李自成之乱》。

④ 《淮城纪事》。

“青州防御使单骑到任，城中人皆请命，相视不敢动”①。

“畿内、山东、河南守令，多秦、晋无赖，单身赴任，专恃邮传”②。

“‘贼’胆益张，只以三四人或五六人便来到任，诡言大兵在后即至，地方官闻风先遁，而伪官俨然南面矣”③。

有些史学工作者，提到李自成起义军攻克北京后，曾“分遣大军，镇抚各地”。但是阅检有关史料，却找不到可靠的史实依据。只是在《怀陵流寇始终录》卷十八里，有如下一段记载：

“（崇祯）十七年三月，闯‘贼’别将权将军郭升等率三千人犯济南等府；赵旗鼓率五百人犯青州，防御史王应元、莱州府尹王毓奇同往；果毅将军董天成率三千人犯宿迁，窥淮阳，……夏四月，伪制将军以兵二千攻登莱；白邦政以兵三千屯宿迁”。

综观以上各路兵力的总和，不过一万一千五百人，不能算作“大军”。而且，即便上列数字，究竟是否属实，也还大可怀疑。因为同上书又有另一段记载说：

“十七年四月，李自成……别遣‘贼’将南犯淮徐，……遣四百人号数千，沿河而南，诡称催粮；遣百人号千人，往德州；遣三百人往济南，称安抚；遣七八百人号二万，至宿迁，诡称镇守淮阳。郡县不知，为所恐吓”。

由上可见，起义军实际上派往各地的兵力，都是极薄弱的。在发现新的更确凿的史料以前，可以说，所谓“分遣大军，镇抚各地”的说法，是无法成立的。

---

① 《明季北略》卷二十，《十七甲戌》。

② 《明季北略》卷二十，《廿五癸丑拷夹百官》。

③ 同上书，《四月三十日自成西奔》。

上面列举的史实足以说明，起义军对“传檄而定”的广大地区，都没有或很少派遣重兵驻守，加以巩固并扩大政治影响。而是采取了极端轻率、甚至近乎儿戏的态度。这又是多么严重的“流寇主义”！不难看出，起义军后期这种“凯歌行进式”的胜利，一方面固然使起义军减少了牺牲和阻力，提前结束了颠覆明统治战争的过程。但是另一方面，明朝各地的官僚、地主反动武装，并未受到严重打击。他们在起义军巨大胜利的震慑下，暂时伪装恭顺，却无时无刻不在窥伺时机，阴谋复辟反动统治。如“山东高苑知县苏方，秦之汉中人，颇有智略，阴养死士二百名，……告人以李‘贼’不足为”[①]。又“各处豪杰（地主豪绅），结寨自固，引领待官军”[②]。“河北、山东，忠义响应，立寨自保”[③]。可见，这类伺机蠢动的反动武装，是为数很多的。这就意味着在起义军前进的航路上，伏下了危险的暗礁！

第三，农民起义军对以前提出的“均田免赋”、“平买平卖”等政治、经济政策，未去认真地推行，以继续扩大政治影响，争取人民群众更大的支持。以“均田”为例，就目前所能看到的史料说，除在丁耀亢的《出劫纪略》中曾记有农民军“以割富济贫之说，明示通衢，产不论久远，许业主认耕”以外，其他就未见到任何这类记载。这说明农民起义军并没有或仅在极个别地方推行过极不彻底的“均田”（只允许“业主”认耕）。因而，那些正确的政治号召，过去曾经把广大农民群众吸引到自己周围，但由于不能兑现，又使农民群众感到失望。

第四，农民起义军的纪律，后来也出现了松弛的现象。农民军前期的纪律，一向是严明的。“马腾入田苗者斩”，“敢有擅掠人民者，凌迟处死”[④]。这是大家熟知的李自成起义军保护农业生产和人民生命财产安全的军令。特别是从崇祯十六年（1643 年）四月李自成并杀了不服约束的罗汝才以后，起义军的纪律，又得到进一步整饬。起义军在攻克北京前，北京人也“每言流‘贼’到门，我即开门请进。不独私有其意，而且公

---

① 《明季北略》卷二十，《十四日辛未》。

② 《明史》卷二七七，《陈潜夫传》。

③ 《南疆绎史》卷十九，《章正宸传》。

④ 《明史》卷三〇九，《李自成传》。

有其言"[①]，都反映了广大人民群众对起义军的爱戴。崇祯十七年（1644年）三月十九日，起义军大军入北京城，"上将刘宗敏整军入，军容甚肃"[②]。以上都是出自统治阶级之手的史料，当然不会有溢美夸张的成分。这足以证明，在这一段时期内，起义军的纪律，是很良好的。

可惜上述情况并没有坚持到底。起义军面临异乎寻常的成功，一方面使他们骄傲轻敌起来，同时也滋长起进入城市"大吃大喝"、追求享乐的情绪，从而军队的纪律，开始松弛下来。据载，这时除李自成等少数农民领袖外，"'贼'将各踞巨室，藉没子女为乐"[③]。有的则"酣饮宫中而不出"[④]。农民起义军除分遣较少数镇抚各地外，绝大部分集结于京城附近，据《明史纪事本末》载"入城者"即达"四十余万"[⑤]。随着起义军将领的享乐腐化，士兵的军纪也不似以前。如"初，'贼'略不犯民，散居民家，唯收兵器、火药，取饮食。渐至淫掠棰砍"[⑥]。又军士"充塞巷陌，以搜马搜铜为名，沿门淫掠"[⑦]。对于这种严重情况，最初，顾君恩还曾劝告刘宗敏及时加以制止。但刘宗敏竟然采取了放任的态度，说："此时只忧兵变，民何足言！军兴日费万金，安所取给？"[⑧]这又是多么严重的"流寇主义"！于是，人民也逐渐改变了对起义军的看法，"始愤痛思旧矣"[⑨]。有的同志怀疑上引史料的真实性，说起义军在北京的时间，不过四十一天，又都是在激烈的阶级斗争中度过的，谈不到腐化的问题。又说"愤痛思旧"的都是官僚、地主阶级，不是指人民群众。因此，也不存在什么失掉人民群众支持的问题。我认为，如果联想到同是出自封建地主阶级的手笔，却对起义军前期和后期的纪律，记载明显不同，就不能不承认，这些史料，尽管颇多恶意中伤，但还是在一定程度上反映了当时一些真实情况的。

---

① 《明季北略》卷十九，《北都崩解情景》。

② 《明季北略》卷二十，《李自成入北京》。

③ 同上书，《奸淫》。

④ 《平寇志》卷九。

⑤ 《明季北略》卷二十，《四月三十日自成西奔》。

⑥ 《怀陵流寇始终录》卷十八。

⑦ 《明季北略》卷二十，《奸淫》。

⑧ 《怀陵流寇始终录》卷十八。

⑨ 《明季北略》卷二十，《廿五癸丑拷夹百官》。

以上列举的史实，都说明了李自成起义军“流寇主义”的严重性以及它造成的一些恶果。这就告诉人们，李自成起义军从崇祯十六、十七年以来一连串势如破竹的降城陷地，虽然取得了辉煌的胜利，摧毁了明王朝的统治，建立了大顺政权，可是就在这种巨大胜利的背后，同时也隐伏下万分严重的危机！

三　“流寇主义”危机的总爆发与农民起义军的失败

对于上述危险情况，并不是没有人看到的。李岩就是当时比较清醒的一个人物。他曾上书谏李自成四事。前两项是建议李自成“定期登极”和分别不同情况处理明朝降官。后两项更是针对当时最迫切的严重问题提出的。其一是严整军纪，镇抚各地，巩固地方政权：“各营兵马，仍令退居城外守寨，听候调遣出征”。其次是建议用政治手段，争取吴三桂和各镇的归降问题①。不难看出，李岩所谏四事，尤其是后二者，都是切中时弊的当务之急。军纪的能否整饬，地方政权的能否巩固，直接关系到起义军与广大人民群众的关系；而驻山海关的辽宁总兵吴三桂，在明王朝覆灭后，面临的处境是外有满兵，内有起义军，势必有所抉择。由于他还拥有精兵四五万人，是明统治军仅存的劲旅。因此，他的叛降满军或归附起义军，便带有了举足轻重的作用。这样，用政治手段来争取这支劲旅并影响其他各镇，就是极关重要的了。

然而不幸李岩这些重要建议，并没有引起李自成的重视，只批上“知道了”而“竟不行”②。结果，“流寇主义”的危机，继续严重化；而由于刘宗敏“系吴襄（吴三桂之父）索陈圆圆”的事件，终于导致了吴三桂的叛降，形成清吴联合，在山海关的决战中，使农民起义军遭到了惨重的失败。

李自成起义军为什么由占着显著优势，但一经接战，就迅速溃败了呢？这是不难理解的。首先，是农民起义军因胜而骄，麻痹轻敌，认为山

---

① 《明季北略》卷二三，《李岩谏自成四事》。

② 同上。

海关“此弹丸者，不足当京师一角，用靴尖踢倒耳”[①]。所以，只派了五六万人东征。使军队数量处于劣势。其次，是起义军的将领如“刘（宗敏）李（牟）耽乐已久，殊无斗志”[②]。据载，李自成“召刘、李二‘贼’率众御敌，互相推诿。‘贼’首无可如何，遂决计自出”[③]，带领二人出征。将领如此，士卒也“身各怀重资”[④]，“腰缠多者千余金，少者亦不下三、四百金。人人有富足还乡之心，无勇往赴战之气；临阵必至怯亡，平日渐将溃散”[⑤]。以这样“耽乐已久”的将领和“渐将溃散”的士兵，迎战强劲精锐、并且在数量上又占极大优势的敌人，遭受惨重失败，“不仅毫无足怪，而且是势所必然的了。

山海关的挫败，对起义军来说，还不是致命的创伤。致命的创伤，是隐藏着的“流寇主义”危机的全面爆发。起义军山海关挫败后，当时还“有众数十万”，控制着陕、甘、晋、豫、鲁、冀、湖广等广大地区。但这时那些在起义军威势高涨时期伪装恭顺而隐伏下来的官僚地主，听到起义军失败和放弃北京的消息，都纷纷起来杀害起义军地方官，据地复辟。如德州“诸生谢陞，一呼而起，杀（农民军防御史关）杰（和州牧吴）征文。移告远近，杀逐伪官来附者四十余州县”[⑥]。并且这种情况，还是相当普遍的：“李自成败走，山东诸州县，并杀其伪防御使、牧、令”[⑦]；“河北、山东郡县，各杀伪官起义”[⑧]。农民起义军的根据地，已经全面动摇了。

农民起义军的“流寇主义”，使他们事前既不能预见到这种潜藏的危机，也不能及时做好未雨绸缪的工作，而事变的突然来临，更引起他们的张皇失措。四月二十六日，李自成败回北京，对牛金星说：“北兵势大，城中人心未定，我兵岂可久屯在此！”[⑨] 反映了北京人民对农民军从热烈

---

① 《谀闻续笔》卷一。

② 《明季北略》卷二十，《十一戊辰杀勋戚大臣》。

③ 《燕都日记》。

④ 《明季南略》卷二十，《吴三桂请清兵始末》。

⑤ 《明季南略》卷五，《陈璧论贼必灭有八》。

⑥ 《明季北略》卷二十，《二十五癸丑》。

⑦ 《圣安本纪》。

⑧ 《怀陵流寇始终录》卷十八。

⑨ 《明季南略》卷二十，《吴三桂请清兵始末》。

拥护到逐渐离心和起义军将领的方寸已乱!

李自成的下一步棋，是退守关中，整顿军旅，恢复实力，以便卷土重来:“秦中险固，为今之策，不若退处关西，以图固守”①。起义军当时还拥有数十万众，退出北京后，如果分兵扼守宣化、保定、正定，督师大同、太原，以陕、甘为根据，抗衡清兵，则胜败之数，还是未可知的。但可惜这个正确的计划，也没能付诸实施。而是在撤离畿辅后，只命陈永福以少数兵力守太原，李自成则自率大军返西安，等于放弃了河南和山西。果然，清都统叶臣不久便进犯太原，陈永福被俘。这时，据守大同的李锦陷于孤立，也迅速溃败，山西遂全部沦陷。

河南、山西的相继沦丧，关中失去了屏障。李自成“固守关中”的计划，便成为泡影。弘光元年（1645年）正月，清兵分两路进犯：一路以裕亲王多铎为定国大将军，率孔有德等部，由河南西上，从孟津渡黄河，进攻潼关。另一路以英亲王阿济格为靖远大将军，偕同吴三桂、尚可喜等部，于大同边外会蒙古兵，从榆林、延安南下。两路兵相约会师西安。起义军由于背腹受敌，难以抵御。李自成乃放弃西安，经蓝田、商州，东出武关。二月，进军襄阳城。同年三月，阿济格和多铎，分别占领陕西和河南，将夹击湖广。李自成复走避辰州（今湖南沅陵）。在这一段期间里，农民起义军由于连遭挫败，士气低落，军心涣散，完全无计划地流动。到辰州后，不仅“兵散大半，降臣俱逃”，而且士兵也由于“乏食，逃者益甚”②，也无法立脚。恰好这时“专受上流之重”的左良玉，因与南京福王小朝廷的权臣发生尖锐矛盾，于二月末传檄讨马士英，发兵东下。李自成遂乘虚东来，进军武昌。只是武昌经过左良玉军队的劫掠和焚烧，已“唯存空城”。加以清兵日近，“势不能留”，乃再奔保安、咸宁、蒲圻（均湖北今县），不幸于四月下旬在湖北通山（今县）九宫山，遭到反动地主武装狙击，壮烈牺牲，轰轰烈烈的农民大起义，最终失败了。

四　探讨李自成起义失败的现实意义

对明末李自成大起义的失败，进行具体的分析研究，有着深刻的现实

① 《明季南略》卷二十，《吴三桂请清兵始末》。

② 《甲申剩事》。

意义。主要的是可以通过这种“解剖麻雀”的方法，进一步明确，对中国农民战争失败规律的理解，必须采取全面观点和具体分析相结合的科学态度。一方面，既要阐明，从总的归趋来说，在封建社会里，单纯的农民起义和农民战争，要争取彻底解放和变革社会制度，是不可能获得成功的，是不可避免地要归于失败的。揭示这一规律的目的，在于用我国几千年来封建社会阶级斗争的历史事实，证明农民阶级要粉碎封建制度的桎梏，获得彻底解放，必须有先进的工人阶级及其伟大的政党——共产党的正确领导，才有可能。而这些，已经是为新民主主义革命和今天的社会主义革命和建设的伟大胜利所证实了。这样，就可以进一步加强对共产党的热爱和拥护，更加坚定地跟着伟大的党，为努力搞好四个现代化，为实现美好的社会主义和共产主义，进行新的长征。

另一方面，还必须对每一次农民起义失败的具体原因，进行具体的分析。也就是要研究某一次农民起义是由于什么和在怎样的情况下失败的。这是因为封建社会单纯的农民起义和战争，虽然就其争取彻底解放和根本变革社会制度来说，不可能获得成功；但就其打击与推翻旧王朝、建立新政权来说，则是能够取得胜利的。从而，从那些取得胜利的农民战争中，总结宝贵的斗争经验；而从那些失败的农民战争中，汲取有益的教训。这样，过去的历史就被赋予了现实意义。有的同志在研究李自成起义时，不愿意分析起义军的失败，甚至有意回避农民起义军的缺点和错误，片面强调外在因素，把“阶级力量对比发生了变化”，当作了起义失败的决定性原因。这种同情与爱护农民革命斗争的感情，是可以理解的。但这种方法，却无法获致科学的、正确的结论，甚至客观上会起到事与愿违的作用，就像吴晗同志说的那样：“写农民革命的失败有教育意义，它会让观众感到古人缺什么；不写失败，才没有教育意义，那会让观众产生错觉：过去的农民革命已经能够成功了，今天共产党还有什么了不起！”① 说得是何等深刻啊！早在第二次国内革命战争时期，毛泽东同志就谆谆告诫：“应当认识，历史上黄巢、李闯式的流寇主义，已为今日的环境所不许可”，“故肃清流寇思想，实为红军党内思想斗争的一个重要目标”②。抗

① 《吴晗同志谈历史剧》。载《戏剧报》，1961年第9、10期合刊号。

② 《毛泽东选集》，第92页。

日战争时期，又明确指出："历史上存在过许多流寇主义的农民战争，都没有成功。在交通和技术进步的今日而企图用流寇主义获得胜利，更是毫无根据的幻想"[①]。1944 年，我党中央曾经把郭沫若同志论述李自成起义失败的《甲申三百年祭》，作为整风文件，印发全党，目的"也是叫同志们引为鉴戒，不要重犯胜利时骄傲的错误"[②]。同年十一月二十一日，毛泽东同志在写给郭沫若同志的信中说："你的《甲申三百年祭》，我们把它当作整风文件看待。小胜小骄傲，大胜大骄傲，一次又一次吃亏，如何避免此种毛病，实在值得注意"[③]。这些殷切的教导，充满高度历史唯物主义的精神，为历史研究如何古为今用，指明了方向，也是对广大史学工作者的鼓舞鞭策；至今读来，还使人倍感亲切。我们必须认真学习，努力实践，使历史科学，更好地为社会主义建设服务，继续作出新的贡献。

（原载《中国农民战争史研究》，1979 年第 1 辑）

① 《毛泽东选集》，第 387—388 页。

② 同上书，第 902 页。

③ 转引自《人民日报》1979 年 1 月 1 日，第三版。